思想的・睿智的・獨見的

經典名著文庫

策劃　楊榮川

五南圖書出版公司 印行

經典名著文庫

學術評議者簡介（依姓氏筆畫排序）

- 丘為君　美國俄亥俄州立大學歷史研究所博士
- 吳惠林　美國芝加哥大學經濟系訪問研究、臺灣大學經濟系博士
- 宋鎮照　美國佛羅里達大學社會學博士
- 林玉体　美國愛荷華大學哲學博士
- 邱燮友　國立臺灣師範大學國文研究所文學碩士
- 洪漢鼎　德國杜塞爾多夫大學榮譽博士
- 孫效智　德國慕尼黑哲學院哲學博士
- 秦夢群　美國麥迪遜威斯康辛大學博士
- 高明士　日本東京大學歷史學博士
- 高宣揚　巴黎第一大學哲學系博士
- 張光宇　美國加州大學柏克萊校區語言學博士
- 張炳陽　國立臺灣大學哲學研究所博士
- 陳秀蓉　國立臺灣大學理學院心理學研究所臨床心理學組博士
- 陳思賢　美國約翰霍普金斯大學政治學博士
- 陳清秀　美國喬治城大學訪問研究、臺灣大學法學博士
- 陳鼓應　國立臺灣大學哲學研究所
- 曾永義　國家文學博士、中央研究院院士
- 黃光國　美國夏威夷大學社會心理學博士
- 黃光雄　國家教育學博士
- 黃昆輝　美國北科羅拉多州立大學博士
- 黃政傑　美國麥迪遜威斯康辛大學博士
- 楊維哲　美國普林斯頓大學數學博士
- 葉海煙　私立輔仁大學哲學研究所博士
- 葉國良　國立臺灣大學中文所博士
- 廖達琪　美國密西根大學政治學博士
- 劉滄龍　德國柏林洪堡大學哲學博士
- 黎建球　私立輔仁大學哲學研究所博士
- 盧美貴　國立臺灣師範大學教育學博士
- 薛化元　國立臺灣大學歷史學系博士
- 謝宗林　美國聖路易華盛頓大學經濟研究所博士候選人
- 簡成熙　國立高雄師範大學教育研究所博士
- 顏厥安　德國慕尼黑大學法學博士

經典名著文庫137

政府論

Two Treatises of Government

約翰・洛克 著
（John Locke）
勞英富 譯
周家瑜 審定

經典永恆・名著常在

五十週年的獻禮・「經典名著文庫」出版緣起

總策劃 楊榮川

五南，五十年了。半個世紀，人生旅程的一大半，我們走過來了。不敢說有多大成就，至少沒有凋零。

五南忝為學術出版的一員，在大專教材、學術專著、知識讀本出版已逾壹萬參仟種之後，面對著當今圖書界媚俗的追逐、淺碟化的內容以及碎片化的資訊圖景當中，我們思索著：邁向百年的未來歷程裡，我們能為知識界、文化學術界做些什麼？在速食文化的生態下，有什麼值得讓人雋永品味的？

歷代經典・當今名著，經過時間的洗禮，千錘百鍊，流傳至今，光芒耀人；不僅使我們能領悟前人的智慧，同時也增深加廣我們思考的深度與視野。十九世紀唯意志論開創者叔本華，在其〈論閱讀和書籍〉文中指出：「對任何時代所謂的暢銷書要持謹慎的態度。」他覺得讀書應該精挑細選，把時間用來閱讀那些「古今中外的偉大人物的著作」，閱讀那些「站在人類之巔的著作及享受不朽聲譽的人們的作品」。閱讀就要「讀原著」，是他的體悟。他甚至認爲，閱讀經典原著，勝過於親炙教誨。他說：

「一個人的著作是這個人的思想菁華。所以，儘管一個人具有偉大的思想能力，但閱讀這個人的著作總會比與這個人的交往獲得更多的內容。就最重要的方面而言，閱讀這些著作的確可以取代，甚至遠遠超過與這個人的近身交往。」

爲什麼？原因正在於這些著作正是他思想的完整呈現，是他所有的思考、研究和學習的結果；而與這個人的交往卻是片斷的、支離的、隨機的。何況，想與之交談，如今時空，只能徒呼負負，空留神往而已。

三十歲就當芝加哥大學校長、四十六歲榮任名譽校長的赫欽斯（Robert M. Hutchins, 1899-1977），是力倡人文教育的大師。「教育要教眞理」，是其名言，強調「經典就是人文教育最佳的方式」。他認爲：

「西方學術思想傳遞下來的永恆學識，即那些不因時代變遷而有所減損其價值的古代經典及現代名著，乃是眞正的文化菁華所在。」

這些經典在一定程度上代表西方文明發展的軌跡，故而他爲大學擬訂了從柏拉圖的《理想國》，以至愛因斯坦的《相對論》，構成著名的「大學百本經典名著課程」。成爲大學通識教育課程的典範。

歷代經典．當今名著，超越了時空，價值永恆。五南跟業界一樣，過去已偶有引進，但都未系統化的完整舖陳。我們決心投入巨資，有計畫的系統梳選，成立「經典名著文庫」，希望收入古今中外思想性的、充滿睿智與獨見的經典、名著，包括：

- 歷經千百年的時間洗禮，依然耀明的著作。遠溯二千三百年前，亞里斯多德的《尼各馬科倫理學》、柏拉圖的《理想國》，還有奧古斯丁的《懺悔錄》。
- 聲震寰宇、澤流遐裔的著作。西方哲學不用說，東方哲學中，我國的孔孟、老莊哲學，古印度毗耶娑（Vyāsa）的《薄伽梵歌》、日本鈴木大拙的《禪與心理分析》，都不缺漏。
- 成就一家之言，獨領風騷之名著。諸如伽森狄（Pierre Gassendi）與笛卡兒論戰的《對笛卡兒沉思錄的詰難》、達爾文（Darwin）的《物種起源》、米塞斯（Mises）的《人的行爲》，以至當今印度獲得諾貝爾經濟學獎阿馬蒂亞・

森（Amartya Sen）的《貧困與饑荒》，及法國當代的哲學家及漢學家余蓮（François Jullien）的《功效論》。

梳選的書目已超過七百種，初期計劃首爲三百種。先從思想性的經典開始，漸次及於專業性的論著。「江山代有才人出，各領風騷數百年」，這是一項理想性的、永續性的巨大出版工程。不在意讀者的眾寡，只考慮它的學術價值，力求完整展現先哲思想的軌跡。雖然不符合商業經營模式的考量，但只要能爲知識界開啓一片智慧之窗，營造一座百花綻放的世界文明公園，任君遨遊、取菁吸蜜、嘉惠學子，於願足矣！

最後，要感謝學界的支持與熱心參與。擔任「學術評議」的專家，義務的提供建言；各書「導讀」的撰寫者，不計代價地導引讀者進入堂奧；而著譯者日以繼夜，伏案疾書，更是辛苦，感謝你們。也期待熱心文化傳承的智者參與耕耘，共同經營這座「世界文明公園」。如能得到廣大讀者的共鳴與滋潤，那麼經典永恆，名著常在。就不是夢想了！

二〇一七年八月一日 於

五南圖書出版公司

導讀

一六八三年七月，牛津大學宗教會議進行「英格蘭歷史上最後一次焚書」（Laslett, 1988: 24）時，同時也對十七世紀的約翰．洛克（John Locke）撰寫的《政府論》逐條提出批駁，據說當牛津博德里安廣場（the Bodleian Quadrangle）上焚書的濃煙蔓延時，洛克很可能就在自己基督教會學院（Christ Church）房間裡充滿疑慮地觀看，當然詳情已經難以考證，我們所知道的只是，幾週之內洛克便離開了牛津，回到成長的鄉村，秋天到來的時候，這個據說爲美國革命提供了「自由主義革命學說的經典」[1]的思想家已經成爲一個流亡者，洛克流亡回國的時候，他已經是眾人夾道歡迎，盛名滿天下——至少在歐洲世界——的政治理論家與哲學家，他的《政府論》被翻譯成法文、德文、義大利文、俄文、日文、西班牙文，這雖然不一定表示所有人都同意洛克的理論，但至少象徵他的思想被廣泛地討論與關注。那麼，我們應該如何看待這樣一部著作？又或者，這樣一部廣受關注的

[1] 這個對美國革命的影響力本身受到歷史學家的諸多挑戰，認為美國革命的淵源應當追溯到其他思想家，然而洛克的影響力不限於英國國內則是可以確定的，僅僅是《政府論》在成書後的下一個世紀重印超過十次，在法國的印刷數甚至超過了英國本身。

著作中那些內容與論述值得當代的讀者繼續閱讀與反思？

就內容而言，《政府論》回應著洛克當時最尖銳的政治議題，諸如君主權力的來源是否神授？現存的君主專制政府是否有正當性？行政權與立法權僵持不下時該當如何？君主是否享有先祖傳承下來的特權等等。就具體內容來說，上下兩篇雖然探討不同主題，但兩篇之間確有密切關聯。《政府論》第一篇內容主旨在批駁當時受到保守派人士與教會歡迎的羅伯特・費爾默爵士（Robert Filmer）提出的父權論述，洛克針對費爾默以聖經為基礎主張在世界的最初，上帝使亞當擁有對世界的統治權，而這個統治權的基礎一方面來自亞當是所有人的先祖（父權線索），另一方面來自上帝將世界萬物給予亞當的聖經事實（財產權線索），洛克爬梳聖經文本，分別針對兩條線索提出全面性的批判。

雖然在第一、二篇的完成時機與確切論辯脈絡上學界仍然有爭議——劍橋版《政府論》編者便認為至少部分的第二篇撰寫時間點早於第一篇——然而不可否認的是，《政府論》第二篇某種程度上延續著第一篇的線索繼續發展。正因為第一篇徹底摧毀了費爾默的「君權神授」以及「君主制是唯一選項」的合理性，因此《政府論》第二篇接續探討「政府的眞正基礎」與「政治權力的本質」問題，主要探討的理論問題包含：政治權力的基礎是甚麼？人民進入政治社會的目的何在？暴政的定義與革命的權利如何證成？在第二篇中，洛克對這些高度爭議性的問題一一拆解、分析與提出回應。

從這些主題上我們或許便能稍微了解到，爲什麼幾個世紀以來，人們仍然充滿熱忱閱讀洛克的原因，洛克政治思想產生的歷史影響力是無可否認的：《政府論》中的論述在西方世界傳布甚廣，相當數量的人們對洛克的政治理論耳熟能詳，特別是其中一些鏗鏘有力的斷言甚至可以說已經內化在自由主義思考方式，並且進而體現在許多國家的憲政原則之中：關於天生自由與平等的個人，洛克說：「我們必須考究人類原來自然地處在甚麼狀態，那是一種完美無缺的自由狀態……這也是一種平等的狀態，在這種狀態中，沒有一個人享有多於別人的權力。」關於政治權力的性質，洛克界定爲「規定與保護財產而制定法律的權利，判處死刑與其他較輕微處分的權利，以及使用共同體的力量來執行這些法律與保衛國家不受外來侵害的權利，這一切都只能是爲了公共善」（第二篇第三節），這種建立在自由與平等的人性觀之上的，將集體力量交由政府行使，而又對政治權力劃下嚴格權限的政治藍圖，與現代自由主義民主政治的關聯性不言可喻。

我們可以說，在《政府論》之中，洛克要建構一個理想主義的和平秩序，這種和平與秩序並不是強權之間的權衡與談判，如同羅爾斯批評國際之間的暫訂協議並不是眞正的和平，洛克指出：「如果世上的和平只是由強暴與掠奪所構成，而且只是爲了強盜與壓迫者的利益維持和平，那麼世界上將存在甚麼樣的一種和平，當羔羊不加抵抗地讓凶狠的狼咬斷喉嚨，誰會認爲這是強弱之間可欲的和平呢？」（第二篇第二二八節）。那麼洛克建構的理想政秩序是甚麼樣貌？更重要的是，當代讀者如何藉由這個主軸來掌握與理解這部具有豐富意涵且具有多重論辯功能的《政府論》呢？

在簡述《政府論》的不同面相之前，讀者需理解的是，《政府論》不同層面的論證反映了洛克身處時代的複雜性，近代早期（early modern period）是英國在政治、經濟與國際政治關係各方面劇烈變動的時代。就政治與經濟兩個層面而言，政治上洛克因為與其貴族雇主艾希頓勛爵（Lord Ashley，後來的沙夫茲伯里伯爵一世Earl of Shaftesbury）的良好關係，親身涉入了許多當代重大政治論辯甚至政治決策當中，對理解《政府論》來說，最關鍵的脈絡可能是涉入與當時議會推動的「排除法案」（the Exclusion Bill）相關的政治危機，排除法案是針對當時國王查理二世的繼承人，即作為天主教徒的約克公爵詹姆士所採取的政治行動，洛克對於天主教涉入英國內政的看法在其宗教寬容著作中相對較為清楚，然而這個以失敗告終的排除法案導致了洛克與其沙夫茲伯里伯爵的政治流亡，當體制內的法案推動失敗以後，甚至在沙夫茲伯里伯爵去世以後，洛克仍持續體制外的密謀與抵抗行動，一般認為也正是在這段時期前後，洛克才理解到政治義務問題需要一個嶄新且系統性的理論，而這也很可能便是《政府論》誕生的契機。

除了這個撰寫《政府論》的關鍵歷史脈絡，就經濟層面而言，洛克除了曾於一六九六時期對於英國鑄幣與降低利息等經濟政策發表長篇論文，洛克於《政府論》第二篇對於土地、貨幣與財產權的深入分析更象徵著洛克政治思想與十八世紀逐漸興起的商業社會之間的關聯性，這同時也充分顯現出洛克的政治思想中轉型與變動的特徵。值得一提的是，這個經濟層次的論述與分析也與洛克個人政治事業的起伏緊密相關，他曾出任貿易與國外墾殖事務委員會（the Council for Trade and Foreign Plantations）的秘書，著名的於公於私（根據一些私人書信，洛克顯然於個人投資殖民地的事業中收益頗豐）均直接涉入英國對外殖民事業與參與殖民地政策制定，這當然不是說洛克的財產權分析必然有所偏頗，而只是顯示出洛克的政治思想與他政治生涯與個人關切的密切關係。洛克並不是一個象牙塔裡的研究者，可以說《政府論》的每個段落都源自洛克面對的時代困境與政治危機，洛克清楚意識到這些現實的危機不能僅僅依賴武力或鬥爭來解決，而必須要以重新建構政治論述來回應、駁斥與批判，換句話說，藉由看似描寫史前自然狀態與理想政治社會的《政府論》，洛克實際上以此為理論武器積極地介入當時的政治現實。

一、完美的自然自由與不受支配的政治社會

為了正確地了解政治權力，洛克認為我們必須研究探討人類原本處在甚麼樣的自然狀態，然後就這樣的自然狀態與人類的本性來設想理想的政治社會之樣貌，以及建構人

們藉由給予同意來過渡到政治社會的過程，這樣的推論過程與邏輯方法一般被稱爲「社會契約論」。採用這種社會契約論探討國家或政治社會起源的思想家雖眾，思想家們所設想的人類自然狀態與建構的政治社會卻各有不同，洛克設想的自然狀態是一個「自由但並非放任的狀態」，藉由人人應當遵守的自然法則，也就是自然理性，「人們既然都是平等與獨立的，任何人就不得侵害他人的生命、健康、自由或財產」，這也是個充滿人類情誼的狀態，當人們保存自身不成問題時，「他應該盡其所能保存其餘人類全體（to preserve the rest of Mankind）」。這樣一個調和有序的起點建基於上帝神聖的計畫之中，人們並非來自虛無，也非自我的創造者，而是上帝精巧的產物，因此在世界萬物之中享有獨特的地位，「（上帝賦予的）理性將人抬高到與天使一般的地位，人類的思想如恆河沙數，像浩瀚的海洋一樣博大精深」（第一篇第五十八節）。

呼應著這樣有序的人類本性與具有神聖性質的原初狀態，洛克構想的理想政治社會可以被描述爲某種能夠保障人類天賦權利的共同體，儘管洛克是以一種抽象理論分析的方式在探討這個理想政治社會，然而字裡行間讀者仍然能夠看出他對現實政體的觀察與比較，例如當洛克駁斥「絕對權力能純潔人們的氣質與糾正人性劣根性」的論點時（第二篇第九十二節），他便駁斥說「只要讀一下當代或其他任何時代的歷史」便能馬上找到相反的例證，「在美洲森林裡橫行不法之人，在王位上的表現也不會好多少……這種君主政體發展到完備時，君主專制下的所謂保護是什麼狀況，那種保護使君主們成爲國家中的甚麼樣的家長，使公民社會的幸福與安全達到甚麼程度，我們只要研究一下近來錫蘭（Ceylon）的情況就能很容易理解了」（第二篇第九十二節），這當然並不是說洛克思想中的自然狀態素材全然源自當時的歷史現實，而只是說在洛克處，自然狀態這個理論的預設並不全然是虛構的思想實驗或抽象的理論詮釋機制（heuristic device），洛克對於人性與自然狀態的設想可以說清楚地反映了他的當代政治關懷與現實關切。

綜而言之，在《政府論》中洛克所描繪的理想政治社會正是專制權力的對立面，儘管審慎的洛克並不希望人民動輒貿然破壞政治秩序，然而人民非常有必要去理解暴政的面貌，以及暴政產生之前的種種徵兆，最重要的是，人民需理解此種主動反抗的權利存在之正當性。洛克自然非常了解此種政治論述在當時政治氛圍下可能導致的危險——「假如有人問，在這種狀態之下，人們可以採取甚麼安全措施或甚麼可以保障人們抵制專制制度統治者的暴行與壓迫？這個問題本身就是讓人無法容忍的。這時，立刻就會有人告訴你，誰問有關安全保障的問題，誰就會被處死」（第二篇第九十三節）——儘管如此，洛克仍然覺得有責任提醒人民，「（沒人會如此愚蠢）自己時時提防著鼬鼠或狐狸，以免受牠們的侵害，但是卻心甘情願地被獅子吞食，還以爲自己很安全」（第二篇第九十三節），如果消極的批判確實是積極的建構的必要前置作業，《政府論》第二篇可以說將這個批判進行得極爲徹底。那麼《政府論》建構了甚麼樣的政治秩序呢？此時與一般視爲絕對主義英國哲學家霍布斯（Thomas Hobbes）之對比相當具有啓發性。

二、權威與自由的對立：洛克與霍布斯的隱蔽對話

思想家經常被描繪成橫空出世的天才，然而即便是傳說中五歲作曲的莫札特，其靈感與思想也總有脈絡可循，這倒並不是說讀者必須負起偵探般的重責大任尋找那唯一的眞相，而是說這些政治思想家經常藉由其思想與自身的時代或重大政治議題對話，那麼，洛克是在與誰對話？學界眾說紛紜，一說認爲，當洛克在第一篇犀利詳盡地藉由援引聖經反駁君權源自父權與上帝意志時，他通篇指明費爾默的父權論述是他的論戰標的，而這個與費爾默之間的論戰並不止於第一篇。

然而另一說則認爲，洛克與在他之前著名的絕對主義思想家霍布斯（Thomas Hobbes）之間有著某種隱蔽的對話。例如說，洛克藉由強調自然狀態的和諧完美與戰爭狀態區別開來時——「這就是自然狀態與戰爭狀態的區別，儘管有些人把它們混爲一談，它們之間的區別，就像和平、善意、互助與安全狀態和敵對、惡意、暴力與互相殘殺的狀態之間的區別那樣巨大」——一般認爲在這個論點上，他回應的對象是同樣以社會契約論方

式探討政治權力本質的霍布斯，後者相當惡名昭彰地主張人類自然狀態是某種充斥敵對意圖的全面戰爭狀態，無人能在這種「每個人對抗每個人」的戰爭狀態下安享天年。儘管這個隱蔽對話是否存在仍是學界的經典謎團，但即便駁斥此種隱蔽對話的研究者也必須承認這兩個思想家的論述之間存在著某種關聯，正如《政府論》編者拉斯雷特（Peter Laslett）的精闢斷語所言：他認爲某種意義上，「霍布斯與洛克是被人生之網包裹著，它千絲萬縷，相互糾纏，將同一國家，同一小社群的一代知識分子與其繼承者連繫在一起，正式透過這種來源，透過交談與偶爾的接觸，而非文獻的熟悉，洛克承繼了內戰時期的激進著作之成果」（Peter Laslett, 1988: 75）。

無論洛克是否眞的無意評價霍布斯的《利維坦》（Leviathan），或僅僅是想避免被貼上霍布斯同路人的標籤，對於閱讀《政府論》的讀者而言，這個「洛克—霍布斯」的對比重要性在於它能充分彰顯貫穿《政府論》的主軸即「天賦的自然自由」與「不受支配政治自由」，換句話說，如果說霍布斯的政治思想中著重於權威的基礎、起源與結構，並且最終建立起威懾四方的利維坦的話，那麼洛克的《政府論》可以說相對地建構了一個自由寬容的政治秩序，並且爲這個自由制度基礎、起源與結構提供了詳盡且全面的論述，在其中「自由人」（Free-Man）能夠不受專斷權力支配，同時也能依據他們天賦的自然權利履行其道德職責。

三、「上帝將世界給予人類共有」：洛克的財產權理論

在《政府論》第二篇包含的眾多層面之中，洛克建構的財產權理論是其政治思想的一大特色，此一理論不僅包含了私有財產權的起源與正當性，銜接了由自然狀態過渡到政治社會的環節——「建立政治社會的首要目的爲保護財產」[2]——充分證成了農耕社會型態的益處，也與當時英國對外殖民實踐緊密相關。

洛克援用聖經中所描繪的原初共有社群爲私有財產權起點，爲了理解原初由全人類共有的自然萬物如何轉化爲個人能夠享有且排他使用私有財產，洛克發展了他著名的勞動價值論，亦即透過施加勞動將原本共享之自然資源轉化爲個人獨有之分，「雖然泉源的流水是所有人共享的，但是誰能懷疑盛在水壺裡的水是只屬於汲水人的呢？」（第一篇第二十八節）。藉由這種「劃歸私有」（appropriation）的過程，上帝創造人的目的之一——使人類享有便利富足的生活——方能獲得實踐。

這裡的重要理論目的在於證成農耕社會的生活方式之道德優越性，洛克深刻體認土

[2] 這裡值得提醒讀者的是，財產概念在洛克當時代有著較現代更廣泛的意涵，它並不單指物質上的享受或收益，在大多數文本中，洛克都是以較廣義的用法在使用財產權一詞，它廣泛地包含了「生命、自由與地產」，這也是洛克同時代人慣用財產權一詞的方式，可以說財產權概念包含了一系列抽象權利，也正因如此，財產權也成為十七世紀看待一個人是否有資格享有政治行為能力的標準，但在第二篇論財產權的章節，洛克多以狹義方式使用財產權一詞。

地、勞動以及農耕生活所能提升的人類整體福祉，因此也藉此主張歐洲人開發美洲所擁有的土地資源具有一定的正當性，「我試問，在聽其自然從未加以任何改良、栽培或耕種美洲森林與未開墾的荒地上，一千英畝土地對於貧窮困苦的居民所提供的生活所需，能否像在德文郡（Devonshire）裡同樣肥沃但栽種良好的十英畝土地一樣多呢！」（第二篇第三十七節）。除了爲私有財產權概念提出承繼格老秀斯（Grotius）的分析以外，洛克的財產權理論也開啓後世對於洛克的經濟思想的研究。

綜觀而言，閱讀幾個世紀前所撰寫的《政府論》的理由除了其論述本身的歷史影響力，就理論層次它也留下了形塑當代政治思考與討論的豐富線索，不僅諸如天賦權利、對專制權力與暴政的分析與財產權理論迄今都仍是政治學科下不同分支討論的主題，洛克的論述也被後續研究者「萃取」出許多現代政治思考的基本概念，儘管洛克本人並不必然以「權利語言」爲尊，洛克本人於十七世紀亦不可能以「自由主義之父」看待自己作爲思想家的地位，更遑論以其財產權理論設想無限積累的「資本主義社會」，然而這些當代概念的討論往往仍然必須追溯到洛克的政治思想之中尋找源頭與脈絡。據說洛克去世前曾在與親友的書信當中將自己的著作與亞里斯多德（Aristotle）的《政治學》與十六世紀宗教理論家胡克（Richard Hooker）極有影響力的著作《教會政制》（*Ecclesiastical Polity*）並列，就以今日《政府論》的各方面影響力而言，我們可以說這個評價並未誇大其辭。

譯序

拿到洛克《政府論》的英文版本，我欣喜之餘不免唏噓，因爲這本書我早已拜讀過，在課堂上也爲之辯駁過。但以我的功底來翻譯這樣一本政治經典著作，心中不免有些忐忑。洛克生活的時代是在十七世紀，因此他的行文不免有點古英語的味道，雖與現代英語不同，但韻味卻不減。

國內翻譯洛克的《政府論》者有三、四家，最早譯介的是葉啓芳先生和瞿菊農先生，商務印書館一九六四年出版了《政府論》下篇，一九八四年出版了《政府論》上篇，葉啓芳先生一生譯述數百萬字。瞿菊農先生畢生從事哲學、教育理論的教學與研究工作，推行平民教育多年，專長中外哲學史、教育哲學、中外教育史等。兩位老先生所譯（洛克）《政府論》，作爲商務印書館漢譯名著，叢書不斷再版，至今仍廣爲學術界所重視；另一家則是二〇〇四年由陝西人民出版社出版的《政府論兩篇》，其譯者是趙伯英教授；第三家是二〇〇七年由北京出版社出版的《政府論》編譯本，由劉曉根教授編譯。

面對大師的著作，看到這麼多專家學者辛勤耕耘，心中不免惴惴不安。但是，每位譯者都有自己的風格，對文章的理解也有所差異。因此，我在譯介的過程中，仔細研讀了中國對《政府論》的相關評注和論文，並仔細對比了幾位學者對本書的翻譯。

本書中引用了費爾默著作中的話，而其他的引自費爾默的《父權論》。

由於本書中的內容涉及《聖經》等諸多領域，再加上我自身能力和精力有限，因此在翻譯過程中遇到諸多困難。但在翻譯過程中，許多朋友和老師給予了我們無私的幫助，使我們的譯文更加準確流暢。在此，向所有對《政府論》的出版給予無私支持與幫助的同事和朋友致以誠摯的謝意！

在本書翻譯的過程中，我們參考了許多中外學者的研究成果，尤其是參考了葉啓芳先生和瞿菊農先生以及趙伯英教授和劉曉根教授的作品，在此一併表示感謝！同時，由於時間和水準所限，書中肯定存在不當甚至錯誤之處，懇望學界和廣大讀者批評指正！

譯者

目次

第二篇

第一篇

第一章　緒論

一、奴隸制是一種既卑劣又悲慘的人類社會等級制度，它與我們民族的高尚品性和無畏品格是直接相悖的；眞是難以想像，一位「英國紳士」竟然會替它辯護。坦誠地說，我本應對羅伯特・費爾默爵士（Sir Robert Filmer）的《父權論》不屑一顧，就像對待那些企圖讓所有人相信自己生來即爲奴隸，且本應就是奴隸的文章一樣，我只會把它們當作是爲尼祿（Nero）撰寫頌詞的那種人又故意炫耀其狡黠的聰明。但是，著作上的題名和獻辭如此嚴肅，書封面上的圖畫如此逼眞，而且出版後受到了各方讚揚，這讓我不得不相信，作者和出版商都是認眞的，我也不得不將其看作是一本煞有介事的著作。於是，我滿懷期待的將書捧在手心，全神貫注的通讀了一遍；雖然這本書的觀點大興其道，但我對此卻持有異議。坦白說，我對此非常震驚，因爲在他這本書中，他企圖在全人類的頭上套上奴役的鎖鏈，而我所看到的只是一根用砂礫做成的繩索，它對那些蠅營狗苟的人可能有用，可能會蒙蔽他們的雙眼，使他們誤入迷途，但是，對於那些眼界開闊、洞若觀火的人來說，這只不過是一種邪惡的僞飾鎖鏈而已；因此，不管是用什麼巧言辭令來精雕細琢，都無法束縛住他們。

二、如果有人認為，我這樣妄自議論一個絕對權力的忠實擁護者、一個崇拜者膜拜的偶像有點信口開河，那麼我懇求他對我稍微體諒一下，因為像我這樣一個人，即使讀完羅伯特爵士的大作之後，我也認為自己仍是一個法律所承認的自由人；而且，除非有比我更熟知其命運者向我昭示其中所蘊含的道理，否則我認為這樣做並未有不妥之處：這篇蟄伏已久的文章一經問世，單是它論據的力量，就能剝奪人世間的一切自由；而且，從今往後，我們這位作家的這種簡略模式很快就會像上帝授予摩西的十誡一樣，成為一種典範，並將作為一種完美的政治標準流芳百世。他的制度只限於一個很狹隘的範圍裡，但只說明了一點，即：

一切政府都是絕對的君權專制；

他提出這種觀點的理由是：

沒有人生來就是自由的。

三、在我們這個時代，有一夥人如同跳梁小丑，他們用一種謬論來諂媚君主，認為君主的絕對權力是神授的，認為法律應由君主來制定，並由他們來管理。他們由此獲得了權威，決定著一切，而且遵守法律的承諾從來就沒有透過如此莊嚴的許諾和宣誓使之生效。為了給這種學說鋪路，他們斷然否認人類具有生來即自由的權利，因此，他們不僅使所有的人遭受了暴政和壓迫的不幸，這種不幸就像他們所說的謊言一樣多，而且使君主的頭銜也岌岌可危，君主的王權更是搖搖欲墜（根據這些人的學說，除了一個人之外，這些君主們生來也是奴隸，而且根據神權，他們也是亞當合法繼承人的臣民）。這就好像他們決意要向所有的政府宣戰，徹底顛覆人類社會的基礎，從而適應他們目前的這種轉變。

四、但是，當他們告訴我們說，我們所有的人生來就是奴隸，而且我們必須繼續做奴隸時，我們必須相信他們所說的這些空談；這是無法補救的：生命和奴隸的身分如影隨形，除非我們失去了生命，否則二者不可分離。我確信，聖經與理性中都沒有這樣的說法，就好像神聖權威（divine authority）將我們置於另一人不受限制的意志（unlimited will）之下。這種令人驚嘆的人類處境，他們直到晚近才有足夠智慧發現，無論羅伯特・費爾默爵士如何譴責與此相反的意見（即自然自由觀）之新穎性，我相信他很難找到世界上有其他時代或國家宣稱君主制來自神授。且他也承認海沃德（Heyward）、布萊克伍德（Blackwood）、巴克萊（Barclay）和其他人已經在許多地方勇敢地闡明（vindicated）了君權，然而他們卻未想到過這一點（即自然奴役論），而是共同承認人類的自然自由與平等。

五、究竟誰是這個學說的始作俑者？誰又使這個學說在我們之間盛行？它又對我們產生了什麼樣的消極作用？這些問題我都留給歷史學家去討論，或者留給希索普

（Sibthorp）和曼威靈（Manwering）同時代的人去回憶吧。我現在的任務僅是要對羅伯特·費爾默爵士所說的進行評價，人們承認他將這一觀點發揮到了極致，達到了完美的程度；那些向他學習的人就像在宮廷中講法語一樣時髦，拿著他空洞的政治理論到處宣揚，即：「人生來不是自由的，因此，人們絕對不能享有選擇統治者的自由或選擇政府形式的自由。君主享有絕對的權力，而且這種權力是神授的，而奴隸則絕對不能享有訂約或者同意的權利。以前亞當是一個專制君主，此後的所有君主也是如此，概莫例外。」

第二章　論父權和王權

六、羅伯特·費爾默爵士的主要觀點是：「人天生就不是自由的。」這個觀點是其君主專制立足的基礎，在這個基礎之上，它將自己的高度不斷提升，使這種權力凌駕於其他所有權力之上，可以說得上是至尊無上，以致超越了人世間的一切東西，人類的思想無法企及；甚至連那些約束無所不能的神的承諾和誓言也不能限制它。但是，如果他的立論基礎崩潰了，那麼，其理論結構也將隨之土崩瓦解，政府也將恢復原樣，即：由那些按照理性將整個社會融合在一起的人們，透過精巧的設計和共同同意（Dw π rn Tal）來組成政府。爲了證明他的這個論點無比重要，他告訴我們，人生來就是屬於父母的，因此，他們不能獲得自由。並且他將這種父母的權威稱之爲「王權」、「父權」或「父親身分的權力」。人們本來認爲，在這樣一本決定君主權威和臣民服從的著作開始，他將會開宗明義地告訴我們什麼是父權，這是因爲他在自己的其他文章裡告訴我們，「它是無限制的，也是不可能受限制的」；不過至少他該給我們一個交代，這樣我們在他的大作裡碰到「父親身分」或「父權」字眼時，能夠有個完整的概念。我本來期望在他的《父權論》第一章中就能看到這一點，但是他卻沒有這麼做；他首先藉機對帝王的神祕表示了敬意；然後，他讚美了「我們國家和其他所有國家的權利和自由」。實際上，這是他馬上就要取消和摧毀的；緊接著，他向那些不如他更具遠見的學者們鞠躬致敬。然後他開始攻擊白敏（Bellarmine）的觀點，結果是他戰勝了白敏，他的「父權」地位也毫無疑問地確立了。既然白敏自己也承認已經被打敗，那麼事情就一清二楚了，也就不需要再大動干戈：在此之後，我發現他就沒有再討論過這個問題，也沒有蒐集其他證據來證明他的觀點，而是自以爲是，向我們講述了一個怪異的專橫幽靈的故事，這個幽靈就是「父親身分」；只要有人抓住這個幽靈，就可以立即獲得帝國和無限的絕對權力。他努力讓我們相信，這種父權始於亞當，並世代傳承，直到大洪水時代，這種父權使整個先祖時代的世界秩序井然；後來這種父權跟隨挪亞（Noah）和他子嗣們走出方舟，在世界各地設立君王，並爲他們提供支援，這種情況一直持續到以色列人在埃及受到奴役爲止；從此之後，可憐的父親身分受到了壓制，直到「上帝爲以色列人立王，重新確立父權政府中這一世代繼承的居於首要地位的古老權利」。這就是他在書中第十二頁到第十九頁的內容。接下來，爲了證明帝王的權力是天賦的，他用片面的理由抹殺了反對的意見，消除了一兩個困難，就這樣草草結束了第一章。我希望，將他那種斷章取義的引證稱之爲「片面的理由」不會傷到別人，因爲上帝說過，要尊敬你的父親和母親；但是我們作者卻滿足於只用一半，由於這對他的目的無益，於是他乾脆就將「母親」一詞省略了。對於這一點，我們將會在別的地方進行討論。

七、我並不認爲作者在寫作上缺少技能，或是如此不小心地犯了一個他自己在《混合君主制的無政府狀態》中批評赫頓（Hunton）先生的同樣錯誤，他說：「我首先要批評作者的是，他沒有對君主制進行界定或說明，這是因爲，根據方法論，他本應該先下個定義。」根據羅伯特爵士已經告訴我們的方法論，在他進行大量論述前，也應該先告訴我們什麼是「父親身分」或者什麼是「父權」？但他可能會發現，這種父權，即父親的權力和國王的權力（我們之所以這樣說，是因爲他把這兩者混爲一談了）將會以怪異而可怕的面目出現。他想要讓病人吞服一些苦澀或腐蝕性的藥水時，就會先摻進大量的稀釋液；這樣病人在吞服這些稀釋的藥水時就不會感覺苦澀，也就不會感覺噁心了。

八、他對「父親權威」的描述散見於著作中，讓我們努力找出他對「父權」所進行的說明。首先，當他將父權賦予亞當的時候，他說：「按照父親身分的權利推算，不僅僅是亞當，也包括後繼的先祖們，都有支配他們子孫的王權。」「亞當是遵奉神命而獲得支配全世界的權力，而先祖們則是依靠繼承權獲得這種權力，而且他們繼承的這種權力和上帝《創世記》以來所有君主享有的絕對統治權具有同等威力。」「包括生殺大權、宣戰權和媾和權。」「亞當和先祖們握有絕對的生殺大權。」「根據父母繼承的權利，君主們繼承了先祖們行使的最高管轄權。」「既然王權是來自上帝的法律，那麼它就不受任何下級法律的限制，亞當是眾人之王。」「家庭中的父親只需按照自己的意志進行管理，而無須根據法律的規定來管理。」「君主的地位超越法律之上。」「君主的無限管轄權在《撒母耳記》中進行了詳盡的描述。」「國王高於法律。」「爲此目的，我們看一看我們的作者是如何借助於博丹（Bodins）之口說出其他眾多論斷的：毫無疑問，君主所有的法律、特權和賜予只有他們在世時才有效力；但是如果後繼的君主沒有明示或者不能容忍對其進行批准的話，也是沒有效力的，特權就是如此。」「君主爲什麼要制定法律的理由也是如此；當君主忙於戰爭，或者公務纏身時，並非每一個臣民都能見到君主本人，也就無法領會君主的意志和願望，此時就有必要創立法律了，從而使每一個臣民能夠從法律條文中找到君主的意願。」「在君主制國家中，君主必須超越於法律之上。」「完美的王國就是按照君主自己的意志來管理的國家。」「不管是習慣法還是成文法，都不會減少君主依據父親身分的繼承權所獲得的那種統治人民的權力。」「亞當在他的家庭裡是父親，是君王，也是主人；在起初，兒子、臣民、僕人或奴隸都是一回事。父親有權力處置或出售其子女或奴僕，因此我們在《聖經》中可以看到，在最初計算貨物時，男僕和女僕都跟貨物一樣，都是計算在所有者的占有物和所有物中的。」「同時，上帝也賦予了父親一種權利和自由，即將其支配子女的權力可以轉交給他人；因此，我們可以發現，在人類歷史的初期，買賣和贈送子女的事情是很多的，所以，人們將他們的奴僕當作是一種占有物或遺產，就像其他貨物一樣看待，由此我們可以發現，古時候人們享有閹割或者使人成爲宦官的權力。」「法律只不過是那些擁有至高無上的父權的人之意志而已。」「上帝規定，亞當的權力是至高無上的，這種權力像他的意志行爲一樣無所不在；不僅亞當如此，其他擁有至高無上權力的人也是如此。」

九、我之所以要引用作者的這些原話來煩擾讀者，是因爲這就是散見於其著作中有關「父親權威」的說明，他認爲，這種權威首先賦予亞當，其後按理應屬於所有君主。在作者的心中，這種「父親權威」或者「父親身分具有的權利」就是一種神聖而不可改變的主權，基於此，父親對於兒女或者君主對於臣民的生命、自由和財產享有絕對、專斷、無限且不可約束的權力，因此，只要他願意，他就可以隨意取得或者轉讓他們的財產，隨意出售、閹割或者使用他們，之所以會如此，是因爲他們本來就是他的奴隸，他是一切東西的主人和所有者，他的無限意志就是法律。

十、我們的作者賦予了亞當如此巨大的權力，並在此假設基礎之上建立了所有的政府和君主的一切權力，基於此，人們有理由期待他用清晰、確鑿且重要性與之相稱的論據來證明其觀點。既然人們一無所有，他們在奴隸制下也有必要獲得這種不可否認的證據，這樣他們才能心悅誠服，才能安心服從統治者對其行使的絕對統治權。若非如此，我們的作者建立這種無限的權力，除了諂媚人們天生的虛榮心和野心之外——不管是眞心如此還是故意假裝如此，他還能得到什麼好處？尤其是這種虛榮心和野心會隨著權力的占有而滋生增長，更是如此。有一部分人是因爲得到同族人的贊同而獲得了權力，但這種權力是很有限的；應該勸說他們，使他們明白，他們既然能得到一部分權力，也就有權利得到所有的權力，但事實並非如此；由此他們可以獲得更多的權力爲所欲爲，也會引誘他們做一些害人不利己的事情，其結果必然是貽害人間。

十一、亞當的主權是作者構建至高無上絕對君主制的基礎，我認爲他會在其《父權論》中提供必要的基本原則作爲論據，來證明和確立這個主要假設；這件事情的巨大壓力還取決於另外一點，即需要提出更充分的理由來支持他對這個假設的信心。但是在這篇論著中，我找不到這樣的理由；他對這個問題不加思考卻視爲理所當然；我簡直不敢相信，在我仔細讀完這本論著之後，我發現這麼宏偉的結構，居然是建立在一個簡單的假設基礎之上的；讓人難以置信的是，在他那篇反駁人類「天賦自由」這一「謬誤原則」的論文裡，他只是用「亞當的權威」這一簡單假設來立論，而並未提供有關「權威」的證據。事實上，他滿懷自信的說「亞當享有王權」、「享有絕對的統治權」、「一個的普遍君主制」、「享有絕對的生殺大權」。他經常如此斷言，但是讓人奇怪的是，在他整篇的《父權論》中，我根本找不到他確立政府堅實基礎的理由；也找不到論據之類的東西，只是看到了如下話語：「爲了證明天賦王權，我們在『十誡』裡可以發現，服從君主的法律是透過『尊敬你的父親』來表達的，就好像所有的法律最初都屬於父親。」那我能不能也這樣補充，在「十誡」中，服從王后的法律是用「尊敬你的母親」來表達的，難道這樣就能說所有的權力最初是來自母親？羅伯特先生的論據既可以用於前者，也可以用於後者。關於這一點，我們將在合適的地方進行討論。

十二、在這裡我注意到，這就是作者在第一章或者其他章節裡，為證明其「亞當的絕對權力」這一重大原則所說的全部內容；然而，他僅依靠確鑿的證明就好像解決了這個問題，接著就用如下話語開始了他的第二章：「根據《聖經》的權威得出的證據和理由。」除了以上提到的「尊敬你的父親」之外，除了他所說的，我承認，我找不到有關亞當主權的「證據和理由」。「在這些話中，我們有一個明顯的自證，即白敏的自證，他說神創造人，並使之成為其後裔的君主。」這必須是從《聖經》裡獲得的證據和理由，或者這也可以作為一種證據：他隨後又用了一種新的方式，得出結論認為「亞當的王權」確實屬於他自己。

十三、如果他在第一章或者是整篇論著中的某個地方給出了有關「亞當王權」的證據，並提供了其他證明，而不僅僅是反覆重複的話。有些人將這種反覆重複當作是證據，我希望有人能夠為我指出他所說的地方和頁數，從而我能明確知道自己的錯誤，並承認自己的失誤。如果無法找到這樣的證明，我懇求那些大力吹捧此書的人考慮一下，這樣做是會引起世人懷疑的，懷疑他們擁護君主專制不是出於理性和證據，而是出於利益的考慮，由此他們會毅然決然讚揚支持這一學說的任何作者，而不管他是否會用理性來證明。但是，我希望，他們不要指望那些具有理性和不偏不倚的人能轉而同意他們的觀點，這是因爲他們的這個大學者在確立「亞當之絕對君權」、反對人類「天賦自由」的論著中，只說了很少的話來證明，由此可以相當自然地（rather naturally）得出結論：關於此論點沒有什麼可說的。

十四、但是，爲了了解作者的全部意思，我盡力的翻看他的《對亞里斯多德、霍布斯等人的評論》，想看看他在與別人辯論時，是否曾經對他所珍視的「亞當主權」這一基本原則提出過任何證明。但是，在他的《國王的天賦權利》一書中只是用了寥寥數語，而在他的《對霍布斯先生的〈利維坦〉的評論》一書中，將各種著作裡曾用過的所有證明都簡要的彙集在一起了；以下是他的至理名言：「如果上帝創造了亞當，而且從他身上取出一塊骨頭創造了女人，如果所有的人都是他們二人繁衍而來，如果上帝賦予了亞當統治這個女人和他們所生子女的權力，並且還讓他去征服整個世界，統治世界上的一切生物的話，那麼，只要亞當還在，如果沒有得到他的賜予、分配和許可，任何人都不能要求或者享有任何東西。」這就是我在他的其他著作中所找到的，他堅持「亞當主權」、反對「天賦自由」的全部證明，證明如下：上帝創造亞當本身，上帝給予亞當支配（domination）夏娃的權力，亞當作爲父親對他的子女享有的支配。對此，我將在下文中（對各項證明）進行特定的探討。

第三章　論亞當的統治權源於上帝的創生

十五、在《對亞里斯多德〈政治學〉的評論》一書的序言當中，羅伯特爵士告訴我們：「如果不能否認亞當是由神所創生的，那麼人類的天賦自由就是不成立的。」但是，亞當被創造出來是如何獲得至高無上的主權的，這一點我不明白，因爲亞當只不過是藉由萬能的上帝之手而獲得生命的，因此，我也不明白爲什麼「天賦自由的假設就是否認亞當因神而創生」，如果有人能替他說明白（因爲作者並沒有給予我們這樣做的權利），我會很高興的。雖然我永遠相信「亞當是由上帝創生」，但是我發現假定「人類自由」也不是困難的事情；亞當的創生或者說他開始存在，是上帝的即興之作，而沒有父母的參與，也沒有早已存在的同類生他養他，而是上帝高興才把他造出來的；在他產生之前，身爲百獸之王的獅子也是藉上帝的這一創造力產生的；如果僅靠這種創造力就能存在，藉此就可以不費吹灰之力使之獲得統治權，那麼作者也可以根據這種推理賦予獅子同樣的權力，而且這種權力的淵源比亞當的權力還要深遠。事實不是這樣的！我們的作者在其他地方還說，「亞當是受到上帝的委派」而獲得其稱號的。也就是說，僅是「創生」並不能賦予亞當統治權；既然上帝的「委派」使亞當成爲君主，那麼我們就可以在「不否認亞當是上帝創生」的前提下，可以假定「人類是生而自由」的。

十六、但是，讓我們看看他是如何將「創生」和「委派」這兩個詞聯繫起來的。羅伯特爵士說：「經由上帝的委派，亞當一經創生就成了世界的君主，不過他那時還沒有臣民；如果沒有臣民，那就不存在眞正的政府，但是，根據自然權利，亞當應成爲其後裔的統治者：雖然行爲上不像，但至少在習慣上，亞當生來就是君主。」我很希望他能告訴我們「上帝的委派」在這裡是什麼意思？不管是天命神意的規定、自然法的指示，還是明示的宣告，都可以稱作是「根據上帝的委派」，然而，我以爲這裡所指的並不是第一個意思，即根據天命神意；這只不過是說「亞當一經創生」，他就成了「事實上的」君主，這是因爲「根據自然權利，亞當應是其後裔的統治者」。但是，當不存在實際意義上的政府，也沒有可統治的臣民時，亞當不可能根據天命神意而被確立爲事實上的世界之王，這一點也是作者所承認的。而且，對於「世界之王」這個詞，我們的作者在用法上也不同，有時候是指排除了其他人類的整個世界的所有者，在以上引述的序言的同一頁上，他說的就是這個意思，他說：「亞當受命繁衍人類，讓人類遍布世界，去征服世界，並取得對世間萬物的統治權，由此他就成了世界之王；除非得到他的恩賜、許可或者從他那裡得到繼承，否則他的後裔無權占有任何東西。」

第二，接下來，讓我們將「君主」理解為世界的所有者，將「委派」當作是上帝對亞當的眞正恩賜和透過明示進行的授予（《創世記》第一章第二十八節）；正如我們所看到的，羅伯特爵士在相似的地方提出的觀點如下：「根據上帝的明確授予，亞當一經創生，就是世界的所有者，因為根據自然權利，亞當是其後裔的統治者。」但是，這種論證方法有兩個明顯的謬誤。第一，說上帝在亞當創生時就進行賜予是錯誤的，這是因為，在原文中，這句話雖然緊接在他的創生之後，但是在夏娃創生並被交給亞當之前，上帝顯然是不會這樣對亞當說的，但是，亞當怎麼會「一經創生就被委派為君主」了呢？尤其是，作者認為把上帝對夏娃說的話（《創世記》第三章第十六節）應當作是「政府的最初授予」，如果我沒有弄錯的話，這件事情應該在「原罪」發生之後才會發生，而在原罪發生時，至少在時間上，更多的是在條件上，這離亞當創生已經很遙遠了，所以我不明白，我們的作者怎麼會在這個意義上說：「根據上帝的委派，亞當一經創生，就是世界之王。」第二，如果亞當一經創生，上帝就眞的將其「委任為世界之王」，然而，此處提供的理由卻不足以證明這一點；他認為，上帝根據明確的授予委任亞當為「世界之王，這是因為，根據自然權利，亞當應是其後裔的統治者」，但是，無論如何，這種觀點都是一種錯誤的推理，既然上天賦予亞當統治權，就不需要再進行明確的授予，至少絕不能將這個說法當成一種賜予的證據。

十七、另一方面，如果我們將「上帝的委派」理解爲自然法（在這裡，這種表達的方法是相當蹩腳的），把「世界之王」理解爲人類至高無上的統治者，那也於事無補。這是因爲，若是如此，我們所談論的句子必須是這樣來寫：「根據自然法，亞當一經創生就是人類的統治者，因爲根據自然權利，亞當應是其後裔的統治者。」也就是說，他是「自然權利的統治者」。但是，假如我們承認一人是其子女的「天生統治者」，亞當也不可能「一經創生就成爲君主」；這是因爲這種自然權利是以「他作爲子女的父親」爲依據的，既然只有父親才有這種權利，那麼亞當怎麼可以在未做父親之前就能獲得「統治者」的「自然權利」呢？除非我們的作者讓他在沒做父親之前就做父親，在沒有資格之前就能獲得資格，否則，我認爲這是難以想像的。

十八、對於這個可預見到的反對意見，我們的作者做出了非常合乎邏輯的回答：「他是有其名而無其實的統治者。」做一個統治者卻沒有政府，做一個父親卻沒有子女，做一個君主卻沒有臣民，這眞是妙不可言啊！這樣，羅伯特爵士在沒有著書之前就已經成了作家，當然，並不是眞正的作家，而只是表面上的作家；因爲他一旦出書之後，根據自然權利，他就是一個作家；正如亞當有了子女後，他「理應就是子女的統治者」。如果做一個有名無實的「世界之王」有用處的話，那麼羅伯特爵士可以隨意把這個頭銜，彬彬有禮的贈給他的朋友，我是絕不會嫉妒的。但是，就是這個「名」和「實」，除了能說明我們的作者精於辨別之外，在此處是無益於其目的的。這是因爲，這裡的問題並不在於他是否眞的行使了統治權，而在於他是否眞的享有統治權；我們的作者說，「根據自然權利」，統治權「應屬於亞當」。這個「自然權利」指什麼呢？它是父親因生育子女而享有的一種權利；我們的作者引用格老秀斯（Grotius）的一句話進行了描述：「父母由於生育而獲得對子女的權利。」也就是說，權利是隨著生育子女而產生的，由此，根據我們的作者提出的這種推理或甄別方法，亞當一經創生，只得到了「有其名而無其實」的權利，簡而言之，他實際上根本就沒有權利。

十九、用更簡潔更睿智的話來說，人們可以這樣來描述亞當：既然他能生育子女，那他就可能成爲統治者；不管自然權利是什麼，他由此就獲得了統治其子女後代的自然權利。但是這與「亞當創生」有何關係呢？這怎麼會使我們的作者說「他一經創生就是世界之王」呢？這是因爲，我們也可以說：挪亞一出生就是世界之王，因爲這也是有可能的（按照我們作者的意思，這就足以構成一個君主——一個虛有其名的君主），因爲除了他的後裔之外，他比全人類活得都長久。亞當的創生與其統治權利之間到底有什麼必然關係呢？以致於我們的作者說「如果不否認亞當爲神所創生，人類的天賦自由就是不可想像的」。我承認，在我看來，我看不出有什麼必然的聯繫；我也看不出，不管怎麼解釋「根據委派……」等詞句，怎麼會拼湊在一起，構成一句意義通順的話，從而在結尾的時候來支持他們的觀點，即：「亞當在其創生之時即爲君主」，我們的作者說，他是一個「虛有其名而無其實」的君主，也就是說，他實際上根本不是君主。

二十、由於在這一段上所費的筆墨已經超出了其論點的重要性應花費的篇幅，所以恐怕各位讀者已經沒有耐性再看下去了，但這似乎是必要的：因爲我們的作者寫作方式如此，我是不得已而爲之；他把好幾個假設摻雜在一起，所用的術語含糊籠統，意思含混不清。如果不對他的用詞可能有的解釋加以仔細考察，如果不看看他是如何將這些具有多種含義的詞連貫起來，並如何在其中表達他所認爲的眞理，那麼我們就不能指出他的錯誤；在我們面前的這段話中，如果我們不仔細辨別一下「從其創生開始」，我們就可能理解爲從他統治的時間開始，這種理解也是行得通的，因爲他曾經說「他一經創生就是君主」；或者我們解釋其原因的時候，他曾經說「創生使其成爲後裔的君主」，可以說，如果我們不對此進行分析，就無法反駁「亞當自從其創生起就成爲君主」這樣一種觀點。而且，如果我們不考察一下「君主」這個詞，看看它是否像本段話的開頭使人相信的那樣，是建立在上帝明確授予、「被委派爲世界之王」的「個人統治權」假設基礎之上，還是建立在「根據自然權利，對其子孫後代享有自然父權」的假設之上，到底君主是指以上兩種意思，還是僅僅指其中一種，或者兩者都不是，抑或僅僅是指神使之創生，並使之成爲君主的方式不同於以上兩種方式。如果我們不這樣考察，我們怎麼判斷亞當以此種方式稱爲君主就是眞的呢？雖然「亞當創生時就成爲了君主」這一斷言並無眞實性可言，但是，這卻是作爲上述描述推導出來的明確結論而寫在此處的，而事實上，這只不過是一種空洞的斷言，跟其他同類的斷言交織在一起。我們的作者自以爲是，把一些意義模糊的詞拼湊在一起，看起來就好像是嚴密的論證，實際上是空洞乏陳，不合邏輯。這是我們的作者一貫的手法，我在這裡指出來，使各位能夠略知一二。在以後論及許可的時候，我不再著筆墨討論。其實，在我們仔細斟酌之前，如果能用華麗的語言和精緻的文體將那些風馬牛不相及的事情和毫無根據的假設串聯起來，那麼很容易就會被當作是充分的理由和完美的論證；要不是爲了讓讀者明白這個道理，我是不會在這裡談論這個問題的。

第四章　論亞當的統治權源於上帝的賜予

（《創世記》第一章第二十八節）

二十一、終於完成了上一章的討論，我們已經在這上面花費了很大的篇幅，並不是因爲其中的論證和反駁有力，而是由於詞語晦澀難懂，意義模稜兩可；下面我們轉到他對亞當主權的第二個論點。我們的作者用塞爾登（Selden）先生的話告訴我們：「承蒙上帝的恩賜（《創世記》第一章第二十八節），亞當成了世間萬物的主人，如果沒有上帝的賜予，就不會有他的個人統治權，正如沒有他的授予，他的子女也不能享有這種權利一樣。」我們的作者說：「塞爾登的這種斷言與《聖經》的歷史和自然理性是一致的。」在其《對亞里斯多德〈政治學〉的評論》一書的序文中，他說道：「世界上最早的政府是以人類之父的名義建立的君主制。亞當受命繁衍人類，讓人類遍布世界，去征服世界，並取得對世間萬物的統治權，由此他就成了世界之王；除非得到他的恩賜、許可或者從他那裡得到繼承，否則他的後裔無權占有任何東西。《詩篇》的作者說，他把世界賜予人類的子孫，這表明，君主封號源於父親身分。」

二十二、在討論此論點以及論點所依據的《聖經》原文之前，我們有必要提醒讀者注意，我們的作者故伎重演，他在一開始講的是一個意思，在結論中卻是另一個意思。他在開頭曾說：「亞當的所有權和個人統治權是上帝賜予的。」而他的結論卻是：「這表明，君主封號源於父親身分。」

二十三、但是，讓我們分析一下他的論證。《聖經》的原文如下：「上帝就賜福給他們，又對他們說：『要生養眾多，遍滿地面，治理這地，也要管理海裡的魚、空中的鳥，和地上各樣行動的活物。』」（《創世記》第一章第二十八節）我們的作者由此便得出結論：「既然亞當已經獲得對世間萬物的統治權，由此他也成了整個世界的君主。」這句話的意思必占其一，要麼上帝的賜予賦予了亞當對大地和一切低級或無理性生物的統治權，或者說賦予了我們作者所說的那種「個人統治權」，由此他就成了君主；或者是第二種意思，上帝的賜予賦予了亞當對包括其子女在內的一切地上生物進行支配和統治的權力，所以他成了君主。塞爾登先生說過：「亞當成為世間萬物的主人。」對於他的貼切描述，人們可以很清楚地理解他的意思，他在這裡只賦予了亞當所有權，而且隻字未提亞當的「君主權」。但是，我們的作者卻說：「因此亞當成了整個世界的君主。」嚴格說來，這句話的意思是他就是全世界至高無上的統治者，所以，根據上帝的賜予，亞當必然會被立為統治者。如果我們的作者不是想表達這個意思，他本來可以明確地說：「因此亞當就成了全世界的所有者。」但是就這一點而言，我們的作者就該請讀者們見諒了，因爲清楚明瞭的描述並不一定有利於其目的，因此讀者不要指望他能像塞爾登先生或其他作者那樣寫得清晰俐落。

二十四、因此，爲了反駁我們的作者所提出的「亞當是整個世界的君主」，我要指出：

第一，根據上帝的賜予（《創世記》第一章第二十八節），上帝並沒有賦予亞當對人類、對其兒女和同類任何直接的權力，因此，根據這種特許，他並沒有成爲統治者或者「君主」。

第二，根據上帝的賜予，上帝賦予他的不是對低級生物的「個人統治權」，而是賦予人類的共同權利，因此，他也不能借賦予他的所有權而成爲「君主」。

二十五、第一，如果我們對《聖經》的話仔細考察，就可以得出，上帝的賜予（《創世記》第一章第二十八節）並沒有賦予亞當統治人類的權力。這是因爲，所有明文規定授予的東西，都不能超出明文所規定的內容，那麼現在就讓我們來看看，哪些詞語可以理解爲人類或亞當的後裔；我想，如果有的話，一定是這些話：「各樣行動的活物」，這在希伯來語中是：חיה הרמשת，即拉丁文的Bestiam Reptantem，《聖經》自身對這些詞語進行了最好的解釋。上帝在第五日創造了魚和鳥，在第六日開始，上帝創造了地上沒有理性的生物。《聖經》是這樣記載的：「地要生出活物來，各從其類；牲畜、昆蟲、野獸，各從其類。」又說：「上帝造出野獸，各從其類；牲畜，各從其類；地上一切昆蟲，各從其類。」在講到創生地上的獸類時，上帝先用「活物」這個籠統的名詞來代表牠們全體，接著又把牠們分為三個等級：（一）牲畜，即可馴服或者可馴養的動物，由此牠們就成了一些人的私有財產；（二）חיה，這個詞在《聖經》的第二十四節和二十五節中譯為「野獸」，而在《七十士希臘文譯本》中翻譯為θηρια，即「野獸」的意思，牠與賦予亞當重大特許的經文中所翻譯的「活物」是同一個詞，當上帝再賜予挪亞的時候，所使用的也是這個詞（《創世記》第九章第二節），在那裡被翻譯為「走獸」；（三）第三級是爬行動物，在《聖經》的第二十四節和二十五節中都用「רמש」這個詞來表示，這和第二十八節中所用的是同一個詞，都翻譯為「走動的」，但是在前面翻譯為「爬行的」，在《七十士希臘文譯本》中譯作「爬行動物」。由此可以看出，我們在翻譯上帝賜予時碰到的「動的活物」一詞，就是創世的歷史中所指的兩類陸棲動物，即野獸和爬蟲，在《七十士希臘文譯本》中也是這樣理解的。

二十六、上帝創造了世界上的非理性動物，並按照牠們的棲居地分為三類，即海裡游的、天上飛的和地上跑的，又把地上跑的再分為「牲畜、野獸和爬蟲」，在此之後，上帝開始考慮造人，並賜予人類對陸地世界本來就有的統治權（第二十六節），然後上帝將三界的生物計算了一下；但是上帝省略了陸地上的第二級חיה或者說野獸，然而，在提到上帝眞正實施其打算和賦予人類統治權的地方（第二十八節），《聖經》原文裡是這樣寫的：「海裡游的、天上飛的」，並用野獸和昆蟲來表示陸地上的生物，只不過將其翻譯成了「行動的活物」，而省掉了牲畜。在這兩處內容中，雖然一處省略了表示「野獸」的詞，另一處省略了表示「牲畜」的詞，但是，既然上帝在此處實行他在別處宣稱早已打算好的設計，我們只能將這兩處地方理解爲同一處；而且在此處所引用的這段話中所描述的，是已經創造出來的，並且在創生時就已被分爲「牲畜」、「野獸」和「爬蟲」三個等級的陸地非理性動物，在此處所要表達的意思，實際上是如何按照原來的打算將其置於人類的統治之下。在這些話語中，沒有一點痕跡可以用來牽強附會地說明上帝賦予了一個人統治別人的權力，也沒有說明亞當有統治其後裔的權力。

二十七、在《創世記》第九章第二節中，當說到上帝重新將這種特許賦予挪亞和他的兒子們時，這些詞句又出現了，上帝賦予他們對「天上飛的」、「海裡游的」和「地上跑的」享有統治權，其中，陸地上的生物是用חיה和רמש（即「野獸和爬蟲」）來表示的，這與前面（《創世記》第一章第二十八節）翻譯的「地上各樣行動的活物」一樣，但是這一句話絕不能夠理解成人類，因爲這種賜予是給予挪亞和他的兒子們的，是給予當時活著的所有人的，而不是讓一部分去支配另一部分人的：從後面的句子來看，這就更清楚了，在此處，上帝把רמש即「各樣行動的活物」（《創世記》第一章第二十八節用過的詞）給他們當作食物。如上所述，我們現在可以明白了，上帝賜予亞當的（《創世記》第一章第二十八節）、上帝的委任（第二十六節），以及他後來又賜予挪亞及其兒子們的，所有這一切涉及到的、包含的，不多不少，正好是上帝在第五日和第六日開頭所創造的生物，正如在《創世記》第一章第二十節到二十六節中所描述的，包含了地球上水陸所有種類的非理性動物，雖然上帝在創造他們的過程中給牠們取了一些名稱，但有些在後來賜予的時候沒有再用過，有些名字在這個地方省略了，有些名字在另一個地方省略了。因此，我認爲，毫無疑問，人類是不包含在賜予之中的，亞當也未被賦予統治同類的任何權力。當上帝創造陸上的一切非理性生物時，牠們的名稱（第二十五節）是列在「野獸」、「牲畜」和「地上一切昆蟲」之下的；但那時上帝還沒有創造出人類，因而人類自然也就不包括在這些名詞之內，所以，不管我們理解希伯來文的詞句是否正確，都不能認定這個詞在《創世記》和以後的各節經文中就包括人類，尤其是希伯來文的רמש一詞，如果非要認爲上帝賜予亞當的東西中包括人類，那麼這顯然與《創世記》第六章的第二十節、第七章的第十四、二十一、二十三節、第八章的第十七節和第十九節中關於人的說法相互矛盾。如果按照我們作者的意圖，如果上帝賦予亞當支配地上一切走動生物的權力，使全人類成爲亞當及其後嗣的奴隸（《創世記》第一章第二十八節），那麼，我認爲羅伯特爵士完全可以把他的君主權力再提高一層，使世人相信君主也可以吃掉他們的臣民，因爲上帝曾賦予挪亞及其後嗣（《創世記》第九章第二節）有食用一切活物的權力，正如上帝賦予亞當統治他們的權力一樣。在這兩處，希伯來文的文字是完全一樣的。

二十八、我們可以認定，在有關上帝的賜予和君主權力的這段文字中，大衛（David）的理解與我們作者的見解可謂英雄所見略同；正如博學聰慧的恩斯沃斯（Ainsworth）所言，他在《詩篇》第八篇中沒有找到對君主權力的這種特許。他的原話如下：「你叫他（即人類、人類的子孫）比天使微小一點，並賜他榮耀尊貴爲冠冕。你派他管理你手所造的，使萬物，就是一切的牛羊、田野的獸、空中的鳥、海裡的魚，凡經行海道的，都服在他的腳下。」從這些話中，除了能看出全人類對低級生物的統治權外，如果有人還能找出一個人對其他人享有君主權力的意思，在我看來，他可以憑藉這個難得的發現當上羅伯特爵士所說的那種「有名無實的君主」了。到現在爲止，我想問題已經淺顯了，上帝賦予亞當「對地上一切活物的統治權」，但並沒有賦予他統治同族的君主權力。對於這一點，在我下面要指出的第二點中會得到更充分的說明。

二十九、第二，不管在這段賜予的話中（《創世記》第一章第二十八節）上帝給予了什麼，他並沒有只給予亞當而把其他人排除在外，因此，無論亞當藉此取得了什麼樣的統治權，它都不是一種個人統治權，而是一種和別人共同享有的統治權。從原文中就可以看出來，上帝的賜予不是只給亞當的，因爲這個賜予是用複數來表示的。上帝祝福「他們」，並對「他們」說享有統治權，實際上是上帝對亞當和夏娃說的，並讓他們享有統治權，由此，我們的作者就說亞當是世界的君主；但是，既然這個賜予是給他們的，也就是上帝也對夏娃說了，因此，許多進行解釋的人認爲，這句話是上帝在亞當有了妻子以後說的。所以，如果亞當是世界的君主，夏娃不也應該是世界的女王嗎？有人可能會說夏娃是服從於亞當的，但是，這也並不妨礙她對萬物的統治權或所有權，這是因爲，上帝賜予兩個人共同擁有的東西，怎麼能只允許一個人獨享呢？

三十、但是，也許有人會說，夏娃是到後來才被創造出來的。就算是如此，我們的作者又能從中得到什麼好處呢？《聖經》原文所表達的與他所說的恰恰相反，認爲上帝是把世界賜予全體人類，而不是給予亞當個人。原文中的「他們」一詞一定包括人類，因爲「他們」不能單指亞當一個人，這是確信無疑的。在第二十六節的記敘中，上帝宣布了他要授予統治權的意圖，他的意思很明顯，他是想造出一個物種對地球上的其他物種進行統治。原文如下：「上帝說，我們要照著我們的形像、按著我們的樣式造人，使他們管理海裡的魚、空中的鳥……。」因此，享有統治權的就是「他們」了，而他們是誰呢？他們正是那些形貌酷似上帝的人，是上帝所要創造的人類中的每一個人；這是因爲，如果「他們」只是指亞當，而不包括生活在世界上的其他人的話，這就與《聖經》和所有理性都相悖了。而且，如果本節中前一部分的「人」與後一部分的「他們」所指不同的話，那就說不通了。因此，我們只能把那裡的「人」按照通常的解釋理解爲人類，而把「他們」解釋爲人類中的每一個人；正是在這段原文中，我們找到了一個理由。上帝「模仿他自己的相貌」進行創造，使之成爲一種有智慧的生物，因而能夠行使統治權。不管上帝的形像展現在什麼地方，智力的稟賦當然是其一部分，而且歸全人類所有，這樣才使人類能夠享有對低級動物的統治權；所以，大衛在《詩篇》第八篇中提到「叫他比天使微小一點」，並派他管理；而大衛在這裡所講的絕不是亞當君王個人，很明顯，他指的是人、人的子孫、人的族類。

三十一、上帝對亞當所說的賜予也是針對全人類的，這一點在作者所引用的《詩篇》中就很清楚。羅伯特爵士在他的序言中寫道：「《詩篇》中說上帝把世界給了人類的子孫，這說明這個權利來自父親身分。」他在這裡做了一個怪異的推論，即上帝把世界給予人類的子孫，因此，這個權利是來自父親的身分。但是，可惜的是，在希伯來文中，表示人類用的是人類的子孫，而不是人類的父親，因此，我們的作者將這種權利歸於父親身分，從字面上看是行得通的。但是，根據「上帝把世界給了人類的子孫」，就得出結論說，父親身分有權利得到世界，這是我們作者慣用的論證手法；要想弄懂這一點，我們必須有高度的智慧，要從相反的角度對他所說的聲音和意義進行理解。但是，它的意義深奧難懂，與作者的目的也相去甚遠：因為他在序言只想證明亞當是君主，其推理如下，即上帝把世界給了人類的子孫，因此，亞當是世界的君主。他所做出的結論荒謬之極，不可原諒，任何人做出的結論都比他做得好，除非有人能夠證明，人們的子孫就是那個沒有父親的亞當；但是，不管我們的作者做了什麼，《聖經》是不會做這種無稽之談的。

三十二、為了維持亞當的所有權和個人統治權，我們的作者在下一頁努力推翻《聖經》此處所描繪上帝對挪亞及其子孫們的共同賜予（《創世記》第九章第一、二、三節），他是透過兩種方式來實現的。

第一，羅伯特爵士想勸說我們不要相信《聖經》裡所說的那些話，他想要我們相信，賜予挪亞的東西，並沒有賜予他的兒子們；他的原話如下：「塞爾登先生認為挪亞和他的兒子們享有這種共同賜予，但是《聖經》（《創世記》第九章第二節）的原文並沒有提供證明。」如果言簡意賅的《聖經》也不能使這位自詡以《聖經》為根據的人滿意，那麼很難想像他到底想要做什麼。《聖經》有言：「上帝賜福給挪亞和他的兒子，對他們說……。」如果按照我們作者的理解，則應該是「對他說」，因為我們的作者說：「雖然上帝在賜福時也提到了與挪亞一起的兒子們，但在這裡最好理解為從屬或理解為賜福的繼承。」對我們的作者而言，這是最好的解釋，因為他認為最適合他目的的解釋就是最好的；但對別人來說，最好的解釋是跟《聖經》的言簡意賅相一致，而且所作的解釋要明確，因此，如果上帝在賜予過程中並沒有說出或者提到任何限制，那麼，我們貿然解釋爲從屬或者賜福的繼承的話，這並不算是最好的解釋。然而，我們的作者認爲這是最好的解釋，是有自己的理由的。他接著寫道：「如果兒子們從屬於父親或者是父親的繼承者，那麼上帝的賜福就能實現了，他們也會享有個人統治權。」也就是說，這些有關賜予之類言之鑿鑿的話（《聖經》是這樣說的：所有地上的……歸你們管理），最好理解爲「從屬或者繼承」，因爲在從屬或者繼承的情況下可能會得到這種賜予；一言以蔽之，對所有目前占有的東西進行的賜予，最好理解爲繼承權，因爲只要人活著就能享有繼承權。如果賜予眞是給予父親及其子嗣的，而且這個父親非常仁慈，願意與其子孫分享這種賜予的話，那麼我們眞的可以說，對於此事而言，這件事情的結果是一樣的；但是，如果將這種言之鑿鑿的共同賜予理解爲將來可以繼承的話，這絕對不可能是眞的。他的所有推理等於是告訴我們：上帝並沒有把世界賜予挪亞的兒子們，也沒有讓他們和他們的父親共同享有，其原因是他們從屬於父親，或者他們是父親的繼承者，以後可能會繼承。這個論證嚴絲合縫，與《聖經》所說的正好背道而馳；但是，儘管這是上帝自己說的話，如果上帝做的事情與羅伯特爵士的假設不同的時候，羅伯特爵士也會認爲上帝的話是不足信的。

三十三、在我們的作者將賜予解釋爲繼承的那部分文章中，不管他怎樣將挪亞的兒子們排除在外，賜予也一定包括挪亞的子孫，而不僅僅是挪亞自己。在這次賜予中，上帝說道：「你們要生養眾多，在地上昌盛繁茂。」從上下文來看，這段賜予的話與挪亞根本沒有一點關係，因爲我們在讀《聖經》時，從來沒有看到他在大洪水過後生養過孩子，而在下一章計算他的後裔時也沒有提及，也就是說，這次繼承在三百五十年之後才能發生，因此，爲了挽救作者幻想中的君主制，人口的繁育必須要推後三百五十年；除非我們的作者認爲，挪亞的兒子們只有得到父親的許可才能與他們的妻子同居，否則這部分賜予也不能理解爲從屬的意思。但是，對於這一點，我們的作者在其所有論著中都是始終如一的，他只知道世界上應該有君主，對人民則置之不理；事實上，他這種統治方法絕對不會是使人類在世界上繁衍生息的方法。萬能的上帝賜予說：「你們要生養眾多，在地上昌盛繁茂。」這其中也包含了藝術和科學的發展，以及生活便利的改善，但是，不管君主專制能在多大程度上實現這個賜予，現在從土耳其統治之下的許多富庶國家就能看出一二。如果有人將那些地方現在的人口紀錄與古代的紀錄比較一下，就很容易發現，現在那裡的人口不及古代的三分之一，當然，雖不是大部分地方，但在某些地區，其人口還不足過去的三十分之一，甚至有的地方還不到百分之一。對於這一點，我們以後還要再談到。

三十四、很顯然，這個祝福或賜予的其他部分，也必須理解成是對挪亞和他的兒子們說的，而且他們所享有的同樣多，不存在「從屬或者繼承」的意思。上帝說：「凡地上的走獸和空中的飛鳥都必驚恐，懼怕你們。」除了我們的作者之外，是否有人還會說，如果未經挪亞的許可，或者說在他去世之前，所有的野獸就不敬畏他的兒子們？上帝還說：「所有地上的牲畜、空中的飛鳥、地面的爬蟲，和海裡的魚類都要畏懼你們，歸你們管理。」對於這句話的理解，是不是應像我們的作者所說的那樣，除非你的父親高興，或者以後再把它們交由你們管理呢？如果這也算是根據《聖經》所作的論證的話，那我不知道還有什麼東西不能用《聖經》來證明？而且我也看不出，這種論證與虛構幻想有什麼樣的區別；我們的作者在他的序言裡對「哲學家和詩人」們的見解大加指責，與此相比，我們的作者所說的，又在多大程度上確實可靠呢？

三十五、但是，我們的作者繼續證明說：「最好理解為從屬或者繼承的賜福。」他說：「這是因為，上帝賜予亞當的個人統治權，以及依據亞當的授予、委派或轉讓給予他的兒子們的個人統治權是不可能被取消的，而且，讓挪亞和他的兒子們共同分享所有的東西也是不可能的——挪亞是上帝留給世界的唯一繼承人，為什麼有人會認為上帝要剝奪他與生俱來的繼承權，並使他與兒子們一起成為芸芸眾生的唯一占有者呢？」

三十六、我們的觀點缺乏根據就會變成偏見，無論我們聲稱它如何有可能發生，我們也沒有權利對言簡意賅的《聖經》進行曲解。我承認，取消亞當的個人統治權是不可能的；因為亞當從來就沒有擁有過這種個人統治權（這是永遠不能證明的）：《聖經》當中一些類似的地方可能會告訴我們應當如何理解最合適，所以，我們有必要將大洪水後上帝對挪亞和他的兒子們的賜福與創世後對亞當的祝福（《創世記》第一章第二十八節）進行對比，經過比較後，人們就會相信：上帝並沒有授予亞當這種個人統治權。我還承認，在洪水過後，挪亞所享有的稱號、所有權和統治權與亞當以前所享有的相同。但是，由於個人統治權與上帝給予挪亞和他的兒子們共同享有的祝福和賜予是不同的，所以，我們有充分的理由斷定，亞當並沒有獲得個人統治權，因爲上帝對他的賜予中並沒有明確說出來，也沒有暗含這種意思的表示；一方面，在《聖經》當中，沒有一處是這樣寫的，而且我們在前面已經證明，原文本身的說法就互相矛盾；另一方面，話語與表達的意思直接相反。因此，這算不算是最好的理解，就由讀者自己進行判斷吧。

三十七、但是，我們的作者說：「挪亞是上帝留給世界的唯一繼承人，爲什麼有人會認爲上帝要剝奪他與生俱來的繼承權呢？」事實上，在英國，繼承人是指根據英國法律應享有其父親全部地產的長子。但是，我們的作者本應告訴我們，上帝在什麼地方曾委派過「世界繼承人」，上帝又是如何「剝奪了他與生俱來的繼承權」，或者，由於挪亞用不盡世界上的土地，就是他的兒子們一起使用也綽綽有餘，可以說，當一方的占有絲毫不會妨礙另一方使用的情況下，如果上帝賦予挪亞的兒子們一部分權利來使用土地，以此安身立命，那這樣做會對挪亞造成什麼損害呢？

三十八、我們的作者或許已經預見到，他這種使人混淆視聽的伎倆並不會奏效，而且無論他怎麼辯駁，人們總是更易相信《聖經》中樸實的話語，並結合自身的切身體會去理解上帝的賜予是對挪亞和他的兒子們一起說的。他費盡心機地暗示我們，上帝對挪亞的賜予並不包括所有權和統治權；這是因爲，「主宰世界和統治萬物都被省略了，世界一次也沒有提到過」。他說：「這兩處賜予有著天壤之別，第一次賜予賦予了亞當主宰世界、統治萬物的權力，而第二次賜予則給予了挪亞可以以萬物爲食物的自由，此處並沒有變更或縮小他的所有權，而只是擴大了挪亞的食物範圍。」因此，在我們作者的意識裡，在這裡對挪亞及其兒子們所說的一切，並沒有賦予他們統治權或者所有權，而只是擴大了取食的範圍；在這裡應該說是「他們取食」的範圍，因爲上帝曾說把它們「都交付你們的手」。可是我們的作者把「你們」改爲「他的」，於是，按照羅伯特爵士的規定，挪亞的兒子們在挪亞在世時必須要過禁食的日子。

三十九、那些從上帝給挪亞及其兒子們的賜予中只能看到取食範圍擴大，而看不到其他東西的人，除了我們的作者以外，都會被懷疑是受了偏見的蒙蔽。我們的作者認爲統治權被刪除了，但我認爲，上帝所說的「所有地上的牲畜、空中的飛鳥、地面的爬蟲，和海裡的魚類都要畏懼你們」，就已經表明了統治權，或者說這已經規定了人類超越萬物的地位，因爲上帝賦予亞當對低級生物的統治權似乎都包含在這種恐懼和驚恐之中；不管亞當是一個什麼樣的專制君主，他絕不會爲了充饑而捕食雲雀或者兔子，而是和其他的野獸一樣以果蔬充饑，這在《創世記》第一章第二節、第九節和第三十節中說得很明白。其次，很明顯，上帝給予挪亞及其兒子們的賜予不僅證據確鑿，而且範圍也比給予亞當的大。上帝對挪亞和他的兒子們說，我把它們「歸你們管理」。如果這些話也不能表示所有權的話，不，這裡應該說不能表示占有權的話，那就很難再找出其他的話來表示了。因爲除了「歸你們管理」這句話外，再也沒有其他自然而肯定的方式來表示一個人對物品的占有了。上帝已經賦予人類所能享有的最大所有權，也就是說，人類由役使萬物的權利也獲得了毀滅萬物的權利；上帝說，「凡活著的動物都可以作你們的食物」，這在給予亞當的特許中是不存在的。而我們的作者聲稱：「利用它們充當食物的自由，這只是食物範圍的擴大，而不是所有權的變更。」除了「使用它們的自由」之外，眞不知道人類在其他動物身上還有什麼別的所有權，這眞是很難理解的。因此，這正如我們的作者所言，如果上帝在第一次賜予時賜予「亞當對萬物的統治權」，那麼，對挪亞及其兒子們的賜予是亞當未享有的那種「利用它們的自由」；上帝賜予挪亞及其子孫們的權利不僅是亞當所享有全部主權，還有其他的權利，這種權利是人們所期待的一種更大的所有權；可以肯定地說，亞當對萬物中最凶猛的野獸也沒有絕對的統治權，而且他對萬物的所有權也是很狹小很有限的，不能像上帝所說的那樣役使它們。如果一個國家的專職君主讓我們的作者去「征服世界」，並賜予他對萬物的統治權，但是不允許他從羊群中取走小山羊或者小綿羊充饑，我想，這樣的話，他絕對不會把自己當成是那個地方或者那群牲畜的主人或所有者：但是，我們由此卻可以看出，牧羊人所享有的支配權與所有者所享有的完全所有權之間是存在差別的。因此，如果這是羅伯特爵士自己的事，我相信，他會認為這裡存在著一種權利的變更，不，這裡應該說是所有權的擴大，而且他會認為挪亞和他的兒子們據此獲得了賜予他們的所有權，不僅如此，他們還獲得了亞當不曾享有的那種對萬物的支配權；然而，就相互關係而言，雖然上帝允許人們對萬物的一部分享有所有權，但是，上帝是天地的造物主，也是全世界唯一的主人和所有者，因此，從上帝的角度來說，人類對萬物的所有權只能是上帝所允許的那種「役使它們的自由」，所以，正如我們在此所看到的，人們的所有權是可以變更和擴大的，在大洪水之後，以前不准使用的也可以使用了。從這所有的一切來看，我認為，很顯然，亞當和挪亞都不享有「個人統治權」，也不能將其後裔排除在外而獨自享有對萬物的所有權，因為他的子孫們長大後，也需要萬物給他們提供生活必需品。

四十、我們的作者根據上帝宣誓的賜予（《創世記》第一章第二十八節）主張亞當享有君權，我們在上面已經對其觀點進行了辨析。在這段賜福的話中，頭腦清醒的讀者看到的意思只有一種，那就是人類的地位超越了地球上的萬物，除此之外，看不出有其他意思。人類作爲地球上的主要居民，也是造物主形像的代表，這段賜予的話實際上是賜予人類對萬物的統治權而已。這個意思在樸實的話語中如此直白，除了我們的作者認爲有必要去證明剛好相反的事，也就是亞當對他的同類享有君主式的絕對權力，對萬物享有唯一所有權之外，沒有人認爲這是必要的，而且我認爲，在這件事情上，他以上述觀點作爲後文論證的基礎，這是不妥的，因爲他只是引用了一些看起來與其觀點適得其反的詞句，其實他本應做更多其他的工作；我承認，從這些話中我看不出有關「亞當君權或私人統治權」的跡象，但是卻看到了相反的一面。我不會因爲我的愚鈍而悲哀，因爲我發現上帝的使徒和我一樣，對所謂「亞當的個人統治權」也沒有什麼概念，他說：「上帝給予我們的一切東西，都可以盡情享用。」如果上帝把這些東西都給了君主亞當，給了其他的君主們，給了君主的繼承人和後繼者的話，使徒就不能這麼說了。總而言之，這段話不僅不能證明亞當是唯一的所有者，恰好相反，它證明了最初的一切東西是人類子孫共同享有的，這從上帝的賜予和《聖經》的其他地方也能看出來；亞當的主權是以個人統治權爲基礎的，如果沒有支持這種觀點的基礎，此論點也會崩潰。

四十一、然而，有人非要認爲上帝的賜予使亞當成爲了全世界唯一的所有者，但是這與他的主權有什麼關係呢？土地的所有權怎麼會給予一個人統治另一個人的權力呢？或者說，整個世界的土地所有權怎麼會給予一個人統治其他人的最高專斷權呢？最爲荒謬的說法是，作爲全世界的所有者，如果人們不承認他們的主權，不服從他的意志，那麼他就可以拒絕給他們食物，可以隨意餓死他們。如果眞是如此，那倒是一個很好的論據，可以證明從來就沒有過這樣的所有權，上帝也從來沒有賜予任何人這樣的個人統治權；更爲合理的想法是，既然上帝命令人類繁衍生息，就應該賦予他們權利，使他們能夠獲得食物、衣服和其他生活用品，其實上帝已經爲此提供了豐富的原料；但是，上帝不應該使他們的生存取決於一個人的意志，他的意志可能會肆無忌憚地毀滅他們，而且由於他的生活並不比別人好，以後的生活可能會因爲欲望過多、產業匱乏而難以爲繼，這樣，他就有可能強迫他們服苦役，而不會慷慨地給予他們生活必需品，從而無法推動上帝讓人類「繁衍生息」的偉大計畫：如果有誰懷疑這一點，就請他看一下世界上的君主專制國家，看一看那裡的生活用品和人民成了什麼樣子。

四十二、但是，我們知道，上帝從未讓一個人處於另一個人的擺布之下，這樣的話他就可以恣意妄爲，隨便把人餓死；作爲萬物主宰的上帝，並沒有給予他的子民統治世界其中一部分的所有權，但卻賦予了他的貧困兄弟享受他的多餘財產的權利；如果他的兄弟迫切需要的話，就不會遭到公然拒絕。因此，沒有人能依靠土地所有權或者財產所有權而獲得支配他人的權力；如果富裕的人不肯拿出多餘的財產救濟他的窮困兄弟，任其自生自滅，那這就是罪過了。這正如正義使每個人都有權享受自己的誠實勞動果實，有權獲得祖先傳給他的正當財產一樣，當一個人生活難以爲繼時，仁愛之心使人們拿出自己多餘的財貨與他分享，從而使他避免了陷於極端貧困的境地。一個人絕不能乘人之危，上帝要求他爲窮困的兄弟提供救濟，如果他拒絕了，並強迫別人成爲他的奴僕，這不亞於一個強壯的人抓住一個弱者，逼他服從，拿著匕首對準喉嚨，威脅他不做奴隸就等著死亡。

四十三、即便有人濫用上帝以慷慨的名義賜予他的祝福，即便有人殘酷不仁到讓人髮指的地步，就是在這樣的例子中，也不能證明土地的所有權能使人獲得支配別人的權力，而這只有契約才能給人這種權力；富豪的威權和貧窮乞丐的從屬地位並不是基於主人的所有權，而是基於窮人想做奴僕而不願挨餓的意願。他屈服於某個人，但是這個人對他所擁有的權力不能超過他在契約中所同意的限度。如果一個人在災荒年時有大量的儲蓄，口袋裡裝滿了錢，在海上有船坐、會游泳，凡此等等，都可以像擁有全世界所有土地的所有者一樣，成爲其支配和統治的基礎，因爲其中任何一項條件都足以使我拯救別人的生命，如果我拒絕施以援手，他就會死亡。根據此規則，如果某個條件能滿足其保全生命或者保全其珍愛之物的需求，使他不惜以自由爲代價進行交換，那這項條件就可以成爲主權和所有權的基礎。綜上所述，我們由此可以一目了然，即使上帝賦予了亞當個人統治權，這種個人統治權也不能賦予他主權；但是，我們前面已經進行了充分的證明，上帝並沒有賦予亞當這種個人統治權。

第五章　論亞當的統治權源於夏娃的從屬

四十四、我們的作者確立亞當君權的另一處根據，可以在《創世記》第三章第十六節中找到，即：「你必戀慕你丈夫；你丈夫必管轄你。」我們的作者說：「這就是政府的最初授予。」於是他就在下一頁做出了結論。他認爲：「最高權力附著於父親身分，而且只限於一種形式的政府，即君主制。」不管其前提是什麼，結論卻相同，只要在《聖經》裡提到「統治」，「君主專制」就會馬上根據神權建立起來。如果大家細心閱讀一下我們的作者從這些話語中所得出的推理，並結合其他事情綜合考慮一下他在此處所加入的「亞當直系和後裔」，你就會發現，我們要想明白他的意思是多麼的困難；但是，我們姑且不管他的寫作手法多麼怪異，我們先來看一下手上的《聖經》是怎麼說的。這些話是上帝對夏娃的詛咒，因爲她是第一個違背上帝旨意的。如果我們想想上帝對我們的始祖說話的場合，考慮到上帝正在對他們兩人違反其意志而進行宣判，並對他們的行爲表示憤怒的話，我們就不會認爲上帝在此時是授予亞當特權和特許，也不是在授予他尊嚴和權威，更不會在此時把他的地位提升到享有統治權和君主權的程度。夏娃是蠱惑者也是共犯，由於她受到了上帝較重的處罰，因而被置於亞當之下，亞當由此取得了比她更高的地位，這純屬偶然。但是，他在人類的墮落和原罪中也參與了，因此他的地位也被貶低了，這從下面的內容中可以看出來。眞是難以想像，上帝居然會在同一時刻讓亞當既成爲全人類的最高君主，又成爲終生的勞作者；既把他「趕出伊甸園，去耕地」（《創世記》第三章第二十三節），同時又授予他王位，讓他享有所有的特權，享受絕對權力帶來的愜意。

四十五、亞當此時是不可能從被激怒的造物主那裡得到任何恩寵和特權的。即便如我們的作者所說，這就是「政府的最初授予」，即使亞當也成了羅伯特爵士所期望的君主，但是，很顯然，上帝只不過是讓他成了一個可憐的君主，其可憐的程度，即使作者自己也認爲他沒有什麼特權。上帝讓他去打工謀生，好像只給了他一把鋤頭，讓他去耕耘勞作，而沒有交給他權杖去統治萬民。上帝對他說：「你必汗流滿面才得糊口。」（第十九節）或許有人會說，這是不可避免的，因爲他那時還沒有臣民，也沒有人爲他勞作，不過，等他活了九百歲後，就會有很多人爲他做工，聽他指揮了；但是，上帝說，不行，除了你的妻子外，沒有人會幫助你，只要你活著，就要自食其力。「你必汗流滿面才得糊口，直到你歸了土，因爲你是從土而出的。你本是塵土，仍要歸於塵土」。有人或許會站在我們作者的角度反駁說，上帝的這番話並不是對亞當一個人說的，而是對亞當所代表的全人類說的，這是上帝對人類墮落進行的詛咒。

四十六、我堅信，上帝說話與人類是不同的，因爲他所說的富含眞理，確鑿可信；但是，當他紆尊對人類講話時，我想他不會用那種與人類不一樣的方法說話，也不會混淆人類的語言規則。當他紆尊降貴對人類講話的時候，不會使他的理解能力降低，因爲他不這樣做的話，他的宏願也就無法實現了。然而，爲了維護我們作者的學說，對於他對《聖經》所作的解釋，我們必須認爲上帝是按照這種不同於人類的說話方式來說的。這是因爲，如果按照語言的正常規則，人們很難理解上帝所說的話。如果上帝對亞當所說的話用的是單數，一定要當作是對全人類說的；他要是用複數的話，一定要當作是對亞當一個人說的，而不包括其他人；而他對挪亞和他的兒子們所說的話，一定要理解爲他對挪亞一個人說的。

四十七、需要進一步注意的是，我們的作者從《創世記》第三章第十六節中引用的「政府最初授予」一語，並不是對亞當說的，事實上，這些話並沒有授予亞當任何權利的意思，而只是提到了對夏娃的懲罰。如果我們按照這些話的意思，將其理解爲對夏娃所說的話，或者是對以她爲代表的所有女人所說的話，那麼，這些話頂多也只是涉及女人，它所包含的意思也僅限於女人應服從於她們的丈夫。但是，如果由於其自身的條件，或者由於她和丈夫所訂立的契約關係能免除這種服從的話，那麼就沒有法律能要求女人服從了；就像是如果有辦法避免生育兒女的痛苦，也就不會有法律去逼迫她們飽嘗那種痛苦一樣，而那種痛苦正是上帝對夏娃詛咒的一部分。原文如下：「我必多多加增你懷胎的苦楚；你生產兒女必多受苦楚。你必戀慕你丈夫；你丈夫必管轄你。」（《創世記》第三章十六節）我認爲，除了我們的作者之外，任何人都很難從這段話中找出「授予亞當君主統治」的權力，因爲這些話既不是對他說的，也不是談論他的。我認爲，沒有人會根據這些話就做出臆斷，就認定女性應當像遵守法律一樣服從上帝所說的話中包含的詛咒，因此人們也會認爲她們有權利去尋求避免這樣的痛苦。有沒有人會說，如果夏娃或者其他孕婦在分娩時沒有感受到上帝的威脅所帶來的多種痛苦，那就是犯罪呢？或者說，如果我們的瑪麗女王和伊莉莎白女王與他們的臣民結婚，那麼，根據《聖經》所言，女王就應該在政治上服從他們的丈夫嗎？或者丈夫們因此就對她們享有「君主統治權」嗎？我認爲，上帝在這段話中並沒有賦予亞當對妻子的威權，也沒有賦予男人對女人的威權，而只是對女人可能遭受的命運進行了預言，上帝只不過是想做出規定，讓女人服從於丈夫，這和人類的法律與國家的規定是一致的；因此，我認爲做出這樣的規定是有自然基礎的。

四十八、因此，當上帝提到雅各（Jacob）和以掃（Esau）時說：「將來大的要服事小的。」（《創世記》第二十五章第二十三節），沒有人會認爲上帝這樣說是爲了讓雅各成爲以掃的統治者，而只是預言了將來要發生的事情而已。

但是，非要把上帝對夏娃所說的話當作是束縛她和所有女人的法律的話，那麼這種服從也只不過是妻子對丈夫的服從而已，如果這就是「政府的最初授予」或者「君權的基礎」，那麼世界上有多少丈夫就會有多少君主。因此，如果說這句話賦予了亞當任何權力的話，也只不過是一種婚姻上的權力，而不是政治權力，丈夫所擁有的婚姻上的權力只是他作爲貨物和土地的所有者而處理私人事務的權力，而且在夫妻共同事務上，丈夫的意志優於妻子的意志；但是，這不是對妻子的生殺大權，對其他人就更談不上了。

四十九、對此，我堅信不疑：如果我們的作者非要把這句話當作是一種授予，即「政府的最初授予」，當成是一種政治性的統治，他就應該提供更好的證據，而不只是一味的空說「你必戀慕你丈夫」就是法律。如果依據此法律，夏娃和她生出的子嗣都應當服從亞當及其繼承人的絕對君權。「你必戀慕你丈夫」這一句話表達不清，學者們對《聖經》的解釋也不一樣，因此，在這件如此重要、覆蓋面廣的事情上，不能以此作爲採信的證據。但是，根據我們作者的寫作方法，只要一提到《聖經》裡的話，他就想當然地斷定原文的意思和他理解的是一樣的。不管「統治」和「臣民」這兩個字眼出現在正文裡還是注釋裡，它們之間的關係就立刻變成臣民對君主的義務了，這種關係由此也就發生了變化；雖然上帝說的是丈夫，但是羅伯特爵士非要說成是「君主」；對於「絕對君權」，雖然《聖經》裡並未提及，我們的作者也沒有提出證明，但是亞當卻獲得了對夏娃的「絕對君權」，不僅對夏娃如此，而且對她「所生育的一切人」都享有這種權力。因此，亞當無論如何都必須是一個絕對君主，因爲直到本章末尾他都是這種說法。由於在原文中既沒有提到「君主」也沒有提到「人民」，更沒有涉及到「絕對的」或「君主的權力」，而只是提到了夏娃對亞當的服從，即一個妻子對丈夫的服從，因此，我將問題留給讀者去思考，我雖然沒有提出任何理由來證明我的想法，即這段話並沒有授予亞當「絕對君主權」的想法，但是我們的作者認爲，我的這種想法不足以毀壞他斷言所確立的那種權力。雖然有人想對我們的作者所提出的絕大部分根據進行簡潔而充分的反駁，而且認爲只用簡單的辯駁就可以駁倒，其實，我們的作者也會用這種方法來對付我們；對於那些沒有證據的斷言，不說出理由進行否定，就已經是充分的答覆了；因此，我對作者的觀點只是進行了否認，他認爲，在《聖經》中，上帝已經將最高權力建立在父親身分的基礎之上，並將其限定爲君權，賜給了亞當及其繼承者，而這所有的一切都是我們對作者所得出的結論，這在同一頁上可以找到充分的答案。我請任何一個頭腦清醒的讀者讀一下原文，並思考一下這句話是對誰說的以及在什麼場合下說的，我相信他一定會感覺詫異，要不是我們的作者具有超凡的能力，那他又是如何在不能示人的情況下找到君主的絕對權力的呢？這樣一來，我們已經考察了《聖經》的兩個段落，這兩處是我們的作者證明「亞當的主權」和「最高權力」的地方，我就記得這兩處。他說：「上帝的法律不適用於亞當，他可以按照自己的意志進行行動。」（參照《創世記》第一章第二十八節，第三章第十六節）在這兩處引用中，其中一處是指低級動物對人類的從屬，另一處則是指妻子對丈夫的從屬，而這兩種從屬與政治社會中臣民對統治者的從屬有著很大的差別。

第六章　亞當的統治權源於父親身分

五十、還有一點需要進行討論，加上這一點，我認爲我已經把我們的作者所提供的有關亞當主權的證據都羅列出來了。他的這個觀點就是，作爲父親，擁有統治其子女的自然權利，他很熱衷於這個「父親身分」，你會發現他幾乎每一頁都要提到這個詞，而且他還特意指出：「不僅是亞當，就連以後的先祖們也依據父親身分的權利獲得了支配其子女的王權。」在這一頁上他還說「子女的服從是所有王權的基礎」等。他不斷提到這一點，並以此爲其論證框架的基礎；他認爲：「每個人生下來就不是自由的，自從他出生的那一刻起，他就成了生父的附庸。」因爲他以此作爲實現其目的的立論，所以我們指望他能提出明確而有說服力的理由。既然只有亞當是上帝創生的，其後的所有人都是人類繁衍出來的，那麼也就沒有人是生而自由的。如果我們問及亞當是如何獲得統治子女的權力的，他會告訴我們，因爲父親生養了他們，理由凡此種種。他說：「亞當的自然統治權可以由格老秀斯自己來證明，他教導我們說：生育使父母獲得了對子女的權力。」的確，生育使男人成爲父親，父親對子女的權利自然也由此產生。

五十一、格老秀斯並沒有告訴我們父母對子女權力的範圍有多寬泛；但是我們的作者卻說得很明白，他信誓旦旦地告訴我們那是「最高權力」，正如至高無上的君主對奴隸享有的權力，那是一種絕對的生殺大權。生育子女就能獲得父親對子女的那種絕對權力，如果要求他說出父親如何獲得以及爲什麼會獲得，我們會發現他根本沒有進行回答；我們必須相信他所說的話，就像相信他在其他方面所說的話一樣，自然法則和政府機構組織的好壞都要根據他的話來判定。如果他是一個專制君主，他這樣說是很恰當的；「根據自由意志」，這在他看來是很有影響力的，但是從證據和論證的角度而言，這是不合適的，這無益於他對專制君主的辯護。羅伯特爵士不得不減少從屬的權威，從而將構建各種制度的希望建立在其空談基礎之上。一個奴隸毫無根據的意見不足以取消全人類的自由和幸福；即使所有人生來不像我所想的那樣是平等的，但是我相信，所有的奴隸生來都是平等的。那麼我就可以直接提出我的意見來反駁他的看法，我對我的看法充滿自信，即「生育子女並不能使子女成爲父親的奴隸」，這反而會使全人類獲得自由。而我們的作者則逆其道而行之，認爲這使子女全都成了奴隸。但是，他的這一觀點卻是那些主張君權神授者全部學說的基礎。因爲我們的作者並沒有提出任何的理由，爲了公平起見，就讓我們聽聽別人的意見吧。

五十二、我聽說，有一些人想透過父親生育子女來證明父親由此獲得對子女的絕對權力，原文如下：「因爲父親給予了兒女生命和生存的權利，所以父親對其兒女享有絕對的權力。」這是他們能提出的唯一證明，既然權利從來就不是他的，也不是別人授予他的，而是別人慷慨施捨的，那麼由此來說，他也就沒有任何理由這樣做，這就是他爲什麼沒有提出要求或者主張任何權利的原因。而我的回答是，首先，既然東西已經給了別人，並不是總有權利能再要回來。其次，對於那些認爲是父親將生命給予了子女的人來說，他們已經讓君主制思想沖昏了頭，他們已經忘記了本應記住的一個道理：上帝才是「生命的創造者和給予者；我們只有靠著上帝才能生活、行動和生存下去」。一個人既然不知道自己的生命是由什麼構成的，那我們怎麼能認爲他就給予別人生命了呢？哲學家們經過孜孜不倦的探尋後，還是不知所以然；解剖學家窮其一生的精力從事解剖和研究，努力鑽研人體的知識，但是他們還是承認，對於人體的結構和組成部分的功能，以及構成生命的整體是如何運行的，依然蒙昧無知。既然如此，難道目不識丁的莊稼漢或是更愚蠢的紈褲子弟就能製造或造出像人這樣精妙絕倫的機器嗎？〔校訂者註：從§52-55，政府論編者Peter Laslett認爲洛克表現出他獨特的科學懷疑主義（Scientific scepticism），與洛克同時期的Tyrrell雖也駁斥生育的事實無法產生對子女的絕對權力，但Tyrrell僅僅主張如此一來母親應當擁有更大權力，而與洛克論點有別（Laslett, 1988: 178）〕。然後還能賦予其生命和意識？是否有人會這樣說，是他產生了孩子的生命所必需的各部分呢？或者他是否可以認爲，是他給予了生命，但是他尙不知道誰可以接受，也不知道什麼行爲或器官對於接受或保存生命是必不可少的呢？

五十三、將生命賦予不存在的東西，就是製造或者製作出一個活的生物體，各個部分恰如其分，能發揮各自的功能，並能均衡地形成一個有機體，然後再將靈魂植入其中。對於那些這樣做的人來說，也許他們眞的可以毀壞自己的工藝品。但是，是否有人如此妄自尊大，竟敢冒天下之大不韙而宣稱自己也能做萬能的上帝所做的奇蹟呢？是萬能的上帝最先造出並不斷製造出活的靈魂，而且只有上帝才能呼出生命的氣息。如果有人認爲自己善於此道，就請他數一數他造的孩子身體上的各個部分，告訴我它們各自的功用，告訴我具有生命和理性的靈魂是何時開始生活在這個奇異的結構裡面的，又是何時開始有感覺的，以及他所製成的這個機器又是如何進行思考和推理的。如果孩子是他製造的，當出現故障的時候，可以讓他來修理，或者至少要請他指出毛病出在哪裡。《詩篇》的作者說：「造眼睛的，難道自己不看見嗎？」（《詩篇》第九十四篇第九節）看看這些人是多麼虛榮啊！只是身體的一部分結構就足以讓我們對上帝創造的至高智慧佩服得五體投地，很明顯，上帝可以把我們當作是他的工藝品，在《聖經》裡，人們一般都稱呼上帝爲「我們的創造者上帝，我們的造物主」。由此，雖然我們的作者誇大了「父親的身分」，而且他津津樂道的說：「上帝對人類行使權力也是根據父親的身分權利。」但是這種父親的身分卻將人世間父母的資格完全排除在外；上帝之所以成爲君主，就是因爲他是我們所有人的創生者，而所有的父母卻不能以此自居。

五十四、但是，即使人們擁有了創生子女的技能和權力，這也不是一項簡單的手藝，眞是很難想像出，他們不經過設計就能被製造出來。在生兒育女的時候，一千個父親當中，有哪個父親除了滿足當時的欲望之外還有其他更長遠的考慮呢？上帝足智多謀，將渴望交媾的強烈欲望置於人類的身體之中，以此來延續人類族群，但是人類做那些事的時候並沒有想那麼多，而且這個想法與生育者的意願恰恰是相反的。當然，那些渴望生兒育女的人只是其兒女存在的偶然因素，尤其當人們打算生兒育女時，他們所做的並不比希臘神話中丟卡利翁（Ducalion）和他的妻子向身後拋擲石子造人多得多。

五十五、然而，我們承認父母生育了兒女，給予了他們生命和生存的基礎，父母由此便獲得了絕對權力，那又如何呢？這只是說明父親和母親具有共同支配子女的權利而已。這是因爲，沒有人能夠否認，母親長時間在自己的身體內以自己的血肉來滋養孩子，即使不能獲得更多的權利，也應該享有與父親相同的權利。胎兒在她的身體裡成形，從她的身體裡獲得養料和生命之源；眞是難以想像，父親在完成他的生育行爲之後，理性的靈魂就會立即進入到那個尚未成形的胚胎之內；如果我們非要認爲有些東西是源自父母的，那麼我們可以肯定，大部分是來自母親的。但是，正如事實所表明的，在生兒育女方面，不能否認母親與父親有著同樣的功勞，由此可以斷定，父親的絕對權力並不是來源於此。我們的作者實際上是另一種想法；他說道：「我們知道，上帝在創造人類時就已經賦予了男人統治女人的主權，這是因爲男人在生育過程中是更高貴的一方，也是主要的一方。」我並不記得在《聖經》裡有這樣的話。如果有人指著哪個地方說，上帝在創造人類時就已經賦予了男人統治女人的主權，這是因爲「男人在生育過程中是更高貴的一方，也是主要的一方」。如果眞是如此，那麼確實應該考慮一下給予答覆。然而，雖然我們的作者說的與上帝給我們的啓示截然不同，他在自說自話，把自己的幻想當作是神聖的眞理，但他告訴我們的並不是什麼新鮮事：這是因爲上帝在《聖經》裡說：「他的父親和母親生養了他。」

五十六、有些人辯稱，一些人類的行爲，比如「遺棄或者出售」他們自己的兒女，這可以看作是父母對孩子享有絕對權力的證明，這些人和羅伯特爵士一樣，都是善辯的辯論家，他們僅僅是將人類可能做出的最羞恥的行爲和最殘酷的謀害看作是討論的依據。即使獅穴狼窩裡也沒有這麼殘忍的事，這些荒原上的野獸服從著上帝，順應著自然，對自己的後代細心照料，關愛有加；爲了保護幼崽，牠們去獵殺、警戒和爭搶，甚至忍受饑餓；在幼崽不能獨立生存之前，牠們絕不離開幼崽，也不會捨棄牠們。難道說唯有人類比造物中最野蠻、最桀驁不馴的物種更享有特權去違反自然法則嗎？上帝用死刑這樣最殘酷的刑罰來禁止我們在暴怒的時候剝奪任何人甚至是陌生人的生命，難道不是嗎？根據自然和理性的指示，以及上帝要求我們延續子嗣的訓誡，他將責任和細心照顧後代的重擔託付給我們，難道他會允許我們去毀壞嗎？上帝在創生所有生物時，特別關注繁衍不同種類的物種，為此目的，所有個體都在積極努力，甚至他們有時都忽略了自己的生存，好像他們忘記了自然教導萬物的一般準則，即自我保護的準則，但是，保護幼小卻成了他們最有力的準則，甚至超出了他們的特有天性。因此，當他們的幼兒需要保護的時候，懦弱者變得勇猛剛毅，殘暴野蠻者變得仁慈，貪婪成性者變得文質彬彬和開明。

五十七、但是，如果可以將已經發生的例子看作是本應如此的準則，那麼歷史將會給我們的作者提供一些「絕對父權」的完美例子，他完全可能向我們展示秘魯人的例子，在那裡，人們養孩子就是養肥了吃。這個故事如此與眾不同，我們下面就引述一下作者的原話。他說：「在一些地方，他們嗜吃人肉，他們甚至沒有耐性等到將死之人斷氣，就迫不及待吮吸他們的傷口流出的血；他們有公開的人肉屠宰場，他們的瘋狂無以復加，令人髮指，他們和從戰爭中俘獲的女人生兒育女，就是如此，他們也不放過這些子女；他們將戰俘當作侍妾，精心養育和她們生出的兒女，等到了十三歲，就把他們殺掉來吃。當這些女俘們過了生育的年齡，不能再為他們生產肉食的時候，他們也會這樣對待這些女俘。」（參見加爾基拉梭・德・拉・維加（Garcilasso de la Vega）著《秘魯印卡族歷史》卷一第十二頁）。

五十八、因此，當人們拋棄理性時，人類混沌的心靈就會墮落到比野獸還殘暴的地步，而當人們擁有理性時，就會變得和天使一樣仁愛。人類的思想如恆河沙數，像浩瀚的海洋一樣博大精深，如果沒有理性這一永恆的星星和指南，幻想和感性則會引導他誤入歧途，而其他生物則做不到這一點。人們總是浮想聯翩，提出各種想法，如果人們將理性置於一邊，那麼人們的意志隨時可能肆意妄爲；在這種情況下，那些最極端的人就可能被看作是最適宜領導的人，而且會有很多的追隨者；愚昧或狡黠的風尚一經形成，習俗就會使之神聖化，如果對其進行反駁或者質疑，就會被認爲是無恥和愚蠢。如果有人能以不偏不倚的態度來看待世界上的各個民族，那麼他就會發現有許多的政府、宗教，都是以此種方式在眾人間出現並延續下來的，因此，他也就不會對人們慣常的做法和篤信的行爲表示尊敬了。而且他們經過理性思考之後認爲，對那些身受權威榜樣影響，行爲超越常理，但卻自稱文明和有理性的人來說，他們居住的都市和宮殿，還不如那些順從自然、保持正直、既沒有理性也沒受過教養的草莽野夫所棲居的山林，更適合爲我們提供行爲的準則。如果以上情況足以爲這種情況確定了準則，那麼我們的作者就可以找到父母將孩子拿來祭祀的神聖證明，也就找到了生活在眾人之中的神。《詩篇》的作者於第一〇六篇第三十八節中說：「流無辜人的血，就是自己兒女的血，把他們祭祀迦南的偶像，那地就被血汙穢了。」但是，我們的上帝並不以我們作者的準則來判決，也不允許現實的權威違反公正的法律，只是認爲，那地就被血汙穢了，所以，「耶和華的怒氣向他的百姓發作，憎惡他的產業」。雖然殺死自己孩子是一種風尙，但是上帝還是用「無辜人的血」來責斥他們，因此，按照上帝的說法，這是謀殺罪，就如同將孩童奉獻給偶像神明，是犯了偶像崇拜的罪過一樣，但是卻犯了盲目崇拜的罪過。

五十九、如果眞如羅伯特爵士所說，在「古代」，人們「經常」「出售和閹割自己的孩子」，那就由他去吧，就當他們拋棄了自己的孩子。多說一句，如果你喜歡的話，他們有更大的權力，他們生兒育女就是爲了把他們養肥然後吃掉；如果這能證明存在一種權利的話，我們也可以以此類推，證明通姦、亂倫和雞姦也是合理的，這是因爲，不管是古代還是現在，這種例子比比皆是。我認爲，罪孽在這裡更加深重了，因爲他們曲解了自然的眞實意圖，即「自然」希望人類在高度完善的狀態下不斷壯大，繁衍不息，而保護婚姻的家庭則是實現這一目的的必要條件。

六十、爲了證明父親所擁有的自然權威，我們的作者根據《聖經》中上帝的明確訓誡，提出了一個蹩腳的證據。他的原話如下：「爲了確認王權的自然權利，我們在『十誡』中可以看到，告誡人們服從君主的戒律是用『孝敬你的父親』來表達的；有很多人都承認，只有抽象意義上的政府才是上帝的命令，但是，他們無法在《聖經》中找到這個證明，而只能找到父權的證明，因此，我們發現上帝在『十誡』中用『當孝敬父母』這句話來讓人服從長輩或上級；如此一來，不僅政府的權力與權利，就連統治權的形式和享有統治權的人都成了上帝的規定了。第一個父親所享有的權力沒有那麼簡單，而是享有君主的權力，這是因爲他是由上帝直接創生的。」爲了達到同樣的目的，我們的作者在其他地方也引用了這個法令，並且使用了同樣的伎倆，將「和母親」這個詞當作是不足爲憑的東西刪掉了；這正是我們作者偉大天才的明證，也是對他事業心的佐證，這就要求爲此辯護的人具有高度的熱情，能夠歪曲上帝訓誡中的神聖準則，從而能夠符合他的要求；這種方法對於那些人來說並不罕見，他們並非由於理性和啓示所提供的眞理而接受，而是懷著不同於眞理的叵測之心去支持某些教義和派別，然後就死抱謬理爲其辯護；他們隨意曲解作者的原話和意義來爲其目的服務，就像普羅庫斯特斯（Procrustes）對待他的客人一樣，爲了能讓客人們符合他自己心目中的形象，他要砍削或者拉長他們；造成的結果是，這些論證也像是被修理過一樣，矯揉造作、名不符實、殘缺不全，可以說得上是無用至極。

六十一、如果我們的作者對上帝的訓誡不加篡改，原話照搬，將「母親」一詞和父親一詞連接起來，那麼我們的讀者就會一目了然，這句話是與他的觀點截然相反的，與確認「父親的君權」相去甚遠，而是將母親置於與父親相等的地位上，它所規定的只是父親和母親應盡的共同責任而已，這是因爲《聖經》的要旨就是「當孝敬父母」（《出埃及記》第二十章第二十節）；「打父母的，必要把他治死」（《出埃及記》第二十一章第十五節）；「咒罵父母的，必要把他治死」（《出埃及記》第二十一章第十七節），且在《利未記》第二十章第九節和《馬太福音》第十五章第四節同樣都複述了這句話。此外，「你們各人都當孝敬父母」（《利未記》第十九章第三節）；「人若有頑梗悖逆的兒子，不聽從父母的話，他們雖懲治他，他仍不聽從，父母就要抓住他，將他帶到本地的城門、本城的長老那裡，對長老說：『我們這兒子頑梗悖逆，不聽從我們的話，是貪食好酒的人。』本城的眾人就要用石頭將他打死……」（《申命記》第二十一章第十八至二十一節）；「輕慢父母的，必受咒詛」（《申命記》第二十七章第十六節）；「我兒，要聽你父親的訓誨，不可離棄你母親的法則」（《箴言》第一章第八節），這是所羅門王的原話。他並不是不知道作爲父親或者國王應擁有什麼，但是在他的《箴言》中，他對兒女的訓誡都是將父親和母親相提並論的。「禍哉，那對父親說：你生的是什麼呢？或對母親（原文是婦人）說：你產的是什麼呢？」（《以賽亞書》第四十五章第十節）；「在你中間有輕慢父母的……」（《以西結書》第二十二章第七節）；「若再有人說預言，生他的父母必對他說：『你不得存活，因爲你託耶和華的名說假預言。』生他的父母在他說預言的時候，要將他刺透」（《撒迦利亞書》第十三章第三節）。在這裡，不僅只有父親擁有生殺大權，而是父親和母親共同享有的。不僅在《舊約》裡如此，就是在《新約》裡提到兒女對父母的服從時，父親和母親也是一起被提到的（例如，《以弗所書》第六章第一節）。這個法令是「子女要聽從父母」，我不記得我曾在哪裡讀過只有「子女要聽從父親」，而沒有提到母親的。《聖經》在提到兒女的孝順時，也是同時提到「母親」和父親的，如果《聖經》有哪一處說子女只對「父親」一人表示尊敬或者服從，那麼自詡一切均以《聖經》爲依據的羅伯特爵士是不會漏掉的。然而，《聖經》不僅讓「父親和母親」對所生的子女共同享有威權，而且地位是相等的，甚至在某些地方都忽略了本應屬於父親的優先權，而是將母親放在第一位，然後才提到父親，例如《利未記》第十九章第三節。從《聖經》中可以看到，父親和母親是放在一起使用的，由此我們可以斷定，他們有權利得到子女的尊敬，這是他們兩人平等享有的共同權利，既不能由一個人獨占，也不能將另一個人排除在外。

六十二、我們的作者是如何從「十誡」的第五誡中推論出「所有的權力最初源自父親」的？這是我們感到好奇的。他又是如何發現「君主的統治權是由孝敬你的父親和母親」來確立的呢？由於我們的作者說，父親「在生育後代中比較尊貴，是主要的參與方，因而他享有對女人的主權」，如果「十誡」規定兒女必須要孝敬父親，不管現在還是將來，只有父親享有這個權利的話，那爲什麼上帝後來總是將母親與之相提並論，二者共同分享這種子女的孝敬呢？父親能否能憑藉這種主權取消子女對「母親」的「孝敬」呢？《聖經》並沒有將這種權利授予猶太人，然而夫妻間的關係也會破裂，甚至達到了離婚和分居的地步，我想，即使是父親責令孩子不准孝敬母親，也沒有人會說子女可以不孝敬母親，或如《聖經》所說，「輕慢她」，這如母親不能責令子女不孝敬父親的道理是一樣的。由此可以看出，上帝的訓誡並沒有賦予父親主權，也沒有賦予父親最高權利的地位。

六十三、我同意我們的作者所說的，子女孝敬父母是自然賦予父母的權利，是他們生育子女而享有的權利，上帝曾在多次明確的訓示中確認他們享有這種權利；我也同意我們的作者所提出的下一條準則，即「父親（允許我加上「和母親」這個詞，因爲上帝使用的時候都是同時使用的）的權力最初是由上帝或者自然賦予的，低級的人類權力是不能限制它的，也不能制定和它們相牴觸的任何法律」。因此，根據上帝的規定，母親具有享受子女孝敬的權利，這種權利是不受父親的意志約束的。由此可以看出，「父親的絕對君權」不能以此爲基礎，更不能彼此相容；如果一個人與另一個人的資格相同，但另一個人卻享有超越這個人所享有的權力，那麼我們就說他所擁有的權力就不只是「君主權」了，這與我們作者主張的極爲不同；因此，他也不得不對自己說：「他看不出有什麼人的子女怎麼可以不服從他們的父母。」在這裡，用通俗的話來講，我認爲父母「既包括母親也包括父親」，如果說這裡的「父母」僅僅是指「父親」，我可是第一次聽說這樣的用法，如果可以這樣使用詞語的話，那麼我們就可以隨便瞎扯了。

六十四、根據我們作者的說法，父親對兒女享有絕對的權力，這一點對於所爭論的問題也是適用的，其結果必然也是如此；如果這是眞的，那麼父親應當擁有這樣的權力。我想問一下我們的作者，「十誡」中的第五誡要求孫子要孝敬父親，那麼，祖父根據他享有的主權，是否可以取消第五誡的要求呢？如果祖父「根據父親身分的權利」享有唯一的最高權力，而「孝敬你的父親」是對最高君主的服從，由此我們可以肯定，祖父確實可以免除孫子對父親孝敬的義務。但是，根據常理推斷，他不可能會這麼做的，所以，「孝敬你的父母」這句話，不可能表示是對最高權力的絕對服從，而是有其他的意思。因此，雖然父母享受的權利是自然賦予的，也是經過第五誡所確認的，但是，這種權利絕對不是我們對作者推論出來的那種政治統治權；這是因爲，在任何一個公民社會裡，這種政治統治權力是最高的權力，它可以取消一個人對另一個人政治上的服從。但是，有哪一個最高統治者能賦予子女自由，不讓他們「孝敬自己的父母」呢？這是一條永恆的法則，純粹是爲了釐清父母和子女的關係，並沒有涉及統治者的權力，也不從屬於他的這種權力。

六十五、我們的作者說：「父親擁有將其對兒女的權力轉讓給別人的權利和自由，這是上帝賜予的。」我對這一點表示懷疑，他是否能全部「轉讓」受兒女「孝敬」的權利呢？但是不管怎麼說，我相信他不可能既轉讓又保留同一權力，因此，如果君主的主權只是像我們的作者所說的那樣，「只是至高無上的父親享有的權利」，那就不可避免地會出現一種情況，即如果父親的身分是所有權利的基礎的話，君主必然享有父權的全部，在這種情況下，他的臣民即使是父親，也不能同時享有對子女的權力以及子女孝敬他們的權利；這是因爲，這種權利不可能既全部掌握在別人手裡，自己又保留一部分。所以，根據我們作者的觀點，「孝敬你的父母」不能理解爲政治上的從屬或服從；在《新約》和《舊約》中，「要尊敬和服從他們的父母」的律例，是對一些子女們所說的，這些子女的父母也處在公民政府的治理之下，並且在政治社會中和其子女共同服從於這個政府；按照我們作者的意思，如果命令他們「孝敬和服從他們的父母」，這就意味著要強迫他們做別人的臣民，而這些人實際上也不享有這種權利，因爲他們的這種權利已經全部賦予別人了。因此，這並不是在教別人服從，而是在確定本來就不存在的權力引起紛爭。因此，如果「孝敬你的父母」指的是政治上的統治，它就直接推翻了我們的作者所主張的君權；由於這是每一個子女應對父親所盡的義務，在社會中也是如此，因此父親也必然享有這種政治統治權，那麼有多少父親就會有多少統治者。另外，母親也享有這種權利，這就損壞了唯一至高無上的君主主權。但是，如果「孝敬你的父母」並不是與政治權力相關的意思，事實也本應如此，那就與我們的作者提出的觀點無關，也就無益於其目的了。

六十六、我們的作者說道：「要服從君主的律例是用『孝敬你的父親』來表示的，就像權力本身源於父親一樣。」但是我想要說的是，這條律例的表達也包含「孝敬你的母親」這句話，就像一切權力也源於母親一樣。我懇求讀者考慮一下，我的論證與他的論證是否一樣有道理，在《新約》和《舊約》中提到子女孝敬或服從的地方都是共同使用「父親」和「母親」的。而且我們的作者還告訴我們：「『孝敬你的父親』這個命令授予了統治之權，從而使政府的形式變成了君主政體。」我對此的回答是，如果「孝敬你的父親」是對君主政治權力的服從，就不會涉及我們對生父服從的義務。這是因為，根據我們作者的說法，他們已經被剝奪了所有的權力，這種權力已全部歸於君主所有，因此，他們與其子女都是臣民和奴隸，因而也就無權享受包含於政治服從的那種「孝敬和服從」的權利。按照我們救世主在《馬太福音》第十五章第四節及上述其他地方的解釋，「當孝敬你的父母」是指我們對生身父母應盡的責任，事實確實如此，但是這與政治權力無關，而只是對那些既無資格享受主權又不享有政治權力的人應盡的義務。作為父親的個人和至高無上的君主享有的服從權是不相同的；因此，這個命令必然只包括我們生父個人，因此這裡也只是指我們對生父應盡的義務，而不同於我們對君主的服從，而且即使是絕對專制的君主也不能免除這種義務。這種義務是什麼，我們會在恰當的地方進行討論。

六十七、我們已經綜合考察了我們的作者所提出的論點，比如他在第八節裡假設亞當「享有絕對無限統治權」的描述，他認為人生來就是奴隸，沒有任何自由。但是，如果上帝「創生」人類只是為了讓人類存在，而不是為了讓亞當「成為其後裔的君主」；如果亞當沒有被立為人類的主人（《創世記》第一章第二十八節），也沒有賦予他「個人統治權」，這種個人統治權不包括統治他自己的兒女，而只是一種人類子孫共同享有的統治土地或低級動物的權利和權力；如果上帝沒有賦予亞當統治妻子和兒女的政治權力（《創世記》第三章第十六節），而只是作爲一種懲罰，使夏娃服從於亞當，或者只是在共同的家庭事務中對女人的從屬地位進行了規定，而沒有賦予作爲丈夫的亞當擁有統治者應享有的生殺大權；如果父親不能因生育兒女就能取得子女的統治權；如果「當孝敬你的父母」這句訓誡也沒有授予這種權力，而只是要求子女對父母應一視同仁，不管他們是否服從於君主，對待母親應當和對待父親一樣；在我看來，這些話都是顯而易見的，如果上面的話都是眞的，那麼不管我們的作者怎樣信口雌黃，人類都享有「天賦自由」，這是因爲，那些秉性、天賦和能力相同的人，從本性上來說都是平等的，都應該享有相同的權利和特權，除非「萬物之主，永享祝福」的上帝明確指認某人爲至高無上的君主，或者人們同意服從別人，成爲別人的下級，否則都有權利享受這種權利和特權。這一點顯而易見，我們的作者也承認：「王權的堅定支持者約翰・海沃德爵士、布萊克伍德和巴克利也不否認這一點，他們也都承認人類的天賦自由和平等。」這是一個無可置疑的眞理。我們的作者所提出的任何東西，都不能證明他的偉大主張，即「亞當是絕對的君主」，因此「人類不是生而自由的」，甚至他的論據本身就自相矛盾；所以，用他自己的論證方法來說就是，「一旦第一個錯誤的原則失敗了，這個絕對權力和專制制度的巨大機構也就隨之而崩塌了」。

因此，對於建立在謬誤和脆弱基礎之上的論點，我們也就沒有必要去批駁了。

六十八、然而，爲了省去別人的麻煩，只要有需要，他就會不遺餘力地用自己的矛盾向別人昭示他的弱點。亞當的絕對統治權和唯一統治權是他一直到處鼓吹的觀點，而且一直以此爲論據，可是他又告訴我們：「亞當是他子女的君主，因此，他的子女對他們自己的子女也享有統治權和權力。」按照我們作者的計算，亞當的父親身分所享有的那種統治權是無限的，也是不可分割的，這種統治權維繫的時間很短暫，只留存於第一代，一旦他有了孫子，羅伯特爵士的說法就說不通了。「亞當作爲其子女的父親，」他說，「他享有對其子女絕對且無限的王權，因此，對於他們所生的孩子，所生的世世代代也都享有統治權。」「然而，他的子女們，即該隱（Cain）和塞特（Seth），對他們的子女同時也享有父權：因此，他們既是「絕對的君主」，也是「臣僕」和「奴隸」，而亞當作爲「眾人之祖」享有一切權力，而他的兒子們作爲父親也擁有一部分權力。由於亞當生育了他們，因此，亞當對他們和他們的後裔享有絕對的權力，而且根據相同的資格（title），他們也享有統治他們自己子女的權力。但是，我們的作者卻說：「不是這樣的，亞當的兒子們有權統治自己的子孫，但仍須服從於最初的父親。」這種區分聽起來很好，但是很可惜，這一點意義也沒有，而且與我們作者以前的說法也不一致。我承認，如果亞當對其後裔享有「絕對權力」，那麼他的任何子女都可以從他那裡受到委託，行使對一部分人或者所有的人的「從屬」權力；但是，這絕對不是我們的作者在這裡所提到那種權力，它不是一種授予權或者委託權，而是他認爲父親對兒子應享有的一種天賦父權，原因有三：第一，他說，「因爲亞當是子女們的主宰，所以他之下的兒女對他們自己的兒女也有統治權」；根據相同的方式和相同的權利，即亞當生育下一代的權利和父親身分的權利，他們同樣也是自己孩子的主宰。第二，在這裡，我們作者的意思很明顯是指父親們的自然權力，因爲他將這種權力只限制在「對他們子女」的範圍之內；而委託的權力則沒有這種限制，不僅可以支配自己的子女，還可以統治他人。第三，如果這眞是一種委託權力，它一定會在《聖經》中有所呈現，但是，《聖經》並沒有提出證明，亞當的子女們除了享有自然父權之外，並不享有對他們後裔的其他權力。

六十九、但是，他在此處的意思只是父權，而沒有其他的意思，從他後面所作的推論來看，這是確鑿無疑的，「我不明白亞當的子女，或者任何人的子女如何能免去他們從屬於父母的義務」，由此可見，我們的作者在這裡提到的「權力」和「從屬」，只是父母與孩子之間那種「自然權力」和「從屬」。人類的每一個孩子所從屬的權力不可能是其他的權力，而我們的作者總認爲這種權力是絕對的，也是無限的。我們的作者說，亞當對他的後裔享有父母對子女的那種自然權力，而且他還說，這種父親支配子女的權力，即使他在世，他的子女對他們自己的子女也享有這種權力。因此，根據父親享有的自然權利，亞當對他的後裔享有絕對無限的權力，同時，根據這種自然權利，他的兒子們對於自己的後裔也享有絕對無限的權力。這樣，就同時存在兩個絕對無限的權力，我希望有人能將這兩者的關係理順，或者使之合於常理。而他用「從屬」一詞來中和，使他的理論顯得更加荒謬：讓一種「絕對、無限」甚至是「無法限制的權力」去從屬於另一種權力，眞是荒謬至極。「亞當是絕對的君主，他對後裔享有父親身分的無限威權。」他的所有後裔全都是他的臣民，正如我們的作者所說，全是他的「奴隸」，他的子子孫孫都是他的臣僕和奴隸，然而，我們的作者又說「亞當的子女對他們自己的子女也都享有絕對無限的權力」；用平白的句子來說，就是在同一個政府中，他們既是奴隸又是絕對君主，根據父親身分的自然權利，其中一部分臣民對其他臣民享有絕對無限的權力。

七十、如果有人贊同我們作者所說的，即父母本身要服從於他們父親的絕對威權，同時他們對自己的子女也享有絕對的權力；我承認，他的這種說法很有道理，但是，他這樣做無益於我們的作者提出的觀點。因爲我們的作者提到的父權，總是指絕對無限的權力，除非他自己對這種權力加以限制，並指出其所達到的程度，否則我們就不能認爲他還有其他的意思。他在這裡所說的是那種廣義上的父權，從他下面的話中就能看得很清楚，他說：「子女的從屬是一切王權的基礎。」他在前面說到「每一個人從屬於父母」，因而也是亞當的子孫對他們父母的從屬，這是一切王權的基礎，即根據我們作者的觀點，這是一種絕對且不可限制權力的基礎。因此，亞當的子孫們就擁有了對他們子孫的王權，而他們自己同時也要服從於自己的父親，而且他們與自己的兒子們同樣都是臣民大眾。他想怎麼解釋就隨他去吧，很明顯，他讓「亞當的子女享有父權」，同時也讓其他父親「享有對其子女的父權」。那麼必然會出現以下兩種情況：其一，亞當在世時，亞當的兒子們就享有了和其他父親們一樣的權力，用我們作者的話來說，即「根據父親身分而享有王權」。其二，「根據父親身分的權利，亞當並不享有王權」；對於那些享有父親權力的人來說，要麼賦予他們王權，要麼不賦予他們王權。如果不賦予其王權的話，亞當就不能因父親的身分而成為君主，別人也不能這樣，這樣的話，我們作者的所有政治學觀念就要壽終正寢了；如果賦予其王權的話，那麼每個享有「父權」的人也都享有「王權」，如此一來，根據我們作者提出的父權制政府論，有多少個父親就會有多少個君主。

七十一、如此一來，他到底確立了什麼樣的君主制，就讓他和他的支持者自己考慮吧。君主們自然很感謝他的這種新政治學說，因為根據此學說，有多少個父親就應設立多少個專制君主。可是，如果按照我們作者的邏輯原則推理，這是不可避免的，但是誰又能因此而譴責我們的作者呢？這是因為，既然將「絕對的權力」賦予了「具有生育權的父親們」，他很難輕易決定兒子對他所生的兒子應當享有多大的權力；於是，正如我們的作者所做的，他將所有的權力授予亞當，亞當在世時，如果兒子們也做了父親，又要他們享有我們的作者都無法否認的一部分權力，這就非常棘手了。這使得我們的作者含糊其辭，當他在安置這種稱作「父親身分」的絕對自然權力時，也是猶疑不決；有些時候是亞當一個人享有這種權力，前述中有這樣的話語。

有時是「父母」都擁有這種權力，這一詞很少單指父親一個人。

有時是父親在世時的「兒子們」擁有這種權力。

有時是「家族的父親們」擁有這種權力。

有時是泛指「父親們」。

有時是「亞當的繼承人」。

有時是「亞當的後裔」。

有時是「先祖們，挪亞的所有兒子們和孫子們」。

有時是「最年長的父母」。

有時是「所有的君主」。

有時是所有擁有最高權力的人。

有時是「最早祖先的繼承人，他們是全人類的生身父母」。

有時是「選舉產生的國王」。

有時是治理「國家」的人們，可能是幾個人，也可能是一群人。

有時是攫取權力的人，即「篡位者」。

七十二、因此，這種「新的虛無」承載了所有的權力、權威和統治權（government）；「父親的身分」是爲個人量身訂製的，它確立了君主的王權，根據羅伯特爵士的說法，人民必須服從於它。王權是任何人可以透過任何方式獲得的，因此，按照他的政治學說，他可以將王權描述成民主制度，使篡位者稱爲合法的君主。如果他的學說能取得如此功績，我們的作者和他的追隨者靠著這個萬能的「父親身分」可謂做了件大好事，這是因爲，「父親身分」除了能夠瓦解和推翻世界上的所有政府，使世界變得動盪不安、專制橫行和篡奪成爲風氣之外，可以說是一無是處。

第七章　作為統治權共同基礎的父親身分和財產權

七十三、在前面幾章裡，我們已經見識了我們作者心中的亞當君主政治及其所建立的原則根據。他認爲他可以爲將來的君主們引出君主專制的基礎有兩項，即父親身分和財產權，這是他主要強調的基礎，因此，他認爲：「排除天賦自由的各種荒謬之說和無稽之談」，其方法就是要「保留亞當自然享有的支配權和個人支配權」。根據這一點，他告訴我們，「統治的基礎和原則必然要取決於財產權的起源」，「子女對父母的服從是王權的基礎」，以及「人世間的所有權力要麼是產生於父權，要麼是篡奪父權得到的，絕對找不出其他的來源」。我們先不去考察他自相矛盾的地方，比如他說「統治的基礎和原則必然要取決於財產權的起源」，然而又說「除了父權之外，沒有其他的權力來源」。我們很難理解除了「父權」之外「沒有其他權力來源」，而且還說「統治的基礎和原則必然要取決於財產權的起源」；其實，財產權和父親身分是極不相同的，正如領地的主人不同於兒子們的父親一樣。上帝在責罰夏娃時曾經說過：「你必戀慕你丈夫；你丈夫必管轄你」（《創世記》第三章第十六節），這就是統治權的最初授予。但是我看不出以上兩個觀點與我們的作者所說的有什麼一致之處。因此，如果這就是統治權的起源，那就意味著統治權絕不是源於我們作者的自說自話，也就是說，既不是來自財產權也不是來自父親身分；而且他用來證明「亞當對夏娃享有權力」所引用的經文與他所說的父親身分，即「所有權力的唯一基礎」是相互矛盾的。這是因爲，如果亞當對夏娃享有我們的作者所主張的那種王權，那麼他必然是依據其他的資格，而不是依據生育子女的資格。

七十四、自相矛盾的地方不僅是此處，還有很多處，就讓他自己去解決吧，只要我們稍微注意一下，我們就能找出很多這樣的矛盾之處，下面就讓我們探討一下統治權的兩種起源，即「亞當的自然支配權和個人支配權」，看一下他們如何彼此一致，我們的作者又是如何用它們來解釋和確立後世君主的資格的，但是，根據我們作者的規定，君主只能從以上兩種起源中獲得權力。那麼讓我們來假設一下，根據上帝的賜予，亞當成了世界的主人和唯一的所有者，其範圍之大，其疆域之廣袤正如羅伯特爵士所想像的那樣；我們再假設，根據「父親身分的權利」，亞當對其子女享有無限的最高權力，成爲了絕對的統治者，那麼我們要問一下，亞當死後，他的「自然支配權」和「個人支配權」會變成什麼，我確信，我們的作者會回答說，他們要傳給下一代繼承人，我們的作者在很多地方這樣說過；但是很明顯，這個方法不可能將他的「自然支配權」和「個人支配權」都傳給同一個人。這是因爲，如果我們承認父親的一切所有權和所有財產都傳給長子的話（這一點還需要一些證據才能確定），那麼根據這一資格，他將擁有父親所有的「個人支配權」，但是，父親的「自然支配權」卻不能透過繼承傳遞給他。因爲這是只能透過「生育」才能獲得的權利，對於不是自己生育的人而言，任何人都不能享有這種自然支配權，除非我們假設，一個人不必滿足那種權利所依據的唯一條件，就可以對任何東西享有權利。如果一個父親沒有其他的資格，只憑藉「生育」就對子女享有了「自然支配權」，那麼那些沒有生育子女的人，就不能享有這種「自然支配權」。我們的作者說過，「凡是出生的人，只因出生這件事，就應從屬於生育他的人」，不管他說的對錯與否，都必然會得出以下結論，即根據人的出生，他不能成爲兄長的從屬，因爲他的兄長並未生育他；除非我們認爲，根據相同的資格，一個人可以同時處於兩個不同的人的「自然支配權和絕對支配權」之下，或者認爲這種觀點是合理的，即由於這個人是父親所生，所以應接受父親對他的「自然支配權」，同時，他雖然不是由兄長所生，但他也應接受兄長對他的「自然支配權」。

七十五、如果亞當的「個人支配權」，即他對萬物的所有權，在他死後要全部傳給他的繼承人，即長子（如果不是如此，那麼羅伯特爵士的君主制就要馬上終結了），那麼，在他死後，父親因「生育」獲得的「自然支配權」就要立即平分給所有已生育子女的兒子們，因爲他的兒子取得了與父親同樣的資格。這樣的話，以「財產權」爲基礎的統治權與以「父親身分」爲基礎的統治權就分離了。該隱（Cain）作爲繼承人，獨自取得了「財產權」，而塞特（Seth）和其他的兒子們則與他平分了「父親的身分」。這是對我們作者學說的最好解釋，在他安排給亞當的兩種統治權利中，或者其中一項毫無意義，或者非要兩種權利都必須同時成立的話，它們只能混淆君主的權利，並在後世將政府攪亂。由於他的理論建立在統治的兩種權利之上，而它們又不能同時繼承，我們的作者也承認是可以分離的（因爲他主張「亞當的兒子們根據個人支配權，各領有不同的領地」）；由於「父親身分」和「財產權」是兩種不同的權利，在亞當死後就會馬上落到不同的人頭上，因此這會使別人對他的原則表示質疑，不知道統治權究竟在哪裡，或者說不知道應該服從誰。那麼兩種權利究竟誰會爲誰讓路呢？

七十六、讓我們考慮一下他對我們所說的。他引用格老秀斯的話告訴我們：「在亞當去世之前，依據個人統治權，他的兒子們憑藉亞當的賞賜、分配或者某種形式的讓渡獲得了各自的不同領地；亞伯（Abel）獲得了自己的羊群和牧場；該隱獲得了自己的谷地和挪得（Nod）建立城市的土地。」很顯然，我們不禁要問，亞當去世後，究竟誰是統治者？我們的作者回答說是該隱。他依據什麼權利呢？我們的作者說：「他是先祖們的繼承人之一，那些先祖們是眾人的生身父母，不僅是自己子女的君主，也是他們兄弟的君主。」那麼，該隱繼承了什麼呢？他沒有繼承全部的財產，也沒有繼承亞當的所有「個人支配權」，我們的作者也承認，亞伯根據從父親那裡獲得的權利，「依靠個人支配權，獲得了自己的牧場」。那麼亞伯根據「個人支配權」獲得的東西，就不屬於該隱，因爲他不能對那些已經屬於別人的東西再具有個人支配權，因此，該隱對他的兄弟所享有的支配權便隨之一道消失了，於是這裡就有了兩個統治權，而我們作者虛構的「父親身分」也就沒有用了，該隱不再是他兄弟的君主；或者如果該隱保留了對亞伯的統治權，縱然亞伯擁有「個人支配權」，在這種情況下，不管我們的作者有什麼反對意見，「統治的首要基礎和原則」與財產權不再有任何關係。當然，亞伯在他的父親去世之前就先去世了，但是這與論證沒有多大關係，因爲不管是亞伯，還是塞特，還是任何一個不是由該隱所生的亞當的後裔，我們都可以用來反對羅伯特爵士的這一論點。

七十七、當他提到「挪亞的三個兒子」時說道：「他們的父親將全世界分給他們。」他在這裡也遇到了相同的麻煩。我要問的問題是，挪亞死後，他們三個人誰會「建立王權」呢？如果他們三個人都有王權，我們的作者好像就是這樣說的，那麼王權就是建立在土地的財產權基礎之上的，是建立在個人的支配權基礎之上的，而不是建立在「父親身分」或是「自然支配權」基礎之上。如此一來，王權是建立在父權之上的說法就會不攻自破，曾經大肆宣揚的「父親身分」很快就會完全消失。如果「王權」傳給了作爲挪亞長子和父親繼承人的閃（Shem），那麼，我們的作者所說的「挪亞抽籤決定將世界分給三個兒子」，和「他周遊地中海十年，爲每個兒子指定了自己的土地」，都是徒勞無功的，而且他將世界分給他們是沒有什麼好處的，也達不到什麼目的。挪亞死後，不管他以前怎麼授予的，如果閃成了君主，那麼挪亞對含（Cham）和雅弗（Japhet）的授予就沒有用了。或者是，如果這種分配土地的「個人統治權」的授予是有效的，那麼就會產生兩種不同的統治權，互不從屬，這就產生了他反對「人民權力」（the power of people）的麻煩，我應該在此處引用他的話，只用「財產權」代替「眾人」就可以了。「人世間的所有權力要麼是產生於父權，要麼是篡奪父權得到的，絕對找不出其他的來源；這是因爲，如果承認這兩種權力，彼此互不從屬，那麼到底誰是至高無上的權力就會陷入無休無止的爭議，一山不能容二虎。如果父權至高無上，以個人統治權爲基礎的權力就必須從屬於它，受它支配；如果以財產權爲基礎的權力是至高無上的，父權就必須服從於它，如果沒有財產所有者的資格就不能行使這個權利，這必然會損壞自然的框架和進程。」這是他反對兩種不同的獨立權力的論證，我引用了他所說的，只是將來自財產權的權力換成了「眾人的權力」；當他自己答覆了自己極力反對兩種不同權力的論證之後，我們就可以更清楚地看明白，在可以容忍的範圍之內，他是如何從「亞當的自然支配權和個人支配權」中尋找王權的根源的，又是如何從「父親身分」和「財產權」這種集二者於一身的權利中尋找王權的起源的；根據我們作者的自白，很明顯可以看出，亞當和挪亞死後，當繼承發生問題的時候，這兩種權力就立即分離了。可是在我們作者的著作中，常常混淆在一起，如果符合他的意圖，他絕不會放過利用它們的任何一個機會。這種謬論在下一章中將會更充分地暴露出來，下一章我們要對亞當將統治權授予後世君主的方法進行分析。

第八章　亞當最高君主權的轉移

七十八、羅伯特爵士為證明亞當的統治權而提出證據並不高明，他將統治權轉移給後世君主的說法也不見得好多少，如果他的政治學說正確，那麼後世君主必須要從第一代君主那裡獲得他們的權利。他提出的方法散見於他的著作之中，我將引用他的話來說明：他在前言中說：「亞當是全世界的君主，除非得到他的授予或者許可，或者繼承他，他的後裔沒有人享有取得任何東西的權利。」在這句話中，他對亞當擁有的東西提出了兩種轉移的方法，即授予或者繼承。他還說：「先祖是所有人的生身父母，所有的君主都是或者都應該是先祖的繼承人。不管有多少人，只要有一個人被認為是亞當的繼承人，他就有權利做其他人的君主。」在這幾處地方中，他認為「世襲」是將君權傳給後世君主的唯一方法。在其他地方，他告訴我們說：「世上所有的權力要麼是從父權派生出來的，要麼是篡奪父權獲得的。所有的君主，無論是過去還是現在，要麼是眾人之父，要麼就是這些父親的繼承人，要麼就是篡奪父權的人。」在這裡，他將「世襲」或者「篡權」作為君主獲得初始權力的兩種方法。然而他又告訴我們說：「這個父權帝國本來是世襲獲得的，所以也可以經由特許而讓渡，或者是經篡奪而獲取。」因此，世襲、授予和篡奪都可以轉移君主的權力。最後，他讓我們最刮目相看的是說了下面的話：「不管君主是透過選舉、賜予、繼承還是其他方法獲得的權力，這都無關緊要，因爲使他們成爲眞正君主的，並不是獲得王權的方法，而是以最高權力進行統治的方式。」他以亞當的王權作爲後世君主獲得權力的基礎，我認爲，上面那句話是他對這些所有假設的回答。如果要想讓一個人成爲「眞正的君主」，只需「以最高權力進行統治，與如何獲得權力無關」，因此，他本應省去諸多麻煩，不必如此費神去大談特談繼承人和世襲。

七十九、透過這種引人注目的方法，我們的作者可以使奧列弗（Oliver）或者任何一個他能想到的人成爲「眞正的君主」；如果他有幸在馬桑尼祿（Massanello）的統治之下，按照他的說法，他一定會忍不住要對他表示敬意，對他說「吾皇萬歲」，這是因爲馬桑尼祿在這之前還是一個漁夫，然而，他以最高權力進行統治使他變成了「眞正的」君主。如果唐・吉訶德（Don Quixote）教他的僕人以最高權力進行統治，我敢保證，我們的作者一定會成爲「桑丘・潘薩島」上最忠誠的臣民，而且在這種統治之下，他一定會受到優待，因爲他將統治建立在眞正的基礎之上，並建立了合法君主的王權，因此我認爲他是第一個政治家；而且他還告訴世人：「凡是以最高權力進行統治的人，不管其取得權力的方式如何，他都是一個眞正的君主」；更明確地說，就是不管用什麼方法，只要能夠得到王權和最高權力，自然而然就名正言順歸他所有。如果這樣就能成爲一個「眞正的君主」的話，我眞不明白他怎麼還會想到「簒奪者」這個詞，他去哪裡找個「簒奪者」呢？

八十、這個學說讓人如此匪夷所思，我驚訝萬分，我對許多自相矛盾的地方都一掠而過，沒有詳細追究。他有時只說「繼承」，有時只說「授予或繼承」，有時只說「繼承或簒奪」，有時又三者都用，最後還會用上「選舉」或者「其他任何方法」來補充。透過這些方法，亞當的君主「權威」（authority）也就是最高的統治權，可以傳給後世的君主和統治者，這樣他們就獲得了眾人服從和從屬的權利。但是這些矛盾如此明顯，以致於每一個讀過我們作者文章的人，只要有正常的理解力就會發現。雖然我引用的話（比他的原話更連貫，更通順）使我不必在這個論點上再糾纏，但是，我打算分析一下他的學說主旨，即使亞當曾經是全世界的絕對君主和主人已經被證明，我尤其應該詳細考察一下「世襲」、「授予」、「簒奪」或「選舉」是如何按照他的原則在世界上建立統治的，或者看一下如何才能夠從亞當的王權中獲得別人服從的合法權利。

第九章　論世襲於亞當的君主制

八十一、儘管世界上應當有政府，這是一目了然的事；儘管所有的人都同意我們作者的意見，認爲神的旨意已經將政府的形式定爲「君主制」，但是，由於人們不能服從那些無法命令指揮的人，雖然幻想中的政府概念如此完美，如此正確，但是它只是空中樓閣，不能制定法律，也不能爲人們訂立行動準則；除非教會人們去認識那些掌握權力，並能對他人行使統治權的人，否則，只用它來維持秩序，在眾人之間建立政府行使權力是行不通的。他只對我們空談從屬和服從，而沒有告訴我們應該去服從誰。即使我也覺得世界上應該有統治機構和法規，但是在我應服從的那個人出現之前，我還是很自由的；如果沒有明顯標誌去認識他，並將擁有統治權的他和別人區別開來，那麼我自己，甚至是任何人都可以成爲這樣的人。因此，雖然服從統治是每一個人的義務，但是人們服從的只不過是發布命令和制定法律的人而已，然而，僅僅使一個人相信世界上存在「王權」還不能使他成爲臣民，還必須要有方法去指認和結識這個擁有「王權」的人；一個人除非知道是誰有權利對他行使權力，否則任何人都不會甘願臣服於任何強權。如果不是這樣，那麼海盜與合法的君主之間就沒有分別；使用武力的人可以輕易讓人屈服，那麼皇冠和權杖就成了暴力和掠奪的遺產；如果人們不知道誰有權力來指揮自己，不知道自己應該服從誰的意志，那麼人們就有可能很輕率地更換統治者，就像是輕易換掉他們的醫生一樣。因此，爲了使眾人心甘情願地履行義務，他們不僅要知道在世界上有一種權力，而且要知道誰有權利運用這種權力來統治他們。

八十二、我們的作者試圖爲亞當確立「君主的絕對權力」，他的這種努力取得了多大的成就，讀者可以透過他所說的話進行判斷。但是，這種絕對君主制即使是像我們的作者所盼望的那樣明確，其實我跟他的觀點正好相反，除非他能同時證明下面兩件事，否則，對於世界上的所有人類政府來說還是沒有用處的。這兩件事情是：

第一，「亞當的權力」不隨著他的去世而中止，而是在他死後完全傳給某個特定的人，並且世代相傳。

第二，世上的君主和統治者透過正當的轉移途徑獲得並占有「亞當的權力」。

八十三、如果第一個條件不成立，那麼即使「亞當的權力」巨大無比，確信無疑，那麼對於現今的政府和社會也沒有什麼意義，因此，我們不得不從亞當的權力之外爲政府制度尋找別的來源，否則世界上就根本沒有政府。如果後一個條件不成立，就會損毀現今政府的權威，人們也就不會再服從於它。與其他人相比，既然沒有更好的理由去要求人們服從這個權力，那麼政府也就沒有權力去統治他們。

八十四、我們的作者曾經爲亞當虛構了一種絕對的統治權，提出了多種將它轉移給君主們的方法，並把這些君主作爲他的後繼者，但是他主要強調的是「世襲」，這在他的論文中曾經多次提到，我在以上各章中也引用過幾段，就不再贅述了。前面已經講過，他將統治權建立在「財產權」和「父親身分」的雙重基礎之上。他認爲第一個基礎是對萬物的權利，即擁有地上的野獸和其他低級生物，專供自己之用，把其他人排除在外；另一個基礎是他享有統治和治理人類的權利，他能夠管理其他所有的人。

八十五、這兩項權利是其他人所不能享有的，亞當必須根據某種特定的理由才能擁有，這正是兩項權利的基礎。

我們的作者認爲，「財產權」來源於上帝的直接「賜予」（《創世記》第一章第二十八節），而「父親身分」的權利則是來自於「生育」行爲。就所有的世襲而言，如果繼承者沒有承繼父權所建立的理由，那麼他就不能繼承根據此理由所產生的權利。比如，無所不能的上帝是萬物之主和所有者，亞當根據上帝的「賜予」和「授予」，亞當享有對萬物的所有權。就算這與我們的作者所說的一樣，但是在亞當死後，除非得到了上帝的「賜予」，而且也賦予亞當的繼承人此種權利，否則他的繼承人還是不能享有支配萬物的權利，也不能享有對萬物的所有權。這是因爲，如果亞當得不到上帝的正式「賜予」，就不能享有對萬物的所有權和使用權，而這種賜予又是只給予亞當個人的，因此，亞當的繼承人就不能世襲其權利，亞當死後，這種權利必然又要歸還給上帝，即歸還給萬物之主和所有者。由於正式賜予的權利不能超出明文規定的內容，這種權利也只能據此規定才能延續下去。所以，如果正如我們的作者所言，那種「賜予」只是給予亞當個人的，那麼他的繼承人就不能繼承他對萬物的所有權，然而，如果這種權利是授予亞當以外的所有人的，就應當明確說明這種權利只是傳給我們作者心目中的繼承人的，即傳給他兒子中的一個，而把其他兒子排除在外。

八十六、但是，不要跟著我們的作者誤入歧途，事情很明顯是如此。上帝創造了人類，在人和其他動物身上植入了一種自我保存的強烈願望，還爲這個世界準備了衣食和其他生活必需品，按照上帝的意思，他是想讓人類能夠在世界上生活一段時期，不致於讓一件如此稀奇而絕妙的工藝品在短暫的延續之後，就由於其自身大意和缺乏生活必需品而立即消失。我覺得，上帝創造了人和世界之後，曾經對人類說過，要求人類透過自己的感覺和理性來利用那些生存所需的東西，並賦予他們自我保存的手段。正如上帝將感覺和本能植入低級動物體內，從而使他們也能夠自我保存一樣。因此，我毫不懷疑，在上帝說這些話之前（《創世記》第一章第二十八、二十九節）（如果必須理解成所說的字面意思的話），或者沒有這種文字形式的「賜予」時，人類根據上帝的意志和授予，就已經獲得了使用萬物的權利。保存自己的生命是一種願望，一種非常強烈的願望，上帝已經將這種願望植入人們心中，並將之作爲行動的準則，理性「作爲人類心中上帝的聲音」引導著他，並使他相信，按照他所具有的那種自我保存的自然意識行事，就是服從造物主的意志，因此，對於他自己透過感覺或理性找到的可用物品，他是有權力利用的。因此，人類對於萬物的「財產權」是建立如下權利基礎之上的，即他有權利用自己的生存所必需的東西或者有用的東西。

八十七、這就是「亞當所有權」依據的理由和基礎，基於同一理由，不僅在亞當死後，就是在亞當生前，上帝也賦予了他的子女同樣的權利。因此，亞當的「繼承人」並沒有超越其他子女的特權，即他不能排除其他子女利用低等生物來保持自己生活舒適的同等權利，這種權利就是人類對於萬物的「財產權」。這樣一來，建立在「財產權」基礎之上或者按照我們作者的說法，建立在「個人支配權」基礎之上的亞當統治權就不復存在了。每個人和亞當享有的權利是一樣的，即每個人都有照顧自己和謀求生存的權利，因此，任何人都有權利支配世間萬物，因此，人們共同享有這種權利，亞當的孩子們也跟他共用這種權利。但是，如果有人已經開始把特定的物品據爲己有，使之成爲自己的財產（他或者其他人是如何做的，我將在別的地方進行說明），對於這件物品，或者說是財產，如果他沒有透過正式的授予而做了另外處置的話，自然就可以傳給他的子女們，那麼他們就有權利繼承它，占有它。

八十八、我們有理由問一下，在父母死後，子女們是如何先於他人而獲得繼承父母財產的權利呢？由於財產是屬於父母個人的，父母在去世時，如果沒有將這種權利轉移給別人，為什麼不再歸還這種權利，把它作為一種公共物品呢？有人可能會回答說，公眾已經同意將財產給予他們的孩子。這是很平常的事情，我們確實看到人們是這樣做的，但是，我們不能因此就說這是人類的公意；因為這種同意從來沒有人要求過，也沒有人表示過；如果公眾的默認就算是確立了這種繼承權，那麼子女們繼承父母的財產就只是一種積極的權利，而不是自然的權利。然而，在這種做法很普遍的地方，將這種事情看成是順理成章的，倒也是合理的。我認為，其根據如下：上帝植入人類心中最根本最強烈的願望以及融入人本性的原則就是保存自身，這是每個人為了生存和發展而對萬物享有支配權的基礎。除此之外，上帝在人類心中還植入了繁衍後代、延續人類的強烈願望，這種願望就給予了子女一種權利，讓他們分享父母的「財產權」，並享有繼承財產的權利。人類留有私產不僅是為了自己，他們的子女也有權利享受其中的一部分。父母的去世也意味著父母使用財產的終結，使他們與財產互相剝離，這樣，子孫們就和父母共同享有這種權利，全部財產歸子女所有，我們將這種情況稱為遺產繼承。就像保存自己一樣，根據同一義務，人們有責任保存自己生育的後代，因此他們的後代就擁有了分享他們財產的權利。子女們享有這種權利很明顯是來自上帝的律例，而人類確認子女享有這種權利是根據國家的法律，二者都要求父母要撫養子女。

八十九、子女生來幼弱，不能養活自己，這是很自然的事情，上帝既然讓他們來到這個世上，就規定了他們成長的過程，規定父母要養育他們，這種權利不僅僅是生存，還有在父母可能提供的條件內獲得生活的便利和舒適，因此，當父母離開人世的時候，父母對兒子的撫養也就停止了，但是父母將撫養盡可能地延續下去，他們在世時做的準備，自然而然被認爲是他們應該做的。雖然父母在去世時並沒有明確宣布，但是自然的權利卻將父母的遺產給予了子女，於是他們就獲得了繼承父親財產的資格和自然權利，而其他人則不能獲得。

九十、上帝和自然賦予了子女享受父母撫育的權利，並使之成爲父母的一項義務，如果沒有這項權利，那麼父親繼承兒子的遺產，享有先於孫子繼承的權利也是合情合理的。對於祖父而言，兒子的撫養教育要花費祖父大量的心血和精力，因此，從公平來考慮，是應該給予回報的。但是，祖父這樣做也是遵從了他的父母所遵從的同一法則，按照此法則，他從父母那裡獲得撫養和教育，而他則是透過對自己子女的撫育來償還的。我的意思是說，如果父母目前處境艱難，需要歸還財物才能生存和生活下去，這就應當採取變更財產權的方法歸還。我們並不是說兒子對於父母不應該充滿孝敬、了解、尊崇和感激之情，而是有時需要以金錢來衡量財物和生活用品。但是，對兒子的還債也不能完全抵消父親的付出，根據自然之理，只是需要使前者優於後者而已。如果一個人欠父親的債，恰好發生了上述情況，父親就有權繼承兒子的財產，此時兒子的權利也不能排除父親的繼承權。因此，如果需要，父親有權得到兒子的贍養，當子女的生活比較寬裕時，他也有享受美好生活的權利，他們的孩子會養活他們，但是如果孩子死了，父親有權利占有他的財物並繼承他的遺產（一些國家的城市法律可能悖於常理，做出了其他的規定），然後才是由他的其他兒子及其兒子的後代來繼承。如果沒有子孫，就由他的父親和父親的後裔繼承。但是，如果還沒有其他人繼承，即沒有同族，我們就會看到私人的財產就會歸社會所有，在政治社會中，就會由行政長官來決定歸屬。但是在自然狀態下，這些財產會完全充公，任何人都無權繼承它，也沒有人對它擁有財產權，就像對其他自然公共物品一樣，對於這一點，我將在適當的地方加以說明。

九十一、我在兒子有權利繼承父親們的財產方面花費了大量筆墨來論述，其原因不僅僅是因爲亞當好像對整個世界和所有物產都享有所有權（一種名義上的無用所有權；因爲供養和維繫孩子的生活是父母的責任，所以這種所有權只有其名而無其實），然而，根據自然法則和繼承的權利，亞當所有的兒子可以獲得共同享有的資格，並在他死後獲得財產的所有權，但是，它不能賦予他後裔中的一人統治他人的統治權；既然每一個人都有權利繼承屬於他的那一部分財產，那麼他們就可以共同繼承這些財產，或者只繼承一部分，或者分而享之，他們想怎麼分就怎麼分。但是，沒有人能夠要求繼承全部財產，或者繼承與之相連的統治權，因爲繼承的權利賦予了每個人相同的權利，使他們能夠平等分享父親的財產。我不僅是因爲這個原因才對兒子繼承父親財產的理由進行如此細緻的考察，還有一個原因就是它可以更清楚地說明繼承的「規則」和「權力」，在一些國家中，他們的國內法將土地的所有權全部賦予長子，權力的繼承也是按照這種習俗傳遞的，有些人可能會被這種觀點所迷惑，認爲「財產」和「權力」存在著一種自然或神授的長子繼承權，認爲對人的「統治權」和對物的「所有權」起源相同，也應該按照同一法則傳下去。

九十二、財產權最初起源自人們利用低等生物維持和享受生活的權利，它是爲了確保財產所有者的福利和個體利益，所以，如果需要的話，他可以爲了使用而毀壞他擁有財產權的東西。但是，統治權是爲了保障個人的權利和財產，保護他不受別人的暴力和傷害，是以被統治者的利益爲出發點的。統治之劍就是「懲戒作惡者」，使人們能遵守社會的明文法律。這種法律是爲了公眾的利益，按照自然法則制定的，即共同法規就是要爲社會的每一個成員謀利益；這把統治之劍交給統治者，不是爲他自己謀私利的。

九十三、正如我們已經提到的，子女需要依靠父母養活而獲得了父親財產權繼承的權利，因爲這些財產是由於他們自身的利益和需要才歸他們所有的，因此，將其稱作「財物」是恰當的。根據上帝的法則和自然法則，長子沒有獨占財產的權利或者享有其他特殊的權利，他的弟弟和他享有同等的權利，他們的權利都是建立在依靠父母生存、維繫生活以及享受生活的權利基礎之上，並無其他。但是，政府的存在是爲了維護被統治者的利益，並不是爲了統治者獨自的利益而存在的（只是由於他們是構成政治團體的一部分，所以他們才和其他人一起，作爲團體的一部分和成員受到照顧，而且依照社會法律，發揮自己的作用爲社會謀福利），因此，統治權不能像兒子繼承父親財產的權利那樣繼承。爲了生存，兒子有權利從父親的財產中獲得生活的必需品和便利，因此，他享有爲了自己的利益而繼承父親財產的權利，但是這也並不就意味著他能繼承父親對別人的「統治權」。孩子能向父親提出只是撫育和教育的要求，以及維繫生活所必需的東西；但是他沒有權利要求「統治權」和「支配權」。他可以從父親那裡得到應得的那部分生活品生存下去，並接受應受到的教育，而不包括「王權」和「絕對統治權」（如果他的父親享有這種權力）。如果要授予他這種權力，也是爲了別人的福祉和需要，因此，如果兒子是爲了個人的私利和利益，他不能要求或者繼承這種權利。

九十四、我們必須要知道第一個統治者是如何獲得權力的，他是根據什麼享有「王權」的，他憑藉什麼資格獲得了這種權力，然後我們才能知道誰有權力繼承他，並能從他那裡繼承權力。如果是人們的公意和承諾將權杖交到一個人手中，或者是將王冠加冕在他的頭上，那麼人們也必然會規定繼承和傳讓的方法。使第一個人成為合法「統治者」的權力也必然會使第二個人成為合法的統治者，這便確立了王位的繼承權。在這種情況下，除非建立統治形式的公意是用繼承或者長子繼承權來解決王位繼承問題的，否則繼承或者長子繼承權本身都沒有世襲王位的權利或不能看作是世襲王位的藉口。因此，在不同的國家裡，我們看到王位會傳承給不同的人，根據繼承的權利，一個人在這個地方可能做君主，在另一個地方可能會做臣民。

九十五、如果上帝最初是透過明確的授予和告示給予一個人「統治權」和「支配權」的，那麼凡是要求得到這種權力的人，也必須透過上帝的明確授予才能獲取繼承權。如果上帝沒有規定這種權力傳承或者傳讓給別人的方式，就沒有人能夠繼承最初統治者的權利，就連他的孩子也沒有繼承的權利；除非作為制度創建者的上帝進行了規定，否則長子繼承權也不能成為主張繼承權利的依據。因此，我們可以看到，掃羅（Sauls）由上帝的直接任命而獲得王位，在他去世以後，他的家族就失去了王位繼承權；大衛（David）獲得王位的權利和掃羅獲得王位的權利是一樣的，都是根據上帝的指定，從而排除了掃羅的兒子約拿單（Jonathan）和其他繼承父權的要求。所羅門（Salomon）繼承父親的權利一定是根據其他的資格，而不是根據長子繼承制。如果兄弟或者姐妹的兒子也擁有和第一個合法君主相同的資格，那麼他在王位繼承問題上一定會享有優先權。只有上帝能夠明確指定統治權歸屬的時候，只要上帝指定，最小的兒子便雅憫（Benjamin）就會和族中最初擁有這一權利的人一樣，也能夠繼承王位。

九十六、如果「父權」，即「生育兒女」的行為賦予一個人「統治權」和「支配權」，那麼繼承和長子繼承權就不能賦予他這種權利。如果一個人不能繼承他父親生育兒女的權利，那也就不能繼承他父親依據父權來支配他兄弟的權力。對於這一點，我會在其他地方做更多的說明。但是，有一點是非常明確的，任何政府，不管人們認為它最初是建立在「父權」、「人民公意」，還是「上帝自己的指定」基礎之上，其中一種都可以取代另外一種，在一個新的基礎上建立新的政府。我的意思是說，在以上基礎上所建立的政府，根據繼承權，只能傳給那些與所繼承的人享有相同權利的人。如果權力是建立在「契約」基礎之上的，那麼權力只能傳給依據契約可以獲得權力的人；如果權力是建立在「生育兒女」的基礎之上的，那麼只有「生育兒女」的人才能獲得；如果權力是建立在上帝的明確「授予」或者「賜予」基礎之上的，那麼只有上帝授予他具有繼承權的人才能獲得這種權力。

九十七、如上所述，我覺得已經很明白了，人類利用萬物的權利最初就是建立在人類具有維繫自己生活和享受生活便利的權利基礎之上的；子女繼承父母財產的自然權利，則是建立在他們享有依靠父母積蓄維持生活和享受生活物品的同等權利，而父母則按照愛的天性和慈愛來教導他們，將子女看作是自己的一部分；這一切都只是為了財產所有者或者繼承者的利益，而不能作爲兒子們繼承「統治權」與「支配權」的理由，這些權利和財產權具有不同的起源，其目的也不相同；長子繼承權也不能當作獨自繼承「財產」或「權力」的理由，這一點在以後的論述中會更加清楚。在這裡只要說明一點就可以了，即，如果繼承人沒有權利繼承父親的所有財產，那麼亞當的「財產權」和「個人支配權」不能把任何最高統治權或者支配權傳給他，因此他也就不能獲得支配兄弟的統治權。因此，如果說亞當基於財產權獲得了最高統治權的話，當然，事實上這並不是眞的，如果眞是如此，那麼這種統治權也會隨著他的去世而終結。

九十八、如果因爲亞當是全世界的所有者，他就對所有的人享有權力的話，那麼他的統治權就不能由他的某個兒子繼承，而且這個兒子也不能用來支配其他的兒子，因爲大家都具有分配遺產的權利，每個兒子有權利獲得父親財產的一部分。因此，亞當依據「父權」獲得的統治權，如果他有的話，也不能傳給任何一個兒子。根據我們作者的論述，這種統治權是透過「生育子女」的權利獲得的，可以支配所生的子女，這種權利是不能夠繼承的，因爲這種權利完全是個人行爲所產生的結果，也是建立在個人行爲基礎之上的，所以由它所產生的權力也是不能繼承的。父權作爲一種自然權利，只能來源於父子關係，而父權就像父子關係一樣，同樣是不可繼承的。如果一個人可以繼承父親支配兒子的父權的話，那麼兒子作爲繼承人，可以要求繼承丈夫對妻子的配偶權。由於丈夫的權力是建立在契約基礎之上的，而父親的權力則是建立在「生育權利」之上的，「生育兒女」的權力只能涉及父親所生的孩子，如果一個人可以繼承「生育兒女」的權力，那麼他同樣可以繼承基於個人的婚姻契約而獲得的權力，除非生育也可以成爲未生育子女者獲得權力的資格，否則是不能繼承這種權力的。

九十九、這樣的話，人們自然就會問一個問題，如果亞當比夏娃去世得早，那麼根據繼承亞當父權的權利，他的繼承人（假設是該隱和塞特）是否也享有對他母親夏娃的統治權呢？因爲「亞當的父權」是只支配子女的權利，是依據生育子女的權利而獲得的，所以，按照我們作者的意思，繼承亞當父權的人，除了繼承了亞當支配自己兒女的權利外，並沒有繼承其他的權利。因此，亞當繼承人的君權並不包括夏娃，但是，如果包括夏娃的話，那麼他繼承也只是亞當的父權，如果亞當的繼承人居然獲得了支配夏娃的權利，那肯定是因爲亞當生育了夏娃；因爲父權不是別的，就是經由生育獲得的權力而已。

一〇〇、我們的作者也許會說，一個人可以轉讓他對兒子的支配權，凡是可以透過契約轉移的權利，也可以由繼承獲得。我的回答是，父親不能轉讓他對兒子的支配權。他可以在某種程度上放棄這種權力，但是不可以轉讓；如果有人獲得了這種權利，並不是得到了父親的授予，而是由於那個人自己的行爲所致。比如，一個父親喪盡天良，對自己的孩子不盡父母之責，將他賣給或者送給別人，而這個人又拋棄了他，此時第三個人發現了他，並把他當作自己的親生兒子來養育、關愛和照顧。在這種情況下，孩子的孝順或者服從是虧欠養父的，應該償還給養父，我認爲這一點誰也不會質疑的。如果其他兩個人想要從孩子身上得到什麼，只有他的生父還有這個權利。但是，在「孝敬你的父母」這條訓誡中，有關子女對父母應盡的義務，他已經喪失了一大部分，但他沒有把權力轉讓給別人的權利。第二個人雖然購買卻不照顧他，憑藉這種購買行爲和他父親的授予，也無法享受他的孝敬。只有那個依靠自己的權力，對那個悲慘淒涼的幼兒履行了父親的義務和照顧的人才能享受這種權利，這種權利與他對兒子的養育之恩是相對應的。在考察父權性質的時候，這一點會更容易讓人接受，讀者可以參閱本書的第二篇。

一〇一、再回到現在的論證上來。有一點是非常明確的，父權只是來源於「生育兒女」的權利，我們的作者在這裡將它單獨拿出來，就不能「轉讓」，也不能「繼承」。如果一個人沒有生育，他就不能獲得來源於此的父權，就像是一個人沒有履行某種權利所依據的條件就不能享有某種權利一樣。如果有人要問，父親支配兒子的法律依據是什麼？我可以回答，毋庸置疑，是根據自然法則，自然賦予了他支配自己兒子的權力。如果有人再問，我們作者提到的繼承人獲得繼承權利的法律依據是什麼？我認爲我還應當這樣回答，也是根據自然法則。這是因爲，我並沒有找到我們的作者從《聖經》中引用一個字來證明他所說的繼承人這種權利。爲什麼自然法則賦予了父親支配子女的父權呢？這是因爲父親確實「生育」了子女，如果自然法則也賦予了繼承人這種父權，雖然他沒有生育自己的兄弟，但是這樣他就能夠支配自己的兄弟。由此我們可以得出，要麼是父親透過生育並沒有獲得父權，要麼是繼承人根本沒有這種權利。我們眞是搞不明白，自然法則，即理性法則既然依據「生育子女」賦予了父親支配兒子的父權，那怎麼又可以不根據這個唯一的理由就賦予他長子支配兄弟的權利呢，這是毫無理由的。如果長子依照自然法則就可以繼承這種父權，而不需要獲得權力所依據的唯一理由，那麼最小的兒子也可以和長子一樣繼承這種權力，甚至連陌生人都可以繼承。因爲只有生育子女的人才能享有父權，如果任何人都不具備這一資格，所有的人所享有的權利也是同等的。我確信我們的作者提不出任何理由來，如果有人能提出來，我們下面就看看他能否站得住腳。

一〇二、同時，這也就是說，根據自然法則，如果一個人有權利繼承另一個人的財產，那是因爲他們是親緣關係，並且他的骨子裡流著另一個人的血，他們之間有血緣關係，因此，同樣是根據自然法則，如果上面提到的陌生人也有他的血統，那麼他也可以繼承財產。這就意味著，依據父親生育子女的自然法則，他享有支配他們的父權；或者說，由於父親養育照顧了子女，如果國家的法律據此賦予了父親支配子女的絕對權力，那麼還有人說法律賦予了那些沒做這些事情的人支配別人子女的絕對統治權嗎？

一〇三、因此，如果有人能夠證明，配偶權屬於他，但他卻不是丈夫，那麼我相信，他也能證明我們的作者提出的論點，即透過生育獲得的父權可以由一個兒子繼承，他的兄弟中作爲繼承人的人可以享有父權，從而他可以享有支配其兄弟的父權，而且依據相同的法則，他也可以獲得配偶權，但是，到這時，我們完全可以相信，亞當的父權，即「父親身分」的統治權，如果這眞的存在的話，是不能傳給他的後代的，或者說，他的後代是不能繼承的。

「父親般的權力」這個詞如果對我們的作者有用，我是可以認可它的，但是它永遠不會消失，因爲只要還有世界，那麼父親就會存在。但是，沒有人享有亞當的父權，或者說能從亞當那裡得到父權，但是，他們根據亞當獲得父權的資格，即「生育子女」權利，都享有各自的父權，這種父權並不是繼承或者沿襲而獲得的，這就正如丈夫們的夫權並不是從亞當那裡繼承來的一樣。由此我們可以看出，亞當並不是依據「財產權」和「父權」而獲得支配人類的「統治權」；同理，他建立在任意一種權利之上的君主管轄權（sovereign jurisdiction），如果眞的存在的話，也不能傳給他的繼承人，而是會隨著他的去世而結束。因此，正如我們以上所證明的，亞當既然不是君主，他那虛幻的君位也就無法傳承，所以，當今世上的權力也不是來自於亞當的。因爲根據我們作者的說法，亞當所擁有的一切「統治權」和「父權」都會隨著他的去世而終結，因此無法透過繼承傳給下一代。在下一章中，我們將會考察一下，看看亞當是否有我們作者所說的那種繼承人來世襲他的權力。

第十章　論亞當君主權的繼承者

一〇四、我們的作者告訴我們：「有一條眞理是不可否認的，那就是，任何來自世界各地的一群人，不管人數眾多還是寥寥無幾，從這群人本身來說，他們當中必然有一個人生來就有權利成爲別人的君主，並成爲亞當的下一代繼承人，其他人必須服從於他，因此，一個人生來不是君主就是臣民。」「如果亞當仍然在世，行將就木，那麼肯定會有一個人，而且也只能有一個人來做他的繼承人。」如果我們的作者喜歡的話，我們可以假設這群人是人世間的所有君主，根據我們作者提出的法則，「他們當中必然有一個人生來就有權利成爲別人的君主，並成爲亞當的下一代繼承人」；我們的作者透過設立上百個甚至上千個君主資格（如果世界上有這麼多君主的話）確立了王權，並以此獲得了臣民的賓服，從而與現有的君主進行對抗，這眞是一個絕妙的方法，而且按照我們作者的說法，他們的資格與現今的君主資格是相同的。如果繼承人的權利具有任何效力，如果像我們的作者告訴我們的那樣，是「上帝意旨」，那豈不是從最高貴者到最卑賤者都要服從於他嗎？那些有君主名號卻無「亞當繼承人」權利的君主們，能夠憑藉其名號要求臣民服從，難道根據同一法則就不能服從別人嗎？因此，可能存在兩種情況，要麼是不能以亞當繼承人的資格來要求或掌控統治權，若是如此，提出這一點就沒有意義，是否是亞當的繼承人也就與統治資格毫無關係；另一種情況是，正如我們的作者所說，亞當的繼承人這一資格確實是治理和統治的眞正條件，那麼首當其衝的事情，就是要找出亞當的眞正繼承人，擁立他爲君主，然後全世界所有的國王和君主都應該遜位，將王位和權杖交給他，這些東西已經不再屬於他們，就像他們的臣民不再屬於他們一樣。

一〇五、要麼亞當的繼承人天生就可以做所有人的君主〔這些人聚集在一起就成了雜眾（multitude）〕，這種權利不是成爲合法君主的必要權利，因此，即使沒有這種權利，也可以有合法的君主，那麼君主的資格和權力也就不需要依賴這種權利；要麼就是世界上所有的君主都不合法，只有一個例外，所以也就沒有服從的權利。要麼是「亞當的繼承人」這一資格是君主得到王位以及有權利獲得臣民服從的依據，就只有一個人擁有這種資格，其他人都是臣民，因而也就不能要求跟他同樣是臣民的人服從；要麼是這一資格本來就不是君主藉以統治或者享有臣民服從權利的依據，即使沒有它，君主也還是君主；亞當繼承人生來就有統治權的夢想對於臣民的服從和君主的統治都毫無用處了。這是因爲，如果那些享有統治權利和臣民服從的君主們不是亞當的繼承人，當然，他們也不可能是亞當的繼承人，既然他們沒有那種資格我們也要服從他們，那麼這種資格又有什麼用處呢？

對於君主來說，如果他既不是亞當的繼承人，又沒有統治的權利，那麼我們就是自由的，除非我們的作者或者其他人能夠給我們指出亞當的眞正繼承人。如果亞當的繼承人只有一個，那麼世界上便只能有一個合法君主，在沒有確定誰是亞當的繼承人之前，任何人都不願意去服從別人；因爲這個人可能就是年輕家族中不爲人知的一員，而他們中的其他人則具有相同的資格。如果亞當的繼承人不止一個，那麼每個人都是他的繼承人，所以每個人都擁有王權。如果兩個兒子可以同時做繼承人，那麼所有的兒子同樣都是繼承人，因而不管是亞當的兒子，還是兒子的兒子，就都成了繼承人。繼承人的權利不能介於這二者之間，因爲根據這一觀點，要麼只有一個人是君主，要麼所有的人都是君主。不管你認爲是哪一種情況，統治和服從的束縛都會因此而瓦解。如果所有的人都是亞當的繼承人，就沒有人有服從他的義務；如果只有一個人是亞當的繼承人，在他不爲人所知，且他的權利沒有確立之前，誰也沒有義務服從他。

第十一章 誰是亞當的繼承人？

一〇六、從古至今，有一個很大的問題困擾著人類，它給人類帶來了諸多痛楚，比如毀滅城市、屠城以及擾亂世界和平，它不在於世界上是否有權力存在，也不在於權力是來自何處，而是誰應該占有這種權力的問題。這一問題的解決堪比君主的安全保障，關係到君主領地和國家的和平與福利。人們可能會認爲，政治改革家可能會對此非常關注，而且對此也瞭若指掌。如果人們對此還有異議，那麼其餘一切就沒有意義了。用專制所產生的榮耀和誘惑來粉飾權力，而不說明誰應當擁有這種權力，這樣做只能使人們與生俱來的野心更加膨脹，其實野心本身就很容易讓人走極端。它讓人們更加熱衷於爾虞我詐，爲無休止的爭論和混亂埋下了禍根，取代了作爲政府宗旨和人類社會終極目標的和平與安寧，除此之外，它還能做什麼呢？

一〇七、與一般人相比，我們的作者更有責任解決這個問題，他曾經斷言「國家權力的授予來自神諭」，這就使權力的傳承與權力本身一樣神聖；因此，君權神授給某個人，我們不能也不可以從他身上再剝奪這種權利，連想一想都不行，我們沒有必要也沒有辦法讓別人來取代他。如果「國家權力的授予來自神諭」，亞當的繼承人就是按照這種方式「被授予」權力的人。在上一章中，我們的作者告訴我們，如果某個不是亞當繼承人的人做了君主，那是對神靈的褻瀆，就像是在猶太人當中，一個不是亞倫（Aaron）繼承人的人做了「祭司」一樣。這不僅是因爲祭司也是「由神諭任命的，並由其繼承」，只有亞倫一族及其後裔才能繼承，除了亞倫的子孫外，其他任何人都不能繼承這一職位，也不能行使這種權力。因此人們謹愼地遵守這種繼承制度，因此人們知道誰才是有資格擔任祭司一職的人選。

一〇八、下面就讓我們看看，我們的作者爲了讓我們知道誰是這個繼承人，誰「根據神諭，享有成爲人類君主的權利」是如何費盡心機的。我們看到的第一次描述是這樣的：「子女的從屬是王權的基礎，這是由上帝規定的，以此推之，不僅國家的權力是由神諭規定的，而且特別規定將這種權力授予輩分最高的父母。」這樣重大的事情應當用簡潔明瞭的話來說，容不得半點疑惑和模稜兩可；我認爲，如果語言能夠準確無誤地表達一種概念，那麼親緣或者血緣關係的遠近就是其中之一。所以，我們本希望我們的作者能夠用一種明白易懂的話來說明白，到底誰是「神諭」規定「授予國家權力」的人，或者至少他應該告訴我們「輩分最高的父母」是什麼意思。我相信，如果已經將土地分配或者授予給他以及他家族中「輩分最高的父母」，他可能也想讓人爲他解釋一下，而且他也很難知道這些土地在以後會屬於誰。

一〇九、在此類文章中，使用得體的語言是很有必要的。在恰如其分的表達中，「輩分最高的父母」可能是指有兒有女的男人和女人，也可能是指最早有兒有女的男人和女人，那麼我們作者的論斷就是，在世時間最長或者生育兒女最早的父親和母親根據「神諭」享有「國家權力」。如果大家認爲這句話很荒唐，那麼我們的作者應該對此負責，如果他的意思與我的解釋存在差異，那也是因爲他沒有把意思講明白。我確信，「父母」不僅僅是指男人，「輩分最高的父母」也不是指一個幼兒，但是如果眞的只能有一個繼承人，那麼他也就是那個眞正的繼承人。我們對「國家權力」的歸屬仍然感到茫然，雖然是「根據神諭授予的」，但是這種授予就好像沒有發生過一樣，或者說我們的作者好像什麼也沒說一樣。根據神諭，到底誰應該享有國家權力，比起那些從來沒有聽過亞當的繼承人和後裔的人來說，雖然我們的作者通篇都是在討論這件事，但「輩分最高的父母」這句話讓我們更加糊塗了。雖然他的著作主要是教別人服從那些有權受到別人服從的人，他告訴我們，這種權利要傳給後裔，但是，這種權利應該傳給哪個擁有享受這種權利的後裔，這就好像是政治學中「點金石」一樣，可望而不可及，從他的著作中是找不出來的。

一一〇、當羅伯特爵士決定要說出他想要說的東西時，作爲一個語言大師，卻說了這種模稜兩可的話，這不能歸咎於他的語言匱乏。因此，恐怕是他已經發現根據神諭來決定繼承的法則是如何困難，或者是已經感受到，即使他承認了這種世襲的規則，對於實現其目的也是沒有多大作用的，對於明確和肯定君主的權利也是沒有什麼好處的。因此，他寧肯使用模糊和籠統的詞彙，從而讓人聽起來舒服一點兒，更加容易接受，而不願意提出「亞當父權」世襲的明確規則，這樣人們就可能在心理上對繼承的人感到滿意，並知道了誰應該擁有王權，由此也就獲得了別人的服從。

一一一、他極力強調「世襲」、「亞當的繼承人」、「下一代繼承人」或「眞正的繼承人」等術語，可是他怎麼可能不告訴我們「繼承人」的意思是什麼，也不提出誰才是「下一代」或者「眞正的繼承人」的方法呢？我不記得他在什麼地方明確地解答過這個問題，當遇到這個問題的時候，只是謹愼而猶豫地觸及一下。他這樣做是很有必要的，如果不這樣的話，建立在他的原則基礎之上的政府和服從就變得毫無意義，他從來沒有說明白的「父權」對任何人也就沒有用處。所以，我們的作者告訴我們：「上帝的法令有三個，不僅對一般的權力結構進行了規定，還包括將權力限定爲一種類型，即君主制，同時還規定了權力只屬於亞當及其後裔。不論是夏娃還是其子孫，都不能限制亞當的權力，也不能和亞當共同享有這種權力；給予亞當的權力只能先給予他個人，然後再傳給其後裔。」我們的作者再次告訴我們，「神諭」已經限制了「亞當君主權力」的世襲。這種權力世襲給誰呢？只能傳給「亞當的家族和後裔」，我們的作者說這種限制是很明顯的，是對整個人類的限制。如果我們的作者能夠從人類中找出一個不屬於亞當家族及其後裔的人，他可能會告訴我們亞當的後裔是誰。但是，「亞當王權只能限於他的家族和後裔」的方法，如何幫助我們能夠找到一個繼承人，我對此是不抱任何希望的。對於那些想從古代的族群中尋找繼承者的人來說，如果眞的有繼承者的話，那我們作者所說的這種限制可能會節省他們的勞動量，但是，要想透過這種方法在我們當中找出「下一代繼承人」是不可能的，有人說亞當的世系和後裔應當擁有王權，雖然這也是解決亞當世襲問題的簡單方法，但是，直白地說，任何人都可以擁有這種權力，因爲活著的人都屬於亞當的「世系」或「後裔」，因此，他們都屬於我們的作者所說的那種「神諭」所限定的範圍。事實上，他告訴我們說：「繼承人不僅是他們自己子孫的主人，也是自己的兄弟們的主人。」由這句話和他以後的言辭（我們會在以後分析他的這番話）可以看出，他似乎在暗示我們，長子就是繼承人。但是，據我所知，他並沒有在書中任何一處明確地指出來，但是透過他在後面舉的該隱和雅各的例子，我們可以認爲，這就是他對繼承人所持的意見，即如果有很多兒子的話，那麼長子就享有繼承人的權利。前面我們分析過，長子繼承制是不能賦予個人任何父權資格的。我們也承認，父親對兒子享有權力是他應有的自然權利，但是長兄對於其弟弟們享有權力則是需要證明的。就我所知，上帝和「自然」並沒有在任何地方賦予長子這種統治權，理性也不能幫助他在兄弟中找到這種自然統治權。摩西的戒律規定長子可以獲得兩倍的財產和物品，但是，在他的書中，我們並沒有發現他生來或者根據上帝的規定應當享有這種統治權或者支配權，我們的作者所舉的例子，在證明長子享有國家權力和支配權方面是蒼白無力的，實際上是恰好證明了相反的方面。

一一二、在前面引用的話的地方，他還說道：「因此，我們可以看到，上帝對該隱談到亞伯的時候說，他的意志必須服從你，你應該統治他。」對於這句話，我認爲：

第一，上帝對該隱所說的這番話，眾多的注釋者有充分的理由可以理解爲不同於我們作者所說的意思。

第二，不管這句話是什麼意思，都不能做如下理解，即該隱以長兄的身分對亞伯享有自然的支配權。因爲他說這句話是有前提條件的，即「如果你做得好」，而且這只是對該隱個人來說的，因此，不管這句話說的是什麼，都要視該隱的行爲而定，而不是根據他的自然權利，所以，這絕不是從一般意義上來確定長子統治權的。正如我們的作者自己所承認的，在上帝說「根據亞伯的個人統治權，亞伯有權享有自己的土地」之前，任何人都不能侵犯繼承人的權利，除非「根據神諭，該隱作爲繼承人」享有父親全部的統治權，否則是不能這樣做的。

第三，如果上帝故意用這句話作爲長子具有繼承權的特許，並根據繼承權，以此作爲在一般意義上授予長子們統治權的根據，那麼，我們可以認爲，這應當包含他所有的兄弟們。因為我們完全可以假設，在那時，人類已經由他繁衍開來，這些兒子也都已長大成人，而且生育的子女比該隱和亞伯還多，而亞伯這個名字在《聖經》中很少提到。按照這句話最初的意思來講，不管這句話的字句如何完整，它很難用在亞伯的身上。

第四，如此重要的學說以《聖經》的一句話為基礎，而且這句話疑點重重，模稜兩可，這未免有點過分。因為這句話完全可以做出幾種合理的解釋，甚至這樣的理解會更恰當，所以只能把它看作是拙劣的證據，而且它與要證明的觀點一樣可疑，特別是在《聖經》中根本找不出理由來支持或者贊成這種觀點。

一一三、他接著說：「當雅各買了他哥哥長子的名分後，以撒（Isaac）就向雅各表達了祝福：『你要做弟兄們的主人，你母親的兒子們都向你跪拜』。」我認為，這是我們的作者提出來證明統治權是根據出生權獲得的又一個例子，而且這個例子讓人不得不佩服。他的推理方法可謂異乎尋常，他替君主的自然權力辯護卻反對契約說，他所舉的例子當中，按照他的說法，裡面的權利全都是根據契約得來的，而且將統治權授予給弟弟，除非買賣不是一種契約，否則我們是不能理解的，但是，他卻告訴我們：「當雅各買了他的哥哥以掃的長子名分……。」我們暫且不理會這句話，讓我們來看一下具體的史實本身，看一下我們的作者是如何應用的，我們就會發現裡面的許多錯誤。

第一，我們的作者在說到這件事的時候，就好像雅各買了「長子」的名分後，以撒就立刻向他祝賀，因爲他說「當雅各買了後，以撒向他祝福」，但是在《聖經》上卻不是這樣的。如果我們按照故事發生的先後順序來排列的話，這兩件事的發生是存在間隔的，而且這個間隔還不短。以撒在基拉耳（Gerar）居住期間，他曾與亞比米勒王（Abimelech）交涉（《創世記》第二十六章），這件事情就是發生在上面提到的兩件事之間。那個時候以撒的妻子利百加（Rebeka）年輕漂亮，但是當以撒向雅各祝福的時候，以撒已經衰老了。而且以掃（Esau）也曾經責備過雅各（《創世記》第二十七章第三十六節），說他曾兩次欺騙了自己。他說：「他以前搶了我長子的名分，現在又奪走了我的福分。」我認爲，這句話代表了兩件事的間隔和兩種不同的行爲。

第二，我們作者犯的另一個錯誤是，他認爲以撒給雅各「祝福」和讓他做「眾兄弟的主」是因爲他有「長子的名分」。我們的作者給我們提出這個例子是爲了證明一點，一個人只要有「長子名分」，就有「做他們兄弟主人」的權利。但是，《聖經》的原文也明確告訴我們，以撒絕沒有想到雅各會買「長子的名分」，因爲當以撒祝福他時，沒有人知道他是雅各，而是把他當成了以掃。以掃也不認爲「長子名分」和「福分」之間有什麼聯繫，因爲他曾經說：「他已經欺騙我兩次了，他以前搶了我長子的名分，現在又奪走了我的福分。」如果「做他們兄弟主人」的「福分」屬於「長子名分」，以掃不應該抱怨第二件事情是一種欺騙，因爲當以掃出賣自己的「長子名分」時，雅各並沒有得到什麼。因此，如果說這些話有所指，人們並沒有將支配權理解爲「長子名分」。

一一四、在先祖時代，人們並沒有將支配權理解爲繼承權，而僅僅是指很多財物，這在《創世記》第二十一章第十節中說得很明白，撒拉（Sarab）立以撒爲繼承人，她說：「你把這個使女和她兒子趕出去！因爲使女的兒子不可與我的兒子一起繼承產業。」這句話沒有別的意思，只是說，在父親死後，使女的兒子不能和以撒一樣繼承父親產業的同等份額，而應該現在就分一部分給他，讓他到別處去。所以，我們在《創世記》第二十五章第五至六節中就可以讀到下面的話：「亞伯拉罕將一切所有的都給了以撒。亞伯拉罕把財物分給他庶出的眾子，趁著自己還在世的時候打發他們離開他的兒子以撒，往東方去。」這也就是說，亞伯拉罕（Abraham）給所有的兒子都分了一部分財物後，就打發他們離開了，不過，他所保留的財物卻是他的產業中最多的，這些產業在他死後由以撒繼承，但是，作爲繼承人，以撒並不享有「做他們兄弟主人」的權利，如果他享有這種權利的話，撒拉爲什麼還要趕走以實瑪利（Ishmael）呢？這樣會使他的奴隸減少的。

一一五、因此，按照法律所規定的，「長子名分」的特權只不過是一種雙重財產。摩西以前的先祖時代，我們的作者認爲他是從這個時代中獲得這種模式的，現在我們能夠知道，在那個時代，沒有人知道，也沒有人會想到，「長子的名分」會給任何人帶來統治權和王權，會給任何人帶來支配他們兄弟的父權或者王權。這裡以撒和以實瑪利的故事還不夠淺顯，讀者們可以查閱一下《歷代志上》第五章第一至二節，上面提道：「以色列的長子原是流便（Ruben）；因他污穢了父親的床，他長子的名分就歸了約瑟（Joseph）。只是按家譜他不算長子。猶大勝過一切弟兄，君王也是從他而出；長子的名分卻歸約瑟。」這個長子的名分是什麼呢？雅各在給約瑟祝福時，他是這樣說的：「我從前用弓用刀從亞摩利人手下奪的那塊地，我都賜給你，使你比眾弟兄多得一分。」（《創世記》第四十八章第二十二節）由此我們可以很清楚地看出，長子名分只不過是一種雙重產業，而且《歷代志上》的原文也與我們作者的學說有些出入，這說明支配權並不是長子名分的一部分，因為它告訴我們，約瑟雖獲得了長子名分，但猶大卻享有支配權。因為我們的作者舉了雅各和以掃的例子來證明支配權是繼承者支配其兄弟的權利，我們不得不承認他對「長子名分」這個詞非常迷戀。

一一六、第一，這個例子只是一個非常蹩腳的例子，因此它對上帝的神諭所提出的支配權屬於長子這一說法是不能證明的，因為不管怎麼說，排行最小的雅各獲得了支配權。如果說這個例子能證明什麼，它只能證明與我們的作者相反的觀點，即「支配權授予長子，並不是來自神諭」，如果是的話，它就不能變更了。根據上帝的法令或者自然法則，絕對權力和王權是屬於長子及其繼承人的，因此他們才是至高無上的君主，而其他的兄弟則都是他的奴隸，因此，我們的作者就給了我們懷疑的理由，即懷疑長子是否有權力來讓渡這種支配權，是否會侵害他們後裔權利。我們的作者告訴我們：「對於最初來自上帝或自然的授予或賞賜，人類的低級權力是不能對其加以限制的，也不能制定任何有悖於它的規定。」

一一七、第二，我們的作者提到的這個部分（《創世記》第二十七章第二十九節），根本就沒有涉及一個兄弟對其他兄弟的支配，也沒有涉及到以掃對雅各的服從。從歷史上來看，這一點是非常明顯的，以掃從來就沒有服從過雅各，而是居住在西珥山（Seir）的另一邊，在這裡，他建立了新的部族和統治，而且他自任爲他們的君主，就像雅各是他自己家族的君主一樣。對於「兄弟們」或者「你們的兒子們」這兩個詞，如果我們仔細看一下原文，絕不能就理解爲是以掃自己，也不能理解爲是雅各對他的支配權。以撒對於這兩個詞也是不會按照字面意思來使用的，因爲他知道雅各只有一個兄長；如果按照字面意思來解釋這些話，意思絕對是不正確的，也不能證明雅各對以掃享有支配權，這在《聖經》的故事中，是恰好相反的，因爲在《創世記》第三十二章中，雅各有好幾次稱以掃爲「我主」，並且甘願爲僕，而且《創世記》第三十三章還提到雅各一連幾次向以掃跪拜。那麼以掃是否是雅各的臣民？（不對，按照我們作者的說法，所有的臣民都是奴隸）雅各是不是靠長子名分成爲以掃的君主的？我們就留給讀者去評判吧。如果大家相信他是靠這種名分成爲君主的，那麼以撒說的那句話：「願你做你弟兄的主；你母親的兒子向你跪拜。」

就證明了雅各是靠著他從以掃那裡得來的長子名分而享有對以掃的支配權。

一一八、凡讀過雅各和以掃故事的人都會發現，他們的父親死後，他們誰也沒有支配另一個人的權力或權威，他們之間兄弟情深，友愛平等地生活著，誰也沒有做誰的「主人」或「奴隸」，而是彼此獨立，他們都是各自家族的首領，他們彼此都沒有接受對方的法律，而是居住在不同的地方，他們是在兩種不同的統治下，衍生出兩個不同族群的始祖。以撒所說的那句祝福的話，使我們的作者用以建立長子支配權的基礎，這句話所能說明的，只是上帝已經告訴利百加（Rebeka）的話（《創世記》第二十五章第二十三節）：「兩國在你腹內；兩族要從你身上出來。這族必強於那族；將來大的要服事小的。」與此相同的是，《創世記》第四十九章提到雅各也對猶大進行了祝福，並給他權杖和支配權，也許我們的作者由此可以證明，對其他兄弟的管轄權和支配權屬於第三個兒子。這兩處地方所包含的祝福都是在很久以後才應驗在他們的後裔身上，而不是直接宣布其中一人享有繼承支配權的權利。因此，對於「繼承人是他兄弟們的主人」這一說法，我們就得出了我們作者想要證明的兩大觀點。

第一，因爲上帝告訴該隱（《創世記》第四章），不管「罪」如何引誘他，他都應該或者可以制服它。在這個地方，即使是最博學的注釋者也認爲這個詞是指「罪」，而不是指亞伯，而且他們提出了有力的理由，以致無法從這樣可疑的經文中推論出有助於我們作者目的的任何東西來。

第二，因為在以上引用的《創世記》第二十七章中，以撒曾經預言雅各的後裔以色列人會支配以掃的後裔以東人。所以我們的作者說，「繼承人是他兄弟的君主」，我把這個結論留給我們的作者去評判吧。

一一九、現在我們可以明白，我們的作者是如何規定亞當的君主權或父親的支配權由後裔繼承的，即由他的繼承人來繼承，繼承他父親的一切權力，並在他的父親死後，成為像他父親一樣的主，「不僅支配他的兒了，還要支配他的兄弟」，所有的一切都是從父親那裡繼承來的，而且會永無止境地傳下去。但是，到底誰是繼承人，他從沒有告訴我們；在這樣一個基本問題上，我們能從我們的作者所得到的全部啓示就是來自雅各的例子，他使用了以掃賣給雅各的「長子名分」這個詞，留給我們來猜測長子就是繼承人。雖然我不記得他曾在什麼地方明確提到過「長子名分」這一資格，但是它一直藏於「繼承人」這一模糊術語的背後。如果就按照他的意思理解，長子就是繼承人（如果長子不是繼承人，就沒有藉口來解釋為什麼所有的兒子同樣都不是繼承人），他可以根據長子繼承制對他的兄弟享有支配權；但這也是解決繼承制的第一步，後面的處境依然困難重重，除非他能夠向我們指出，目前的統治者如果沒有兒子的話，到底誰是合法的繼承人，否則前景不容樂觀。但是他悄悄越過了這個問題，也許這是一個明智的選擇。在確認「擁有權力的人，以及統治的權力和形式都是根據神諭，由上帝規定」的之後，不再涉及任何有關繼承人的問題，解決繼承人的問題一定會迫使他承認，上帝和自然並沒有對繼承人做出任何決定。如果我們的作者不說明白，根據自然權利或者上帝的明確訓誡，到底誰有資格繼承到這種自然君主的支配權，其實他在這方面已經費盡了心機，那麼當這位自然君主去世的時候，若沒有留下兒子，就需要他在這件事情上費盡周折，因為在這件事情上很有必要穩定人們的思想，並決定人們的服從和忠誠，更為重要的是要向人們表明，根據那種優於和先於人類的意志和任何行為的原始權利，誰應當享有這種「父權」資格，而不為了指出這種「許可權」是天生就有的。僅讓我知道有這樣一種父權是沒有意義的，因為在有許多王位覬覦者的地方，除非我知道誰有權利正當地享有這種權力，否則，我只知道這是一種父親的權力，而且我應該並且願意服從，這是無稽之談。

一二〇、爭論的主要問題是我應當服從的義務，以及在我的意識中對那些有權成為我的主人和統治者所負的責任，因此，我必須知道這種父權存在於誰的身上，即誰有權要求我去服從。如果我們的作者所說的是真的，「不僅國家的權力是根據神的規定，甚至明確指出這種權力歸於最年長的父母所有」；他還說，「不僅政府的權利和權力，就是統治權的形式以及享有這種權力的人，也是根據上帝的意旨來確定的」，那麼，除非他向我們說明白，在所有的這些情況中，這個上帝所「指定」的人是誰，誰是這個「最年長的父母」，否則，他提出的抽象君權概念在實際應用以及讓人們表示服從時就顯得毫無意義。這是因爲「父親的支配權」本身不能發出命令，也不是讓人服從的，它只是能賦予一個人別人沒有的權利，它僅僅是根據別人不能占有的繼承權而獲得發布命令和得到人們服從的權利；說來有點荒謬，我願意服從父權，但是當我服從它的時候，它卻沒有賦予我權利去服從它；這是因爲，他不可能享有我必須服從他的神授權利，他也不能證明他享有統治我的那種神授權利，這就好像是世界上根本不存在神授權利一樣。

一二一、由於他不能從「任何人都是亞當的繼承人」這一點證明君主統治的資格，所以這一觀點是無用的，最好是置之不理，他總是熱衷於將一切歸於現在的占有權上，強迫國家承認篡位者是合法的君主，從而使篡位者的資格也名正言順。我們還應該記住他下面所說的話：「如果篡位者僭奪了眞正繼承人的位子，臣民對父權的服從必須繼續下去，並等待上帝的意旨。」對於篡位者的地位問題，我們會在其他地方進行討論，我希望頭腦清醒的讀者能夠仔細想想，君主們應如何感謝這般學說，它竟會把父權賦予凱德（Cade）或者是克倫威爾（Cromwel）這類人，這樣的話，所有的服從都歸於父權，根據相同的權利，臣民的服從也應歸於篡位的君主們，就像他們服從合法的君主一樣順從；然而，儘管這種理論非常危險，但是必然將政治權力歸結於自然權利和神諭賦予的亞當父權，這表明了權力來自於他，但是沒有說明要傳給誰，也沒有說明誰才是繼承人。

一二二、我認爲，爲了確立人世間的統治，爲了使人們從心底裡接受這種服從，就像我們曾經告知大家的，在父親死後長子享有繼承權，我們有必要（按照我們作者的說法，一切權力都只是「父權」占有的表現）告知大家，如果在位者去世了，卻沒有兒子繼承，那誰有權利獲得「權力」，即獲得「父親身分」。我們還要記住一個重大問題，而且我們理所當然應認爲這是我們的作者（如果他不是有時忘記的話）極力主張的觀點，即那些人有權接受別人的服從，而不在於在未知誰享有這種權力的情況下，人世間是否存在一種稱爲「父權」的權力。既然它是一種統治權，只要我們知道誰享有這種最高權力，那麼，不管人們稱呼它是「父權」、「君權」、「自然權利」或「獲得權」，「最高父權」或「最高兄權」，都是無足輕重的。

一二三、我還想問的另一個問題是，在「父權」和「最高繼承權」的繼承問題上，一個女兒所生的外甥，比起一個兄弟所生的侄兒是不是更該享有優先權呢？長子生的孫子，還是個嬰兒，難道就比成年能幹的二兒子具有優先權嗎？是否他的女兒要比叔叔或者其他男系出生的人具有優先權呢？是否庶出的大兒子要比正妻所生的幼子更享有優先權呢？這樣類推下去，還要出現多少有關合法性的問題呢。妻和妾在本質上又有什麼區別呢？從民法和成文法的角度來說，他們並不能說明什麼問題。我們還可以繼續問下去。如果長子是一個傻子，他是不是應該優先於聰慧過人的二兒子繼承父權呢？長子愚笨到什麼程度才能剝奪他的繼承權呢？誰應該對此做出評判呢？他因愚笨而被剝奪了繼承權，那麼他所生的兒子是否比其在位的叔叔所生的兒子更有優先權呢？國王去世後，守寡的王后懷有身孕，誰也不知道她會生男生女，那麼這時誰應該享有「父權」呢？如果王后剖腹產下兩個雙胞胎兒子，那麼誰是繼承人呢？同父異母或者同母異父的姐妹是否比同父同母的姐妹所生的女兒更享有優先權呢？

一二四、這麼多的疑問都可以提出來質疑傳承的資格和繼承的權利，這並不是虛幻的空想，而是歷史上經常遇到的王位和王國的繼承問題。如果我們需要，可以信手拈來，只在我們這個島上就可以找出一些非常有名的例子，在《父系的君王》一書中，聰慧而博學的作者已對此進行了詳盡的描述，我就不再贅述。我們的作者在解決完下一代繼承人問題上出現的所有疑問之前，在他證明那些疑問都是受自然法則或上帝的訓誡法則決定之前，他對「君主」、「絕對」、「最高的」、「亞當的父權」的假設，以及這種權力是如何傳給他的繼承人的等等所有假設，對於權力的確立或者對於現今世界上任何一個君主資格的確定一點用處都沒有，反而會引起分歧，帶來各種問題。儘管我們的作者很樂意告訴我們，而且我們也都相信，亞當享有「父權」，因此也就享有了「君主的權力」，這個權力（世界上唯一的權力）又「傳給了他的繼承人」，除了這個權力之外，世界上再無其他的權力。假設這是非常明確的論述，但是這裡面也有一個明顯的錯誤，即如果對於這種「父權傳給誰」或者它現在歸誰所有的問題還有疑問，那麼任何人都不會承擔服從的義務，除非有人說，我有責任對一個和我一樣沒有「父權」的人的「父權」表示服從，也就是說，我服從於他，是因爲他有權利進行統治。如果有人問我，我怎麼知道他會有統治的權利，我會這樣回答：他是否有這種權利，是沒有人知道的。因爲我知道，「不能讓我服從的理由」不能成爲我應該服從的理由，更何況是一個「沒有人知道的理由」，那就更不能是讓我服從的理由了。

一二五、因此，對於亞當的「父權」、他的權力有多大，以及假設的必要性等一派胡言，如果這些假設不能告訴人們他們應該服從誰，或者誰應該統治，誰應該服從，那麼這些言論對於確定統治者們的權力以及決定臣民服從的義務都是沒有幫助的。在當今的世界中，人們對於亞當的繼承人，也就是「父親身分」是一無所知的，這個由亞當傳給繼承人的「君主權」，對於人類的統治也是毫無用處的，這就像我們的作者向人們保證的，它能安撫人們的心靈，保證人們的身體健康，即亞當有權力赦免罪行或者治癒疾病，根據神諭，他應該傳給他的繼承人，雖然他的繼承人根本就無從知曉，但也應該這樣做。如果有人聽信我們的作者所說的，去向一個自命爲神父的人懺悔，希望得到他的赦免，或者向一個自稱爲醫生的人祈求藥物，希望服他的藥來康復身體，或者說跑到他們那裡信誓旦旦地說接受亞當傳下來的那種赦罪權，甚至說，我會被亞當傳下來的醫療權所治癒。他的這種做法，就像一個人承認一切權力都是從亞當傳給他的唯一繼承人的，但是他卻不知道這個繼承人是誰，然後便說，我接受並服從傳自亞當的「父權」。

一二六、當然，世俗的法學家們自詡能解決一些王位繼承的案件，但是根據我們作者的原則，他們這樣做干預了不屬於他們的事情。這是因爲，如果所有的政治權力都是來自亞當那裡，並且根據「上帝的意旨」和「神諭」，只能傳給他一代接一代的繼承人，這就是一種先於政府，且凌駕於政府之上的一種權利，因此，人們制定的成文法不能決定如下事情，即它本身就是一切法律和政府的基礎，而且它的法則只能從上帝或者自然的律法那裡得來。如果我們的作者在這個問題上保持沉默，我就會認爲並不存在這樣一種以這種方式傳遞的權利，而且我相信，即便眞有這樣的權利，它也是毫無意義的。對於統治和服從於統治者的問題，如果沒有這種權利，人們會感覺更加若有所失。這是因爲，根據「神諭」（如果存在的話）所排斥的成文法和契約，這些紛紛擾擾的無窮問題都會迎刃而解，但是，這樣一種神授的權利，一種與整個世界的秩序與和平一樣重要的權利，怎麼能在沒有任何明確的、自然規定的或者「神諭」的情況下就傳給後代呢？這眞是不可理喻的。如果國家的權力是由「神諭」規定傳給繼承人的，但是「根據神諭」，我們又不知道誰是繼承人，這樣的話，世俗的統治就會結束了。根據神授的權利，「父親般的王權」只屬於亞當的繼承人，這樣人們就沒有餘地深思熟慮或者經過公意的認可將這種權利授予其他人。

如果只有一個人擁有人類服從的神授權利，那麼除了他能證明自己的權利之外，其他人都不能要求這種服從權利，而且人們也不能以其他理由爲藉口有了服從於它的意識。因此，這個學說就從根本上推翻了所有的統治權。

一二七、因此，我們已經看到了我們的作者是如何將統治權是「上帝的意旨」和「神諭」這種說法作爲一種可靠基礎的，在這之後，他告訴我們說，這個人就是繼承人，然而，究竟誰是這個繼承人呢？他讓我們去猜測；「神諭」將這種權利指定給一個我們無法知曉的人，這種「神諭」就等於根本沒有指定。但是，不管我們的作者做什麼，「神諭」絕不會做出這樣滑稽的指示，我們更不能想像出上帝會將它變成神聖的法律，規定某個確定的人會對某物享有權利，但卻不告訴我們辨認此人的方法；或者他將權利授予一個人，卻又不指出那個繼承人是誰，這可能會讓我們認爲，繼承人按照「神諭」根本就不享有這種權利，因爲上帝雖然將權利授予了繼承人，但是在誰是繼承人這個問題上含糊其辭，沒有明確的確定。

一二八、如果上帝把迦南（Canaan）的土地賜給亞伯拉罕，並泛泛規定要在他死後將土地傳給某個人，但卻沒有指明是他的子孫，這樣人們也就不知道該傳給誰。這種指定對於迦南土地所有權的決定是沒有效力和作用的，這就好比在決定王位的繼承問題上，將最高統治權授予亞當及其繼承人，但卻沒有告訴我們誰是繼承人一樣。對於「繼承人」這個詞來說，如果沒有一個規則來辨識他，雖然是指「一個人」，但我們也不知道他是誰。上帝立下「神諭」，規定世人不得與「骨肉之親」結婚，不許有人接近他的近親，更不能不穿衣服。他認爲這樣說還不夠，於是就定出了規則，讓人們知道哪些人是「神諭」所禁止結婚的「近親」（《利未記》第十八章），否則這法律就沒有什麼用處了。用含糊其辭的話限制別人或者給予其特權，但卻沒有辦法去確定這個人到底是誰，這是沒有用的。然而，上帝沒有在任何地方指出繼承人應該繼承他父親的家業和支配權，我們也就不要指望上帝在任何地方指明是誰繼承。他根本就沒有指定過，他甚至連想都沒想過，因此我們就不用奢望他會在某個地方任命或者指認某個人當繼承人；若不是如此，我們也許能有所期待的。因此，雖然在《聖經》中有「繼承人」這樣的詞，但是並不是我們的作者所說的那個意思，即繼承人是根據自然權利，並將眾兄弟排除在外，獨自繼承父親所有東西的人。所以撒拉認爲，如果以實瑪利留在家裡，亞伯拉罕死後，他也可以繼承亞伯拉罕的家業，這樣的話，使女的兒子和以撒就都是繼承人了。所以，她對亞伯拉罕說：「你把這使女和她兒子趕出去，因爲這使女的兒子不可與我的兒子一同承受家業。」但是，這並不能使我們的作者免責，他告訴我們，在每一群人中，都有一個「繼承亞當的眞正繼承人」，因此他該告訴我們繼承的法律是什麼。然而，他惜墨如金，不肯把辨識繼承人的原則教給我們；他既然自稱統治是建立在《聖經》基礎之上的，就讓我們看一下，在《聖經》的歷史中，他是如何對這個必要而基本的論點進行論述的。

一二九、我們的作者爲了讓自己的書出名，他是這樣來描述亞當王權的繼承史：「亞當憑藉上帝的命令而獲得了統治全世界的權利，我們的先祖們依靠由他傳下來的權利而享有廣大的統治權等等。」他是如何證明先祖們透過繼承就可以擁有這種權利的呢？他說，因爲「我們看到先祖猶大有生殺大權，曾因聽他人說他的兒媳她瑪（Thamar）做了妓女，就宣布殺死她」。這件事情怎麼能證明猶大就有專制和統治的權力呢？就因爲「他宣布殺死她」嗎？宣布死刑並不是統治權的標誌，通常這是下級官吏的職責。制定生死法律的權力是一種統治權的標誌，但是，根據法律來宣布判決，是可以由其他人來做的。因此，用這個證據來證明他享有統治權是非常蹩腳的。就像一個人曾經說：「法官傑佛瑞斯（Jefferies）近來宣判了別人的死刑，所以法官傑佛瑞斯擁有統治權。」但是，我們的作者會說：「猶大這樣做，並不是受別人委託，而是根據自己的權利去做的。」有誰知道他到底有沒有這個權利呢？頭腦發熱可能驅使他去做越權之事。「猶大有生殺大權」，何以見得呢？他做了這件事，而且他「宣布了她瑪的死刑」，我們的作者認爲這就是很好的證據，因爲他做了，所以他就享有這種權利；但是猶大也曾和她一起睡過。如果按照相同的證明方法，他也有做這件事的權利了。如果說做過一件事情就享有了做這件事的權利，那麼阿布薩隆（Absalon）也可以算是我們作者所說的統治者了，因爲他也曾經在這種相似的情形下宣布過他弟弟阿蒙（Ammon）的死刑，並且執行了死刑；如果這足以證明生殺予奪的大權，那說明阿布薩隆也是一個君主。

但是，即便這很明顯是對統治權的證明，那「憑藉亞當傳下來的權利，享有任何君主那種廣泛的絕對支配權」的人到底是誰呢？「是猶大」，我們的作者說，猶大是雅各的少子，他的父親和長兄還都在世。因此，如果我們相信作者提供的證明，我們就會相信，弟弟在他的父親和兄長在世時，「憑藉繼承的權利」，就可以繼承亞當的君權；如果一個這樣的人都可以繼承，爲什麼其他人就不行呢？如果猶大的父親和長兄在世時，他就是繼承人，那麼我不知道誰還可以排除在繼承權之外；這樣的話，所有的人都可以像猶大那樣繼承做君主。

一三〇、提到「戰爭」，我們知道，亞伯拉罕帶領自己家族的三百一十八名兵士，以掃領著四百個武裝的人去會他的兄弟雅各。爲了和平，亞伯拉罕與亞比米勒結成了聯盟。一個人在他的家族裡擁有三百一十八個人，而他卻不是亞當的繼承人，難道這不可能嗎？在西印度的一個種植園裡，種植園主擁有的人就更多，如果他喜歡的話（這是可以想像出的），就可以把他們都集合起來，帶著他們去攻打印第安人，當受到他們傷害的時候，就跟他們索取報酬，而所有這些事情都是發生在沒有「從亞當傳下來的君主絕對支配權」的情況下。這難道不是一個令人讚歎的論證嗎？從亞當那裡繼承的權力是根據神諭繼承的，這個種植園的主人和他所擁有的權力也是根據神的命令獲得的，因爲在他家裡，他對出生於此的奴僕和花錢買來的奴僕都享有權力。而這和亞伯拉罕的情況非常相似，那些在先祖時代的富人和在西印度的富人一樣，可以購買男僕和女奴，透過他們的繁衍和購買新的奴僕，逐漸形成了人口眾多的大家庭。他們在平時和戰時都可以使用這些奴隸，但是，支配他們的權力來自於他們是花錢購買的，我們能認爲這種權力是繼承於亞當的嗎？一個人騎著馬反擊敵人，他的馬是從市場上買來的，這也是一個很好的證據，這就證明了馬的主人「根據傳給他的權利，他享有亞當憑藉上帝的命令而獲得的對全世界的支配權」，這就好像亞伯拉罕率領他家族的奴僕出征，就能證明他的先祖享有亞當傳下來的統治權一樣。在這兩種情況下，不管是支配奴隸還是支配馬的權力，主人所擁有的這種權力資格都只是從購買獲得的。透過交易或金錢取得的支配權，構成了證明一個人由傳承與繼承獲得權力的一種新方法。

一三一、「但是宣戰和媾和是統治權的標誌」。在政治社會裡，確實如此。在西印度群島中，如果一個人領著他的兒子、朋友或同伴，以及花錢雇來的士兵，或者是花錢買來的奴隸，或者是由上面的這群人所構成的隊伍，如果有可能的話，他們可以進行戰爭，也可以媾和，也可以用「宣誓的方式來批准條約」，如果他不是統治和他一起戰鬥的人的君主或者專制國王，那可以嗎？如果有人說他不能這樣，他就必須承認船主或種植園主是絕對的君主，因爲他們所做的事情和君主做的一樣。宣戰與媾和只能由社會的最高權力來裁決，因爲戰爭與和平對這種政治團體的力量起著不同的推動作用，除了對整個團體具有指揮權的人之外，任何人都不能宣戰或者媾和，在政治社會中，這只能是最高權力。但是，在自願組合的社會中，透過同意（consent）享有這種權力的人，也有戰爭和媾和的權利，他這樣做也可能是爲了他自己。戰爭狀態不在於參加者人數的多少，而在於沒有上級可以申訴的情況下，雙方之間存在的敵對行動。

一三二、實際宣戰或媾和的行爲並不能證明享有其他權力，而只能證明他有權力讓那些服從於他的人進行或者停止敵對行動。在許多情況下，沒有最高政治權力的人也可以擁有這種權力。因此，宣戰或者媾和不能證明他這樣做就是政治統治者，更不用說是一個君主；否則共和政府也是君主，因爲他們也像君主制政府那樣進行戰爭和媾和。

一三三、但是，如果這種授予是亞當「統治權的標誌」，難道這不是亞當統治全世界的權力是由上帝傳給他的證明嗎？如果是的話，這也是亞當的「統治權」傳給別人的最好證明。那麼共和國也和亞當一樣，都是亞當的繼承人，因爲他們也可以和亞當一樣宣戰或者媾和。你可能會說，雖然共和國也宣戰媾和，但是亞當的「統治權」並沒有根據權利傳給共和國，那麼我同樣可以說，亞當的「統治權」同樣也是沒有傳給亞伯拉罕，因此，你的論證就不攻自破了。如果你堅持己見，認爲那些宣戰媾和的人確實「繼承了亞當的統治權」，認為共和國也是這樣，毫無疑問，那麼你的論證也就站不住腳，除非你說，因繼承而享有亞當統治權的共和國都是君主國，事實上，這是使世界上的所有國家變成君主國的新方法。

一三四、為了對我們作者的這一新發明表示「尊敬」，我承認我並不是透過分析他的主張而第一個發現的，也並不是無緣無故就歸罪於他的，我要讓讀者知道（看起來有點荒謬），這是他自己這樣說的，他獨樹一幟地說：「在世界上的所有的王國和共和國中，不管君主是人民的偉大父親，還是這個父親的眞正繼承人，抑或是透過篡位或者選舉獲得的王位，也不管是幾個人還是一群人在統治著共和國，任何人、一群人或者所有人享有權力，都是至高無上的父親所享有的唯一權力和自然權利。」他經常告訴我們，「父親身分的權利」是一種王權和皇權；尤其他在舉亞伯拉罕的例子的前一頁論述得比較清楚。他說，如果統治共和國的人們也享有這種王權是眞的，那麼統治共和國的人們也就享有了王權或者皇權，這也是眞的。這是因為，如果統治者享有統治的王權，那麼他也一定是個王，因此，所有的共和國也就成了名副其實的君主國，那麼我們還有什麼必要在這個問題上糾纏不清呢？世界上的統治都和他們想像的一樣，世界上就只有君主制國家了。毫無疑問，這是我們的作者將所有的政府排除在世界之外，而只保留君主制國家的最可靠方法。

一三五、但是，這也很難證明亞伯拉罕曾經作為亞當的繼承人而做過君主。如果他透過繼承做了君主，那麼與他屬於同一家族的羅得（Lot）（亞伯拉罕的侄兒）必須服從於他，會先於他的奴僕獲得這種資格，但是，我們看到的卻是他們在一起像朋友一樣，彼此平等地生活著，當他們的牧人不和時，他們都不認爲自己享有管轄權或者統治權，而是經過彼此同意後分開（《創世記》第十三章），儘管羅得只是亞伯拉罕的侄子，但是，亞伯拉罕和《聖經》中都稱呼他爲「亞伯拉罕的兄弟」，這是一種友誼和平等的稱呼，與管轄權和權力沒有關係。我們的作者好像知道亞伯拉罕是亞當的繼承人，並且還知道他是一個王，這看起來比亞伯拉罕自身還要知道得多，也比亞伯拉罕派去替兒子娶親的那個僕人知道得多。爲了能說服那個少女和她的同伴，他歷數了結成這門親事的好處（《創世記》第二十四章第三十五、三十六節），他說道：「我是亞伯拉罕的僕人，耶和華大大地賜福給我主人，使他昌大，又賜給他羊群、牛群、金銀、僕婢、駱駝和驢。我主人的妻子撒拉年老的時候，給我主人生了一個兒子，我主人也將一切所有的都給了這個兒子。」我們是否可以想一想，一個如此精明謹慎的僕人能如此詳細地描述他主人的富貴，那麼，如果他知道以撒會繼承權力，他會隱去不說嗎？我們能否得出，在這樣關鍵的時候，他會因疏忽而忘記告訴她們亞伯拉罕是一個王嗎？王的稱號在那時是眾所周知的，亞伯拉罕的近鄰中就有九個王，如果這個僕人或他的主人想到這個稱號可能會促成這個差事，他一定不會疏忽的。

一三六、但是，我們的作者似乎兩、三千年後才發現，那就讓他享有這份功勞吧，只是他應該注意，亞當的統治權連同他的一些土地也應傳給這個「繼承人」。這是因爲，雖然亞伯拉罕（如果我們相信我們的作者說的話）像其他先祖一樣，「根據傳給他的權力而享有統治權，而且這種統治權與創世以來的任何君主所享有的絕對統治權是一樣廣大的」。然而，他的家產、領地和分封的東西很少甚至匱乏，可以說他是沒有一寸土地的，直到他從赫人（Heth）後裔那裡買來土地和洞穴安葬撒拉，他才有了自己的一小塊土地。

一三七、在這裡，將以掃的例子單獨拿出來作爲一種證明，證明了「亞當的王權、亞當的絕對支配權與傳給先祖們的君主權利是一樣大的」，愛爾蘭的托利黨（不管在別的國家裡叫什麼）會因爲我們的作者對他們的觀點如此敬重而表示感謝，特別是，如果附近沒有一個領著五百武裝且享有更高資格的人出來質疑這四百人的王權，他們就更加感謝他。而在這樣一場嚴肅的爭辯中，不屑一顧的對待是一種恥辱，我們就不說更糟糕的情況了。而且還是在這一章中，雅各被當作是證明「根據長子名分而對他的兄弟們享有統治權」的例子。因此，我們就在這裡看到兩兄弟根據相同的資格都成了絕對的君主，而且他們同時都是亞當的繼承人；大兒子之所以成爲亞當的繼承人，是因爲他率領四百人與他的弟弟相會，而最小的兒子之所以成爲亞當的繼承人，是依靠「長子的名分」。「以掃根據亞當傳給他的權利，享有亞當支配全世界的統治權，與一切君主的絕對支配權一樣廣大」。同時，「根據繼承人有權支配兄弟的權利，雅各有權支配以掃」、「忍住你的笑聲吧」。我承認，我從來沒有見過像羅伯特爵士這樣靈巧的人居然會用這種論證方法。但是，他的不幸在於，他提出的假設不能與事物的本性、人類的事務相契合，而且他的原則也不符合上帝在世界上已經確立的結構和秩序，因此，他的想法經常與我們的常識和經驗相衝突。

一三八、在下一節中，他告訴我們說：「先祖的權力一直延續到大洪水時代，在這之後，先祖這個稱謂在一定程度上也能證明這一點。」「先祖」這個詞不僅「在一定程度上能證明」，而且只要有先祖，「先祖的權力」就會在世界上一直延續下去，這是因爲，只要有先祖，就一定有先祖權，就好比只要有父親或者丈夫，就必須有父權或者夫權一樣：這只不過是一種名字遊戲而已。他的一些錯誤暗示就是需要證明的問題，即亞當享有統治全世界的統治權，就可以假設「先祖們享有傳自亞當的這種絕對統一支配權」。如果他確信世界上存在這樣一種絕對君主制延續到了大洪水之後，我很高興知道他是從什麼紀錄中獲得的結論；我發誓，我找遍了《聖經》也沒有找到這樣的字眼。根據「先祖權」，如果他另有所指，那麼與我們現在討論的事情就毫無瓜葛了。「先祖」一詞又是如何「在一定程度上能證明」那些被如此稱呼的人就享有絕對君權的，我承認，我並不明白，所以，我認爲在沒有將觀點說得更明白透澈以前，就沒有必要回答。

一三九、我們的作者說，「挪亞的三個兒子得到了這個世界」，「由他們的父親把世界分給他們，因爲他們的後裔已經遍布整個世界」。雖然他從來沒有將世界分給三個兒子，但是，整個世界可以布滿挪亞兒子的子孫後代；因爲不分配大地也可以「布滿」人類。因此，我們的作者在這裡所提出的所有論證都不能證明這種分配。然而，我們可以承認他證明了這一點，但我們不禁要問，世界在他們之間進行分配，那麼三個兒子誰才是亞當的繼承人呢？如果亞當的「統治權」、「亞當的君權」，根據權利只傳長子，那麼他的其他兩個兄弟就只能做他的臣民和奴隸。如果這種權力傳給了他們三個兄弟，按照同樣的道理，也會傳給全人類，那麼我們的作者所說的話——「繼承人是眾兄弟的主人」——也是不可能的，如果果眞如此，那麼所有的兄弟，連同所有的人就會平起平坐，所有亞當的繼承人都會成爲君主，所有的君主也會平起平坐，不分你我。但是，我們的作者會說：「他們的父親挪亞把世界分給了他們。」這樣我們的作者就會認爲挪亞比萬能的上帝還厲害，因爲他認爲上帝自己很難把世界分給挪亞和他的兒子們，這樣會損害到挪亞的長子名分，他的原話是：「挪亞是留在人世的唯一繼承人，爲什麼人們認爲上帝會剝奪他的長子名分，使他在眾人中與兒子們一樣成爲唯一的寄居者呢？」但是，他在這裡又認爲，挪亞剝奪閃的長子名分，並將世界分給他的兄弟們是恰當的。如此看來，只要我們的作者喜歡，這個「長子名分」有時是神聖不可侵犯的，有時卻不是這樣。

一四〇、如果挪亞確實把世界分給了他的兒子們，而且對支配權的分配也是公允的，那麼這種「神諭」就沒有存在的必要；那麼我們的作者對亞當繼承人的所有論述，連同他在這個基礎上所作的論述都是站不住腳的；那麼君主的自然權力隨之就會崩潰；那麼，「統治權力的形式和擁有權力的人就不是由上帝規定的」，而是由人來「規定」的。這是因爲，如果繼承人的權利是來自上帝的規定，那麼神授的權利沒有人能夠改變，不管他是不是父親，都不會改變。如果它不是一種神授的權利，它就是一種依賴於人的意志的東西，那麼在人的制度沒有規定的情況下，長子就沒有超越他兄弟的權利；只要人們願意，就可以將統治權賦予任何人，採取任何形式。

一四一、他接著說：「世界上的絕大多數最文明的民族都試圖從挪亞的兒子們或侄子們那裡追溯他們的起源。」這個世界上一共存在多少個最文明的民族呢？他們又是哪些民族呢？恐怕中國和其他東西南北方的一些民族，這些偉大而又高度文明的民族都不會爲這件事大費周折。對於那些信仰《聖經》的民族，我想這些民族就是作者所說的「大多數最文明的民族」，對他們而言，他們必須透過挪亞追溯他們的起源。世界上的其他民族在起源問題上是不會把挪亞的兒子們或者是侄子們聯繫在一起的。但是，即使所有國家的紋章官和古籍商——當然，通常也正是這些人有興趣追溯國家的起源——或者是所有的國家，都應該透過挪亞的兒子或者是侄子追溯他們的起源，但是這樣就能證明亞當能夠把自己擁有的對全世界的統治權交給各個民族的先祖嗎？由此，我們可以得出結論，那些人之所以費盡心思地追溯自己的起源，就是因爲，他們斷定他們的祖先是品德優良、名聲顯赫的人。但是，除此之外，他們不想考慮他們是誰的後裔，只是想憑藉自己的能力，透過自己的美德來美化自己，希望在歷史上贏得一席之地，當自己的後代提到自己時，能引以爲榮。從古至今，各個民族都試圖從歐吉斯（Ogygis）、赫拉克勒斯（Hercules）、大梵天（Brama）、帖木兒（Tamberlain）、法拉蒙（Pharamond），甚至是朱庇特（Jupiter）和薩圖努斯（Saturn）那裡追溯自己的起源，但是即使他們如願以償，這就能證明他們能夠「享有亞當傳給他們的統治權」嗎？如果不能，那麼所有這一切只能說明，作者只是在用花言巧語迷惑讀者，其內容並不具有任何實際意義。

一四二、他對我們講過的世界劃分問題，也只不過是爲了達到此目的。一些人說，世界的劃分是抽籤決定的，又有一些人說，挪亞利用十年的時間，周遊地中海，最終把世界劃分爲亞細亞、阿非利加和歐羅巴，他的三個兒子各占一方。當時他並沒有決定亞美利加（America）的歸屬，誰能搶占就歸誰所有。我們的作者爲什麼要費盡心機去證明挪亞把劃分後的世界交給了兒子，而不是給人們留下想像的空間，這難免會讓人覺得不可思議。因爲即使這一點能得到證實，也只能是因此取消亞當後裔的繼承權，除非這三兄弟同時都是亞當的繼承人。因此，作者緊接著說了以下這番話：「儘管劃分的方式不是十分的確定，但是可以肯定的一點是，劃分是在挪亞和他的兒子們的家族進行的，父母是家族的首領和君主。」即使他的這些話言之有理，能在證明世界上的權利都是亞當傳下來的權利這件事上發揮一定的作用，這也只能證明子女們的父親都是亞當統治權的繼承人。如果在那個時代，含和雅弗以及除長子之外的其他父母都是他們自己家族的首領和君主，有權按家族劃分世界，我們不能忽略那些年紀較小的兄弟們的權利，他們同樣是家族的首領和君主，就應該享有同樣的權利，誰能剝奪他們的這一權利呢？如果含和雅弗根據傳給他們的權利能夠成爲君主，那麼儘管他們的長兄擁有繼承權的資格，但是年紀較小的兄弟們根據同樣的繼承權同樣可以成爲君主，因此，按照我們作者的說法，君主的所有自然權利只是關於他對子女的權利，而且根據這種權利建立的王國，其權利不會大於一個家庭擁有的權利。亞當對世界的統治權的分配方式存在兩種可能：第一種可能是，正如我們的作者所說的，只有長子能夠繼承，從而世界上只存在一個君主；另一種可能是，把權利平等地分配給所有的兒子，這樣每家的父親都擁有這種統治權。不管你贊同哪一種，這兩種方式都會破壞世界上現有的政府和王國。因爲按照這兩種方式，要麼在全世界形成一個統一的王國，所有人民都聽命於一個國王；要麼由閃、含和雅弗三兄弟分享統治權，因此每個人都是自己的家庭的君主，相互獨立。

一四三、「自從挪亞的家族在巴別塔分散之後，我們一定能發現他們在世界各地建立了王國並確定了王權。」如果你必須找到，就去找吧，你將幫助我們發現一段新的歷史。

但是你必須向我們證明，世界上，所有王權的建立都是根據你的原則建立的，這樣我們才會相信這段全新的歷史。「世界上的王國都建立了自己的王權」，我認爲，沒有人會對這一點提出異議，但是如果說「世界上有這樣一些王國，在這些王國裡，幾個國王共同統治著這個國家，他們平等地享有亞當傳給他們的權利」，這是完全不可能發生的。假如我們的作者除了巴別塔分散的假說之外別無其他更好的基礎，那麼儘管他主張的君主制尖峰高聳入雲且聯合所有人類，也將僅僅像巴別塔一般分裂人類，不僅無法在世上建立政治社會與秩序，且除了產生紛亂別無其他效果。

一四四、因爲他告訴我們，國家被劃分爲不同的家庭，「父親是家庭的統治者，因此當出現混亂局面時，上帝小心翼翼地透過授予不同的家庭不同的語言來維護父親的權利」。除了我們的作者之外，其他人很難在他此處所引的《聖經》原文裡清楚地發現所有的民族在那次分散時都是接受父親的統治的，也很難發現上帝小心翼翼地維護了父親的權威。《聖經》中是這樣記載的：「這就是閃的子孫，各隨他們的宗族、方言，所住的地土、邦國。」（《創世記》第十章第三十一節）含和雅弗的子孫也是如此。在所有這些相關記載中，對於他們的統治者和政府的形式，以及父親和父權，都隻字未提。但是我們的作者卻能憑藉獨特的觀察力，肯定地告訴我們：「他們的統治者是父親，上帝小心翼翼地保護了父親的權威。」但是其他任何人都無法從相關記載中找到任何相關線索，原因何在？因爲那些說相同語言的、同一家族的人，在分散時必定會聚集在一起。我們可以藉由以下這個事例，詳細、生動地說明這一點：漢尼拔的軍隊裡的士兵來自不同的民族，他把說同樣語言的人組成一隊，因此父親就自然而然地成了這一隊人的隊長，漢尼拔透過這種方式小心翼翼地維護了父權。在卡羅萊納殖民時期，英格蘭人、法蘭西人、蘇格蘭人和威爾士人共同生活在這片土地上，他們根據自己的語言、家族和國家各自獨立生活著，由此，父權被保存了下來。或者是因爲，在美洲的許多地方，每個小部落都是一個獨特的民族，有自己獨有的語言，因此我們可以得出，「上帝小心翼翼地維護著父親的權威」，或者是，他們的統治者「享受著亞當傳給他們的權利」。儘管我們並不知道誰是他們的統治者，也不知道他們採取的政府形式，只是知道他們被劃分成相互獨立的小社會，各自擁有不同的語言。

一四五、《聖經》根本沒提到任何關於政府形式和他們的統治者問題，只是說明了人類是如何被劃分爲不同語言團體和民族的。因此作者就不應該把《聖經》作爲自己的論據，肯定地告訴大家，父親就是他們的統治者，因爲《聖經》根本沒提到此方面的內容，這完全是作者的憑空臆想。他以《聖經》的名義提到的其他事也是如此：「他們不是一群沒有首領，沒有統治者的烏合之眾，他們可以自由地選擇他們喜歡的統治者和政府。」

一四六、我想問這樣一個問題，當人類講同一種語言，共同聚集生活在示拿

（Shinar）平原上時，他們是否都處在同一君主的統治之下，這個君主是否享有亞當傳給他的權利呢？如果不是，那麼很明顯，在當時還不存在亞當的繼承人的想法，在當時根據那種資格還無法獲得統治政府的權利，在當時無論是上帝還是人類都沒有小心翼翼地維護父親的權利。如果當人類由一個民族構成，共同生活，講同一種語言，共同構建一座大樓時，那時，他們肯定知道誰是他們的合法繼承人，因爲閃一直活到以撒時代（那已經是巴別塔分散很久以後了）。如果我說，在那時，他們不是處於亞當授權的傳給他的繼承人的父權形式的君主的統治之下，那麼很明顯，當時也不存在父權，人們也不會承認亞當的繼承人享有的統治權，那麼在亞細亞也就不會出現閃的帝國，因此也就不存在我們的作者所說的挪亞分配世界的事。我們能透過《聖經》裡的描述得出結論：如果他們已經產生了政府，那麼這個政府只能是共和政府，而不可能是君主政府，因爲《聖經》中記載：「來吧！我們要建造一座城和一座塔，塔頂通天，爲要傳揚我們的名，免得我們分散在全地上。」（《創世記》第十一章第四節）這並不是一座在君主的命令下建造的城和塔，而是大多數自由人在經過協商後自願建造的。他們是以自由人的身分爲自己建造的，而不是以奴隸的身分爲他們的君主或主人建造的。城一旦建成，他們就有了固定的生活場所。這座城是經過大家的一致協商建成的，完全是按照人民的設計而建的。人民有選擇分散居住的自由，但是他們更渴望居住在一起，成爲一個整體。對於處在君主統治的人們而言，他們沒必要這樣做，同時也不可能這樣做。正如我們的作者告訴我們的，處在君主的絕對統治下的奴隸們，沒有必要建造城以阻止自己流散到君主的絕對統治範圍之外的地方去。我想問，作者所說的「亞當的繼承人或者是父權」是否比這一點更爲明顯呢？

一四七、但是，正如上帝所說的（《創世記》第十一章第六節），如果人類屬於同一個民族，「有一個依據自然權利擁有對他們的絕對的、最高統治權的統治者和國王」；如果上帝突然又允許這七十二個（我們的作者說一共有這麼多國家）不同的國家相獨立，擁有各自不同的統治者，那麼上帝還有什麼必要維護父親具有的最高權威呢？如果說上帝在小心翼翼地維護人們根本不具有的父權，那麼這句話具有什麼實際意義嗎？在道理上行得通嗎？這是因爲，如果他們都處於同一位具有最高權威的君主的統治之下，他們具有什麼權利呢？當上帝取消了自然君主擁有的眞正的、最高的父權時，這能算上帝小心翼翼維護父權的一個實例嗎？上帝爲了維護父親的最高權威，剝奪了幾個新建政府的統治者的父權，這種說法合理嗎？上帝爲了破壞這種父權，他容忍一個享有這種父權的人把自己的政府分化爲幾部分，由幾個不同的臣民分享他的這種權力，各自統治分裂的一部分政府，這種說法有道理嗎？當任何一個君主國分裂爲幾部分，由起義的臣民掌管，我們能說把一個穩固的帝國分裂爲幾個小政府是上帝小心維護君主權力的表現嗎，這種說法是不是和上面的說法類似呢？如果有人說，凡是上帝要維護的，上帝就會把它作爲一件物品小心保護起來，因此人們把它看作必要而且是實用的東西，對它畢恭畢敬，這是一種特別的說法，並不是每個人都會去刻意模仿。但是，我確信下面這種假設是不可能實現的，同時也是不適當的，即：閃（當他還活著的時候）應該擁有父權和根據父親的身分享有的統治權，能夠統治巴別塔的整個民族，但是在接下來的日子裡，當閃尚在人世的時候，其他七十二個人竟然也擁有父權和根據父親的身分享有的統治權，同樣能夠對由這個民族分裂成的不同政府進行統治，實際上在整個民族陷入混亂之前，他們已經是統治者，因此他們也就不再屬於同一個民族，上帝說，他們是一個共和國，那麼君主制存在於何處呢？或者說，這七十二位父親都擁有父權，但是他們本人卻沒有意識到這一點。對於全人類而言，父權是政府權力的根源，但是人們竟然對此毫不知情，這是多麼荒誕的事！然而，更奇怪的是，語言的混淆猛然使這七十二個人意識到他們擁有父權，同時也使其他人意識到，他們必須遵守這些人的統治，這時每個人都明白了自己是誰的臣民。那些能透過《聖經》得出這種論點的人，同樣能夠想出什麼樣的烏托邦模式最適合他們的奇妙想像。此外，這種經過處理的父權既能為要求擁有全世界統治權的君主辯護，同時又能為他家族的父權辯護，這樣他們就可以擺脫對君主的從屬關係，並且還能把君主的帝國分裂為歸他們統治的許多小國。當閃尚在人世時，到底是誰掌握著統治權，是閃還是新出現的七十二位新君主（他們在閃的統治範圍內建立了眾多的新王國，而且享有對人民的統治權），在我們的作者說明之前，這一直是人們心存疑惑的地方。因爲我們的作者告訴我們，兩者都具有「父權」，也就是最高權力，而且他把這一點作爲這些人確實具有這種權力的一個實例，他們「享有亞當傳給他們的權力，和每一位君主擁有的絕對的統治權一樣」。至少有一點是無法避免的：「如果上帝小心翼翼地維護新建立的這七十二個王國的國王的父權」，那麼祂必定會小心地破壞一切關於亞當的繼承人的所有藉口，因爲上帝小心翼翼地維護了那麼多人的權力，至少有七十一個國王的權力，而當時閃尚在人世，他們又都同屬於同一個民族，這些人不可能都是亞當的合法繼承人（除非上帝對繼承做出了規定）。

一四八、寧錄（Nimrod）是他所列舉的享有這種先祖權力的另一個例子。但是，我不知道爲什麼我們的作者會如此刻薄地對待他，說他「透過暴力侵犯其他家族的權力，非法拓展帝國」。我們的作者在講述巴別塔分散時，把這裡所說的那些「家族之主」稱爲「家族之父」。至於我們的作者如何稱呼他們，這是無所謂的，我們都能明白他們到底是指哪些人，因爲這種父權必定歸他們中間的一人所有，要麼因爲他是亞當的繼承人，這樣那七十二位就不可能擁有這種權力；要麼因爲作爲孩子的親生父親，他們每個人都平等地擁有這種父權，與這七十二位父親擁有權力是相同的，他們都是獨立的君主，擁有對子孫後代的統治權。作者對「家族之主」做出上面的解釋後，他用下面的話恰如其分地敘述了君主制的起源，「在這種意義上，我們可以把他稱爲君主制的創建者」，也就是透過暴力非法的侵占其他家族之父擁有的支配其子女的權力。如果說他們是依據自然權力而擁有「父權」（否則，那七十二個父親是如何獲得權力的呢？），因此在得不到本人同意的情況下，其他任何人都不能侵占他們擁有的「父權」。那麼，我希望，我們的作者和他的朋友們思考一下這個問題，即這個問題與別的君主有多大關係。此外，依據作者由此得出的結論，這些人把自己的統治權擴展到了別人的統治範圍之內，那麼他們掌握的權力是否會轉化為暴政統治，是否會出現篡權行為，以及是否會轉化為家族之父的選舉和認可，它與人民的認可相差無幾。

一四九、他在下一節裡列舉了相當多有關國王的例子，包括以東（Edom）十二王、亞伯拉罕時代在亞洲一隅的九個王、被約書亞在迦南消滅的三十一個王，並證明了這些王都是具有統治權，同時那時的每個城市都擁有自己的國王。這些證據都與他持的觀點相反，即這些證據並不能證明君主之所以擁有統治者，是因為亞當傳給了他們這種權力。如果他們是由於亞當的授權才擁有統治權的，那麼在世界上就只能存在一個統治者，或者是每個家庭的父親都可以像君主一樣，享有統治權。如果以掃的兒子們，不論長幼，都擁有這種父權，那麼在他們的父親去世之後，他們都能依據這種權力，成為國家的最高統治者，那麼在他們死後，他們的兒子同樣擁有這種權力，由此可見，父權隨著父親的去世而告終，也只有這樣，兒子才能接替父親擁有這種權力，以此類推，這種權力世代相傳。但是這種父權只能支配自己的子女。這樣，父權確實是保存了下來，這並不是作者的表達意圖。因爲他列舉的這些例子都不能說明，他們享有的任何權力都不是因爲他們是亞當的權力的繼承人，同時也不能證明他們是透過本身的特點才具有這種權力的。因爲亞當擁有的「父權」是至高無上的，是能夠統治全人類的，因此只能傳給一個人，只能是由他傳給他認爲合適的繼承人，因此根據這種資格世界上一次只能存在一個國王。根據並不是由亞當傳下來的父權，我們得知，權力的唯一依據就是他們是孩子們的父親，因此，他們也就只能統治自己的子女，而對其他任何人都不具有任何支配權力。如果屬於亞伯拉罕後裔的以東十二王、亞伯拉罕鄰國的九王、雅各和以掃以及迦南的三十一個王、被亞多尼伯錫克（Adonibeseck）所殺害的七十二個王、到便哈達（Benhadad）來的三十二個王以及在特洛伊城（Troy）交戰的希臘七十個王都是國家的最高統治者，那麼很明顯，這些國王並不是透過父權獲得這種統治權的，而是透過其他方式獲得的。因爲他們其中一些人擁有的支配權已經超出了他們子孫的範圍。由此也就證明了他們其中的某些人並不是亞當的合法繼承人。我敢肯定，只有當他是亞當的繼承人時，或者是可以統治自己的子孫的先輩時，才可以根據父親的身分要求獲得這種權力。我們的作者所列舉的這些例子正好與他試圖證明的論點相反。他想要證明的是：「亞當支配整個世界的統治權傳給了先祖們。」

一五〇、作者告訴我們：「亞伯拉罕、以撒和雅各繼續實行父權統治，一直到受埃及奴役時才結束。」他緊接著說：「我們可以依循歷史的蹤跡，追蹤這個父權統治下的政府的發展，一直追溯到踏進埃及的以色列人那裡。父權統治持續到埃及時期就宣告結束了，因爲出現了一個更爲強大的君主，他們不得不聽命於他。」在作者看來，這些足跡指的就是父權統治，也就是從亞當那裡傳下來的，並根據我們所講過的父親具有行使絕對的君主權力的足跡。但是經過兩千兩百九十年的發展，現在這個蹤跡已經無處可循。因爲在以往整個時期，作者找不到一個能夠證明父親是因爲自己本身具有的權力，而獲得對整個王國統治權的相關例子，同時作者也無法證明登上王位的人是亞當的合法繼承人。他列舉的這些例子只不過是能證明，在那個年代，世界上存在父親、先祖和國王。但是《聖經》裡根本沒有提到父親和先祖們擁有什麼絕對的專斷權力，也沒有提到這些國王憑什麼擁有統治人們的權力以及這個權力有多大。很明顯，根據身分擁有的權力，他們既不能擁有對整個帝國的絕對統治權，同時也不能要求具有此權力。

一五一、我前面所說的「先祖們擁有的最高統治權之所以中止了，是因爲他們開始受制於一個更強大的君主的統治」，這只不過能證明我先前懷疑的一點，即證明「先祖具有的管轄權和統治權」是一種謬論，但並不能說明我們的作者要表示（作者透過它暗示過此意）的「父權」或者是「王權」屬於亞當享有的絕對統治權。

一五二、如果先祖的管轄權就是絕對的君主的統治權，那麼作者怎麼能說，在「先祖的管轄權中斷了呢」？因爲在當時的埃及是存在一個國王的，以色列人都處在這個國王的統治之下。如果先祖的管轄權不是絕對的君主統治權，而是另外什麼東西，那麼爲什麼作者還要大費周折地論述與我們要討論的問題毫無關係的一種權利呢？如果先祖們擁有的管轄權就是王權，那麼當以色列人生活在埃及時，這種管轄權並沒有中斷。的確，那時亞伯拉罕的子孫們還沒有掌握這種王權，此外，我知道，在這之前他們也沒能掌握這種王權。除非我們的作者認爲只有上帝選定的亞伯拉罕宗系才有權繼承亞當的統治權，否則這與傳自「亞當王權」的中斷有什麼關係呢？作者又列舉了在巴別塔混亂時期的七十二位統治者，作者這樣做的意圖是什麼呢？當雅各的繼承人不再擁有最高權力時，如果先祖的統轄權也已經中止，那麼作者爲什麼還要把以掃十二位王子與以東和亞伯拉罕、以撒和雅各聯繫起來，作爲能夠證明先祖具有眞正的統治權的例證呢？最高先祖的管轄權不僅僅只是中止，而是自從處於埃及的統治束縛下之後，這種先祖享有的最高管轄權已經在世界上消失，因爲再也無法找到有權利行使亞伯拉罕、以撒和雅各傳下來的這種先祖的管轄權的人。我想，法老或者是其他人掌握的這種君主統治權能夠滿足他的要求，但是並不是在文中的任何地方都能發現作者的論述意圖，尤其是在這個地方，當他說「這種最高的先祖的管轄權在埃及行使」時，人們不明白作者的表達意圖，或者說，這一點如何能證明亞當的統治權傳給了先祖或者是其他任何人。

一五三、我本以爲，他會從《聖經》中給我們提供一些此類君主統治的證據和例子（這種統治建立在亞當傳下來的父權基礎之上），而不是爲我們提供一部猶太人的歷史。在猶太人的歷史中，我們發現他們成爲一個獨立民族後的很多年，他們才有了國王。當他們的國王是統治者時，他們並沒有提到他們是亞當的繼承人或者是根據父權而享有統治權的，同時也不存在爲此爭辯的餘地。他引用了那麼多《聖經》中的例子出現的人物，我本以爲他能從中找出一些作爲亞當的繼承人有資格繼承這種父權統治的君主，這些君主能夠擁有這種父權，並且可以統治臣民，這才是眞正的先祖統治。但是他既沒有證明先祖們是擁有統治權的君主，也沒有證明國王或者是先祖們是亞當的繼承人，或者是自封的繼承人。也許有人可以證明所有的先祖們都是專制君主，先祖和國王們擁有的權力只不過是父權，是亞當傳給他們的。我認爲，所有這些假設都可以透過一些相關歷史記載得到證明，它們是菲迪南多・索托（Ferdinando Soto）關於西印度的一群諸侯王的雜亂記述，任何一部北美近代歷史或者是我們的作者引用的荷馬（Homer）講述的希臘七十王的故事。這些國王同樣能說明問題，他們具有的說服力不亞於從《聖經》中選出來的那些國王。

一五四、我認爲還是不談荷馬和他的特洛伊之戰的好，因爲他對眞理的狂熱追求和對君主專制制度的追根究底已經使他對哲學家和詩人們憤恨不已。他在前言中寫道：「當今，有太多的人追捧哲學家和詩人們，唯他們的觀點至上，他們希望能夠透過哲學家和詩人們的著作找到一種能夠給他們帶來更多自由的政府起源依據，能夠使無神論在政府起源問題上具有一席之地，能夠質疑基督教的存在，使它蒙受恥辱。」但是我們這位熱忱的基督教政治家卻並沒有將這些異教徒、哲學家亞里斯多德和詩人荷馬完全拒之門外，只要他們的觀點有利於他的論點，那麼我們的這位政治家就會拿來運用，不管他們的觀點是否會對基督教帶來恥辱以及是否會產生無神論者。在作者的論述中，我只能發現，他並不是爲了眞理而寫作，他的滿腔熱忱只不過是爲了使基督教的起源和內容符合他們的意圖，同時審判那些不承認、不服從他們學說的無神論者，強迫他們盲目地接受他們的無聊學說。

但是現在還是再回到他的《聖經》的歷史上來吧。我們的作者進一步告訴我們：「以色列人擺脫受奴役的狀態之後，出於對他們的愛護，上帝挑選了摩西和約書亞相繼作爲他們的君主，對他們進行統治，從而代替了擁有最高權力的父親。」如果這一點是眞實可信的，那麼在他們擺脫受奴役的狀態之後，他們必定是處於一種自由狀態，而且這說明他們在被奴役之前也是處於自由狀態的。除非我們的作者說，主人的更換就是「擺脫奴役」，或者是說當奴隸從一艘奴隸船上被轉移到另一艘船上時，他就「擺脫了奴役」。如果他們擺脫了被奴役的狀態，那麼很明顯，不管我們的作者在前言中說了什麼與此相反的話，在當今社會中，兒子、臣民和奴隸，這三者之間是存在區別的。不管是在埃及遭受奴役之前的先祖們，還是在遭受奴役之後的統治者們，他們都不會把他們的兒子或者是臣民看作自己的財物，不會像對待他們的其他物品一樣來對待他們，不會對他們實行絕對統治。

一五五、對於雅各而言，這一點是非常明顯的。流便把自己的兩個兒子獻給雅各作抵押，而猶大爲了能使便雅憫平安逃離埃及而充當擔保人。如果雅各對待自己的家人就像對待自己擁有的牲畜一樣，任意驅使，毫不憐憫，那麼上面的論述就是多餘的，只不過是人們飯後茶餘的一個消遣話題。

一五六、那麼當他們擺脫了這種束縛之後，又發生了什麼事呢？「上帝出於對以色列人的愛護」，在他的書中，他竟然允許上帝關心人民，因爲在其他章節的論述中，他說上帝不會關心人民，只關心他們的君主。至於其他人，他們就像一群群的牛，只是爲這個社會服務的，只是用來取悅他們的君主的。

一五七、上帝挑選摩西和約書亞相繼作爲君主對他們進行統治，這是我們的作者所能找到的能夠證明上帝只關心父權和亞當繼承人的最好論據。爲了表明上帝對人民的眞正關心，他挑選根本無心做君主的人來擔當他們的君主。被上帝選中的人就是摩西和約書亞，他們都不具有父親身分。但是我們的作者說，他們取代了擁有最高權力的父親。如果上帝在任何其他地方，同樣明確宣布將確定這樣的父親做統治者，正如摩西和約書亞一樣，那麼我們就會相信，摩西和約書亞代替了父親的職位。但是這個問題還存在爭議。在這個問題還沒有得到充分的證明之前，上帝只能選擇摩西做人民的統治者，但是這並不能證明統治權屬於亞當的繼承人或者是屬於具有「父親身分」的人。儘管上帝能夠選擇亞倫（Aaron）做以色列的祭司，摩西做以色列的統治者，但是正如上帝選擇利未族的亞倫做祭司，這也並不能證明祭司一職屬於亞當的繼承人或者是享有至高無上的權力的父親。

一五八、我們的作者接著說：「同樣，在挑選出他們之後，上帝又設置了士師，讓他在危機時刻保護人民的安全。」這證明父權是統治權的起源，這和在以前發生的事一樣，這也是由亞當傳給他的繼承人的。只是在這裡，我們的作者才承認，當時擔任士師的統治者只不過是勇敢的人，是人民授予他們權力，讓他們在危難時刻擔負起保護他們的責任。難道只有父親的身分才能享有統治權嗎，上帝就不能設立這樣的人嗎？

一五九、但是我們的作者說，當上帝爲以色列人確立國王時：「他重新確立了父權統治這一古老而居於主要地位的直系繼承權。」

一六〇、上帝是如何重新確定的呢？透過法律還是透過明確命令？我們沒有找到此類措施。我們的作者的意思是，當上帝爲以色列選定國王時，重新建立了這一權力等等。重新確定父權統治這一古老而居於主要地位的直系繼承權，就是使一個人擁有他父親曾經享有的以及他根據直系繼承有權享有的統治權。在開始時，如果它是另一種統治權，而不是他的祖先享有的那種可以繼承的統治權，那麼這就不是繼承一種權力，而是開創一種新的權力。因爲如果君主除了允許一個人可以繼承祖輩的財產外，還允許他占有他的祖先不曾占有的財產，在這種情況下，只有他的祖先占有的財產，才可以算得上是「重新建立一個人享有的直系繼承權」。對於他占有的除此之外的財產而言，我們不能說是他享有的直系繼承權。因此，如果以色列的國王擁有的權力比以撒或者是雅各的權力大，那麼這並不屬於重建這種直系繼承權，而是授予他們一種新的權力，隨便你怎麼稱呼，都改變不了這一現實。我想請大家根據我前面所講的內容思考這個問題，即以撒和雅各是不是和以色列的國王一樣擁有相同的權力。我認爲大家根本不會發現亞伯拉罕、以撒或雅各具有任何王權。

一六一、其次，除非他確實有權利繼承財產，或者是眞正具有資格的下一代繼承人，否則任何人都不能擁有「父權統治這一古老而居於主要地位的直系繼承權」。這是一種開始於另一個家庭的重新確立嗎？如果把王權授給一個根本沒有繼承權的人，但是同時這種直系繼承權從來沒有中斷過，同時又不存在取得這種權利的藉口，那麼在這種情況下，這能是「確立了父權統治這一古老而居於主要地位的直系繼承權」嗎？上次給以色列派去的第一個國王是掃羅，來自便雅憫族。在他身上重建了「父權統治這一古老而居於主要地位的直系繼承權」嗎？掃羅之後的第二個王是大衛，是耶西（Jesse）最小的兒子，而耶西是雅各的第三個兒子，是猶大的後裔。在他身上是否重建了「父權統治這一古老而居於主要地位的直系繼承權」？在他的最小的兒子，同時也是王位的繼承者的所羅門（Solomon）身上重建這種直系繼承權了嗎？這種直系繼承權是重建在支配十族的耶羅波安（Jeroboam）的身上，還是重建在了登基六年與王族血統完全無關的亞他利雅（Athaliah）的身上呢？「如果這一古老而居於主要地位的直系繼承權重新建立在他們之中的一個人身上或者是他們的後代身上」，那麼只要活著的人，無論是長兄還是弟弟，都可以享有這種權利。這種權利可以重建在任何活著的人身上，不論是長兄還是弟弟，羅伯特爵士和其他任何人都在這個範圍之內。因此我們的作者重建了這種直系繼承權，以保護王權和王位繼承權。至於這是一種什麼樣的每個人都可以擁有的繼承權，留待大家思考。

一六二、然而，我們的作者又說：「不管上帝選擇哪個人做君主，他很想讓這個人的子孫後代也享有這種權利，雖然在授予時只提到了父親的名字，但子孫的權利已經充分涵蓋在父親身上了。」但是，這也無益於解決繼承的問題；正如我們的作者所說的，如果這種授予的權利也要傳給他的子孫後代，這就不是指繼承權；如果上帝只是從一般意義上給予一個人及其後代某種東西，那麼這種東西就不能屬於某個特定的子孫所有，在這一族中所有人都有相同的權利。如果我們的作者指的是繼承人，我相信我們的作者也會和其他人一樣來使用這個詞，只要能滿足於他的需要，那就可以借鑒。但是，與承繼統治十個部族的耶羅波安相比，繼承大衛王王位的所羅門也不是大衛的繼承人，但是他們都是大衛的後代；我們的作者有理由避免上帝指定繼承人，因爲這在繼承上是行不通的，這一點我們的作者並未反對，這樣一來，他的繼承理論就轟然倒塌，就好像他什麼也沒說一樣。如果上帝把君權授予一個人及其子孫後代，這就好比把迦南的土地賜給亞伯拉罕和他的子孫，這樣的話，豈不是所有的人都享有權利，所有人都可以分享它了？有人可能會說，根據上帝將迦南的土地授予了亞伯拉罕及其子孫，那麼迦南的土地就只能屬於亞伯拉罕的一個子孫所有，而將其他人排除在外，這就好比上帝將統治權授予一個人及其子孫，而根據此授予，統治權只能屬於他子孫中的一個人，而將其他人排除在外。

一六三、但是，當上帝選擇某個特定的人做君主的時候，他想要他的子孫（我假設的是君主的子孫）也要享有這種權利，我們的作者會怎樣來證明呢？他曾說過：「上帝尤爲關注他們，爲他們挑選了摩西和約書亞作爲君主。」難道他這麼快就忘記了在本節中提到的摩西和約書亞以及上帝推選出來的士師嗎？既然這些君主擁有「至高無上的父親身分」的權威，難道他們不應該享有與君主同樣的權力嗎？既然他們是由上帝親自挑選出來的，難道他們的後裔不能像大衛和所羅門的王的後裔那樣也享有受選的權利嗎？如果他們所享有的父權是由上帝直接交給他們的，爲什麼他們的子孫不能受其恩澤繼承權力呢？或者說，如果他們是以亞當繼承人的身分獲得權力的，那麼爲什麼他們的繼承人不能根據傳給他們的權利繼承這種權力呢？就因爲他們是不能互相繼承的嗎？摩西、約書亞和士師們的權力是否與大衛和諸王的權力相同呢？是否是出於同源而不是異出呢？如果這種權力不是父權，上帝的子民由那些沒有父權的人來統治，那麼這些統治者沒有父權也一樣做得很好。如果這種權力是父權，而且上帝選定了行使這種權力的人，那麼我們作者的這個規則就要歸於失敗，不管「上帝何時選定某個人作爲至高無上的統治者」（因爲我認爲君主這個名號並沒有多大用處，眞正的區別不在於名號，而在於權力），「上帝想要此人的子孫也能得到此好處」，因爲自從以色列人「出埃及」一直到「大衛」時代這四百年間，「子孫從來就沒有完全享有父親自身的那種好處」，在父親死後，所有兒子只能與士師們一起繼承統治權和審判以色列人。如果爲了避免這一點，可以說上帝總是選擇能擔當大任者，並將「父權」轉交給他，不准他的子孫繼承，但是耶弗他（Jephtha）的故事顯然不是這樣的，按照一般的理解，是他與人民立約，人民立他做士師來統治他們（《士師記》第十一章）。

一六四、這就意味著白費口舌了，「不管上帝選擇誰」來行使「父權」（如果這裡不是指君主，我想知道君主和行使父權的人之間有什麼區別），「上帝想要他的子孫也分享這種好處」。由此我們可以看到，士師所擁有的權力只能自己享有，不能傳給子孫。如果士師沒有「父權」，恐怕要讓我們的作者或信奉他學說的朋友告訴我們，誰擁有「父權」，即誰擁有統治以色列人的統治權和最高權力。我猜測，他們一定會承認，上帝的選民在不知道或者沒有想到過這個「父權」的情況下，作爲一個民族已經延續了幾百年，可能根本就沒有出現過君主制政府。

一六五、爲了能夠對此有個更清楚的認識，他只需讀一下《士師記》最後三章中所記載的利未人的故事以及他們與便雅憫人戰爭的故事就可以了。我們會發現，利未人要求人們爲公正而復仇；當時進行討論、做出決議以及指揮的都是他們的部族和公會，這時他一定會認爲，要麼是上帝在他自己的選民中並沒有「小心翼翼地保存父權」，要麼就是在沒有君主制的地方也能保存父權。如果是後者，人們可能會認爲「父權」從來就沒有得到證明過，然而卻不能由此就認爲君主制政府沒有存在的必要；如果是前者，則會讓人感到匪夷所思和詫異，因爲上帝規定「父權」在兒子們中間神聖不可侵犯，那麼沒有「父權」也就沒有了權力或統治。然而，在上帝的子民當中，雖然他爲他們確立了一個政府，並爲眾多國家之間、人與人之間規定了法則，這一點是非常偉大的，也是一個根本性的問題，但是，在此後四百年間，最重要也是最有必要的一點竟然銷聲匿跡，被人們忽略了，這眞是讓人匪夷所思。

一六六、在放下這個問題之前，我必須要問一下我們的作者，他是怎麼知道「不管上帝選擇哪個人做君主，他很想讓這個人的子孫後代也享有這種權利」的？上帝是借助於自然法則或啓示來說這件事的嗎？按照同樣的道理，他還必須說明白，他的子孫後代中誰能夠繼承王位，因此必須要指定繼承人，否則他的子孫後代就會自己去分割或者爭奪統治權了。這兩種情況都荒謬之極，而且這樣做也會損害授予子孫後代的權利。當上帝的意圖明白表現出來的時候，我們有義務相信上帝想這樣做，但是，如果我們有義務接受我們的作者作為上帝意圖的宣示者，那麼我們的作者必須給我們指出一些更好的證據。

一六七、我們的作者說：「雖然在授予時只提到了父親的名字，但子孫的權利已經充分涵蓋在父親身上了。」然而，當上帝把迦南的土地賜給亞伯拉罕時（《創世記》第十三章第十五節），上帝認為應當把「他的子孫」也包含在內。因此，祭司的職務是賜予「亞倫及其子孫後代的」；上帝不僅把王位賜給了大衛，也賜給了他的子孫。但是，不管我們的作者如何向我們保證，「不管上帝選擇哪個人做君主，他很想讓這個人的子孫後代也享有這種權利」，我們卻發現，雖然他將王位賜給了掃羅，但並沒有提到他死後的子孫如何，而且王位也並不是總歸他的子孫所有；為什麼上帝在選擇一個人做王時，他就想讓這個人的子孫也享有這種權利，而在選士師時怎麼就不這樣做呢？我很想知道其中的緣由。為什麼上帝授予君主「父權」時，就包括他的子孫，而對士師進行授予時就不包括呢？根據子孫繼承的權利，是不是「父權」只能傳給一個人的子孫，而不能傳給另一個人的子孫呢？這確實需要說明這種區別的緣由，如果賜予的都是「父權」，賜予的方式也相同，上帝選擇的人也相同，而這仍有分別，那這種區別就不僅是名稱的差異了。因為當我們的作者說「上帝立士師」時，我認為他絕不會承認他們是由人民選擇的。

一六八、但是，既然我們的作者如此自信地向我們保證上帝很小心地保存著「父親身分」，並自詡所有的理論都是建立在《聖經》的權威之上，我們本來可以期待，在《聖經》中描述的一個民族的法律、制度和歷史，可以為他提供最明白的例子，從而證明上帝對於保存父權是非常盡心的，因為大家都一致認為，上帝對那個民族是特別關愛的。下面就讓我們來看看，自從猶太成為一個民族以來，這種「父權」或者統治的狀態在猶太民族中是什麼樣的。我們的作者承認，從他們進入埃及，到他們擺脫埃及奴役這二百年間，他是略掉了。從那時知道上帝為以色列人立王的四百年裡，我們的作者只是稍微談到了一點。實際上，在這段時間內，他們中間的父權或者王權根本就無蹤可尋。但是，我們的作者卻說：「上帝重新確立了父權統治這一古老而居於主要地位的直系繼承權利。」

一六九、我們已經看到，「父權統治的直系繼承權利」到底確立的是什麼。現在我只考慮這種情況大概持續了多久，到他們被囚為止，大概有五百年。從那時起一直到被羅馬人毀滅，大概經歷了六百五十年，自此之後，「父權統治這一古老而居於主要地位的直系繼承權利」再一次喪失了，在沒有這種權利的情況下，他們在上帝許諾的土地上依然是一個民族。因此，不管我們認為這種繼承權利來源於哪裡，來源於基礎也好，來自於大衛、掃羅、亞伯拉罕等人也好，或者根據我們作者的說法，眞正的來源只有一個，那就是亞當，但是，他們在作為上帝垂青的民族所經歷的一千一百五十年間，他們保留世襲君主統治的時間還不足三分之一，至少在這段時間裡根本就沒有父權統治的蹤影，也沒有「重新確立父權統治這一古老而居於主要地位的直系繼承權利」。

第二篇

第一章　緒言

一、在上篇論著中，作者已經闡明：

第一，並不是因爲作爲孩子的父親或者是源自上帝的明確恩賜，亞當才享有對子女的支配權以及對整個世界的絕對統治權。這與費爾默等人的主張不同。

第二，即使亞當享有這種權力，他的繼承人也沒有權利承襲這種權力。

第三，即使亞當的繼承人有權承襲這種權力，但是因爲沒有自然法，也沒有上帝的明文規定，因此無法確定，就一切情況而論，誰是合法繼承人，誰享有繼承權和統治權。

第四，即使已經確定，但是誰是亞當的嫡系傳人，線索早已中斷，無從查考，因而人類各種族和世界上各家族，都認爲自己是亞當的眞正傳人，享有繼承的權利。

我認爲，所有這些前提都已經交代得非常清楚，因此，現在世界上的統治者不可能從「亞當的個人統治權和父權是一切權力的根基」這一說法中有所受益，或從中得到些許權威。所以，如果有人認爲，世界上的所有政府都只是武力和暴力的產物，人們生活在一起，遵循強者居之的野獸法則而不是其他法則，從而爲永無休止的混亂、災禍、暴亂、謀反（這些情況都是這一假設的追隨者所極力反對的）的發生提供了良機。他必須尋求一種與羅伯特・費爾默爵士的說法不同的關於政府的產生、政治權力的起源以及另一種指定權力繼承人方法的說法。

二、爲了達到此目的，我想現在是討論我對政治權力的看法的時候了。爲官者對於臣民的權力與父親對於子女的權力、主人對於奴僕的權力、丈夫對於妻子的權力以及奴隸主對於奴隸的權力是大不相同的。因爲有時這些不同的權力往往掌握在同一個人手中，所以，如果我們把此人置於這些不同關係中進行綜合考察，這有益於我們辨別這些權力之間存在的區別，從而進一步表明了一國之首、一家之主和一船之長之間的區別。

三、我認爲政治權力就是制定法律的權利，爲了管理和保護財產而宣判死刑和一切較輕的懲罰的權利，以及透過全民的力量來執行這些法律並保衛國家（commonwealth）不受外敵侵害的權利；而法律最終目的是爲了維護公眾利益。

第二章　論自然狀態

四、為了正確理解政治權力並且追溯它的起源，我們必須探究人類原來處於什麼樣的自然狀態。那是一種自由狀態，在自然法則範圍內，人們完全可以根據自己的意願，採取行動，處理自己的財產，不必聽命於別人或依賴他人的意志。

這同樣是一種平等的狀態，在這種狀態下，所有的權利和控制權都是相互的，每個人享有的權利是均等的，不存在誰凌駕於誰之上的現象。顯而易見，同種族和地位相同的人生來就享有相同的權利，能夠享受自然賜予的一切優勢，能夠運用相同的身體能力條件，自然而然，人們就應該人人平等，不存在從屬和支配關係，除非上帝和統治他們的人明確表明自己的意志，規定某個人的權力凌駕於另一個人之上，並且明確規定授予他不可動搖的支配權和主權。

五、深謀遠慮的胡克爾（Hooker）認為，人生來就是平等的，這是毋庸置疑的。因此，胡克爾認為這是人類間互愛互敬的基礎，他把人類彼此之間應盡的義務建立在這個基礎之上，根據此觀點，他引申出了正義和慈愛的重要法則。用他的話說，就是：

「相同的自然動機使人們認識到，愛人和愛己是他們共同的責任；因爲如果我想從中受益，甚至希望從別人身上得到更多的東西，那麼，我必須首先滿足別人同樣的要求，因爲和你一樣，別人也有這樣的欲望。與此相反，如果我損害了別人的利益，因此給別人帶來了痛苦，那麼別人反過來給我造成的痛苦絕不亞於我給他造成的痛苦。因此，我沒有理由要求別人爲我付出的愛比我付出的愛更多。所以，如果我想多得到與我平等的人的愛，我就必須付出同等的愛。基於人生來平等的原則，自然理性引伸出了指導人類生活的一些規則，所有人都必須遵守這些規則，不能忽視這些規則。」（《宗教政治》，第一卷）

六、雖然這是一種完全自由的狀態，但卻不是任其放任的狀態。雖然在這種狀態中，人們可以完全自由地處理自己的人身和占有的財產，但是，除非有某種更崇高的目的，需要將它們毀滅，否則他們不能自由毀滅自身或者是他們所占有的任何生物。自然法則在自然狀態中發揮著主導作用，身處其中的所有人都必須遵守這一法則；而理性就是自然法，它向願意遵守理性的全人類傳授著這一眞理，即人們生來就是平等和獨立的，任何人都沒有理由去侵害他人的生命、健康、自由或者是占有別人的財產。因爲全世界的人都是萬能的、充滿無窮智慧的造物主的產物，那麼人們就都是他的奴僕，奉命來到人世，爲他服務，人們是他的私人財產，是他的創造物，人們在世間存在時間的長短，全憑他的意志決定，別人無權干涉。既然我們生來就具有同樣的能力，在同一個自然社會中分享擁有的一切，因此我們彼此之間就不應該存在任何從屬關係，這種從屬關係可能使我們有理由傷害對方，好像我們生來就是相互利用的，就如同低等動物生來就是供我們利用一樣。每一個人都必須保護自己，不能隨意放棄自己的地位，所以基於同樣理由，當他的自身生存沒有受到外來威脅、競爭時，他就應該盡其所能保護其他人的利益不受外來侵害，如果不是為了懲處罪犯，人們就不應該奪去或傷害另一個人的生命，或者是損害一切有助於保護另一個人的生命、自由、健康、身體或物品免受侵害的事物。

七、在自然狀態下，每個人都可以執行自然法，這樣所有人就都有權利去懲罰那些違反自然法的人，從而阻止違反自然法行為的發生，這同樣起到了約束人們不去侵犯他人的權利，人們彼此間不相互傷害，最終使大家都遵守旨在維護和平和保衛全人類的自然法。與世界上其他關於人類的法律一樣，自然法必須透過人們的有效實施才能發揮效力，才能去懲罰、約束犯罪，從而保護無辜。如果沒有人去實施這項法律，那麼自然法就形同虛設，毫無用武之地。如果在自然狀態中，人人都可以因為他人的惡行而去懲罰他，那麼每個人都擁有這種去懲罰他人的權利，因為在完全平等的狀態下，每個人享有的權利和地位是完全相同的，自然而然在這一狀態下不存在任何從屬關係或上下級關係，因此，在執行自然法時有些人可以做的事，其他人都有權去做同樣的事。

八、因此，在自然狀態中，一個人就這樣獲得了對別人的統治權。但是當他抓住一個罪犯時，他卻不享有絕對的或者是任意處置的權力，不能完全按照自己的意志、情感波動，隨心所欲地處置他們，而只能根據冷靜的理性和良心的指示，參照他所犯的罪行，對他施以相應懲罰，最終目的是糾正和制止此類事情的再次發生。因爲糾正和制止是一個人爲什麼可以合法傷害另一個人的原因，也就是我們稱之爲懲罰的唯一理由。罪犯在觸犯自然法時，就已經表明自己遵循另一種法則生活行事，而這種法則置理性和普遍公平原則於不顧，而理性和公平原則正是上帝爲了保護人類，使其享有共同安全而規定的人類行爲的衡量標準。因此，那些無視規則，破壞了保護人們免受侵害和暴力威脅的人，就是對人們造成莫大威脅的人，就是天下所有人的公敵。這是對全人類的侵犯，就是對自然法所規定的全人類和平和安全的侵犯，因此，由於全人類都享有它所保障一般人類的權利，那麼人人就有權制止或在必要時毀滅一切對他們有害的東西。這樣，觸犯自然法的人受到了應有的懲罰，使其遭受能夠促使其痛改前非的痛苦，這種做法能使觸犯自然法的人不敢再以身試法，同時也能起到告誡旁人的作用。在這種情況下，並根據這一點，每個人都享有懲罰罪犯和充當自然法的執行人的權利。

九、對於一些人而言，這似乎是一種奇怪的學說，對於這一點，我沒有絲毫的懷疑。但是在他們譴責這一學說之前，我希望他們先解釋一下：基於什麼樣的權利，一個國家的君主或者是一個國家可以對那些在他們國家犯罪的外國人處以死刑或者是進行懲罰。可以肯定的是，他們的法律是本國的立法機構針對本國情況規定的，其法律效力並不涉及外國人。這些法律規章並不是專門針對他而訂的，而即使是，他也沒有服從的義務。對該國臣民產生約束力的立法權，對他卻是無效的。那些在英國、法國、荷蘭享有制定法律最高權力的人們，在一個印第安人眼中，他們和世界上其餘的人一樣對於他來說是沒有任何權威而言的。由此可見，如果根據自然法，每個人都享有對觸犯自然法規則的人加以懲罰的權力，否則我無法理解爲什麼任何社會的法官們都能處罰屬於另一國家的外國人，因爲，就一個外國人而言，他們所享有的權力並不多於自然法賦予一個人對於另一個人的權力。

十、違反法律規定的行爲以及與正當理性規則規定的行爲截然相反的行爲，這種犯罪會使人墮落，並公開宣布自己拋棄人性的原則而成爲對他人帶來危害的人；由於某一個人的犯罪而對另一個人施加的侵害。在這種情況下，受害人除了享有大家共同享有的處罰權之外，還享有要求犯罪人對自己的行爲做出賠償的特殊權利。其他人只要認同這種做法，就可以協助受害人索取相應的賠償。

十一、由此可見，懲罰犯罪的權利分爲兩種：一種是懲罰犯罪，制止類似事件再次發生的權利，這是所有人都享有的權利；另一種是要求賠償的權利，只有受害人才享有此權利。有權決定這兩種權利實施的人是法官，而由於法官身分特殊，他往往能夠根據公共利益的具體要求，在不適合執行法律的場合，根據自己擁有的職權免除對犯罪行為的懲罰，但是有一點需要注意，他不能使受到損害的私人放棄應得的賠償。蒙受損害的人可以以自己的名義提出賠償，除非他自己放棄，否則任何人不得強迫他放棄這種權利。為了保護所有人的生命財產不受侵犯，人人都有權懲罰犯罪，有權採取合理行為，以防止此類犯罪的再次發生。此外，根據自衛權利規定，受害人有權占有罪犯的財務和奴僕。因此，在自然狀態下，每個人都有權處死殺人犯，目的是透過這種行為產生威懾作用，制止他人做出類似無法彌補的損害行為，同時這也是為了保障人們的權利不受犯罪行為的侵犯。此類罪犯把理性拋於腦後，踐踏了上帝賜予全人類的共同準則，透過對他人施予的暴力和慘不忍睹的身體上傷害向全人類宣戰，與全人類公然為敵。因為他們使人們永無寧日，不能享受太平盛世，因此，人們可以以對待老虎和獅子等猛獸的方式來對待他們，將他們趕盡殺絕。偉大的自然法則「誰使人流血，人必報之」，就是根據上述情況得出的。對於這一法則，該隱深信不疑。在他殺死自己的弟弟之後，他大聲喊到：「任何發現我的人都可以將我殺死。」可見，此法則早已在人們心中生根發芽。

十二、出於同樣的原因，在自然狀態中，一個人同樣可以對違反自然法的較輕行為做出處罰。也許有人會問，是否處以死刑？我的回答是，對罪犯進行處罰的程度以是否足以使罪犯感到得不償失，幡然醒悟，並且起到震懾作用為標準。能夠在自然狀態中發生的罪行，就能夠在自然狀態中得到應有的懲罰，這與在國家狀態下對犯罪行爲的處罰大相徑庭。儘管我現在並不打算詳細講述自然法的細節規定或者是自然法的懲罰措施，但是，毋庸置疑，自然法確實是存在的。此外，對於一個有理性的人和自然法的研究者而言，它是淺顯易懂的，正如各國的明文法一樣，甚至可能還要淺顯些。就如同理性較人們將相互衝突且隱蔽的利益形諸文字的幻想與機謀更加容易理解一樣，大部分國家的國內法確實如此，這些法律只有以自然法爲根據時才是公正的，它們的規定和解釋必須以自然法爲根據。

十三、對於這一奇怪的學說，即在自然狀態中，人人都有權執行自然法。我認爲，有人提出反對意見：人們充當自己案件的裁判者是不合理的。原因是：一方面，利己的本性容易使人們偏袒自己和他們的朋友；另一方面，內心陰暗、欲望和報復心理容易使他們過於嚴重地懲罰別人。這樣不利於事情的解決，只能導致混亂無序的場面，爲此，上帝曾委派政府來制止人們的偏袒和暴力。我承認，公民政府的成立就是爲了彌補自然狀態的不足。因爲讓人們做自己案件的裁決者確實存在著很大的問題。不難想像，一個連自己的親兄弟都能殘害的人，是不會懷有正義之心的，更不會宣告自己有罪。但是，我希望提出異議的人們記住這一點，專制君主也是人。如果成立政府的前提是由於人們充當自己案件的裁判者，產生了一系列的弊害，從而使人們難以忍受自然狀態，那麼成立政府的目的就是爲了糾正、杜絕這些弊端。我想知道，這個既能充當自己的裁決者，又能充當全民的裁決者的君主，可以隨心所欲地對他人做出裁斷，他的自由不受任何限制，而其他人則沒有任何自由。不論他所做的事情是受到理性、錯誤或者是欲望的支配，臣民都必須無條件地服從，那將是一種什麼樣的政府，這種政府究竟比自然狀態優越在哪裡？在自然狀態中，情況要好得多，在自然狀態之下，對於不公平的裁決，人們完全可以不予執行。不管裁判者是在自己的案件中還是在其他人的案件中做出了錯誤的裁決，那麼他必須擔負起全部責任。

十四、經常有人提出這樣的問題，而且他們還把這一點作爲重要的反對論點。即在哪裡或者是哪裡曾有過生活在自然狀態中的人？對於這個問題，目前完全可以這樣回答：世界上所有獨立政府的統治者和君主都是處在這種自然狀態之中的，這就再明顯不過了，不論是在過去還是在將來，世界上的人都是處於這種自然狀態之下的。在這裡，我指的是獨立社會的一切統治者，無論他們是否和別人簽訂了契約。因爲並非所有的契約都是終止人們之間存在的自然狀態的，只有大家彼此相約加入同一社會，最終構成一個國家契約，才能起到終止自然狀態的作用。此外，人類簽訂的其他協定和契約，都不能終止這種自然狀態。例如，加爾基拉梭在他的秘魯歷史中所提到的，兩個人在蠻荒不毛的島上，或者是，一個瑞士人和一個印第安人在美洲森林中所訂立的切換式通訊協定和契約，儘管他們完全處在自然狀態中，但是這對於他們雙方是具有法律約束力的。因爲誠實和對信念的執著是自然人所專有的特性，而不是作爲社會成員的人的特性。

十五、有些人認爲，生活在自然狀態下的人，從來都不存在。我可以引用這一領域的權威人士胡克爾的話來反駁持上述論點的那些人。胡克爾在《宗教政治》第一卷第十節中寫道：「到目前爲止，我們提到的法則，也就是自然法，在人們尚未形成固定的團體，尚未在彼此之間達成任何神聖的契約之前，對人們具有絕對的約束力。但是，由於單靠個人的力量無法提供足夠的物質以滿足欲望需求以及維持自己尊嚴，因而爲了彌補單獨生活產生的缺點和缺陷，人們自然而然聚在一起，共同生活，這是人們最初聯合、團結起來生活在一起，最終形成政治社會的原因。」此外，我敢斷定，所有的人都生活在這種自然狀態之中，直到他們同意組成某種政治社會，成爲其中的一員，這種狀態才宣告結束。我相信在以後的論述中，這一觀點會越來越明朗。

第三章　論戰爭狀態

十六、戰爭狀態是一種充滿根深蒂固的仇恨並發誓毀滅對方的狀態。如果一個人用語言或行動表明要傷害另一個人的生命，而這個決定又並非是意氣用事，而是經過深思熟慮後做出的決定，這樣他與向其宣戰的一方就處於戰爭狀態。如此一來，他自己的生命也就受到了對方和其盟友的威脅。我有權毀滅想置我於死地的人，這是合理而正當的舉措。根據自然法最基本的規定，人應該盡最大可能保衛自己，但是當無法保護所有人時，應該優先保衛無辜者，使他們免受侵害。一個人爲了自己的人身安全可以殺死獅子或者是野狼，同樣一個人可以毀滅對他宣戰的敵人或者是對他的存在表現出敵意的人。因爲這種人不受共同的理性法則的約束，他們靠武力和暴力生存，沒有其他法則可依，因此可以把對方看作凶殘成性的猛獸，人們一旦落入它們手中，必死無疑。

十七、因此，如果一個人企圖將別人置於自己的絕對權力之下，他就與那個人處於戰爭狀態，這可以被理解爲他企圖傷害別人的生命。因爲，我完全有理由斷定，在不經我同意的情況下，就將我置於他的權力之下的人，在得到我以後，將隨心所欲的利用我，甚至在心血來潮時將我毀滅。除非透過暴力剝奪我的自由，強迫我屈於他的絕對權力之下，也就是成為他的奴隸，否則任何人都不能把我置於他的絕對權力之下。因此，免受這種武力的壓制，是自我保存的唯一保障。理性使我認識到，當一個人試圖剝奪我的自由權利，也就是想拆除我生命的防護欄時，他就是對我的生命造成威脅的敵人。所以，如果有人想剝奪我的自由，他就與我處於戰爭狀態之中。在自然狀態中想剝奪屬於他人自由的人，就必然被別人看作想要剝奪別人一切東西的人，因為自由是所有一切的基礎。同樣，在社會狀態中想要剝奪那個社會或者是國家之中人們自由的人，就必然被別人看作想要剝奪這個社會或者是國家的一切的人。這樣，他就與這個社會或者是國家的所有人處於戰爭狀態。

十八、由此，一個人可以在不觸犯法律的情況下合法殺死竊賊，儘管竊賊並未傷害他，也沒有表示出對他的生命造成任何威脅的跡象，而只是透過使用武力把他控制在自己手中，以搶奪他的金錢和囊中之物。因為不管竊賊的理由是什麼，他都無權使用武力把我置於他的控制之下。我有充分的理由相信，那個完全控制了我的人會奪走我的一切。因此，我可以合法地把他看作是與我處於戰爭狀態的人。也就是說，如果可以的話，我完全可以殺死他。因為無論是誰導致這種戰爭狀態，且是這種狀態中的侵略者，則他就是將自己暴露在這種危險處境之中。

十九、自然狀態和戰爭狀態之間存在著明顯的區別，正如和平、善意、互助和維護與敵對、惡意、暴力和互相殘殺之間存在的差別，但還是有些人將兩者混爲一談。如果人們是受理性支配行事，而不是按照大家公認的權威人士的指示或命令行事，那麼他們就是生活在自然狀態中。但是當一個人對另一個人使用武力或者是企圖使用武力，而不存在一個受害者可以申訴、可以尋求幫助的權威機構時，這種狀態就是戰爭狀態。儘管侵犯者也是社會的一分子或者同是一國的臣民，但由於受害者沒有申訴、控告的地方，這就使他們有了向侵犯者宣戰的正當理由。所以，我不能傷害偷盜了我所有値錢財物的盜賊，而只能求助於法律，但是當他使用暴力搶劫我的馬匹或衣服時，我就可以殺死他。這是因爲，旨在保護我的人身安全的法律無法制止正在發生的暴力行爲時，我的生命安全就無從保障，而寶貴的生命一旦失去就無法彌補。因此，爲了保護自己不受外來侵害，我有權自衛，甚至發動戰爭，殺死侵犯者。如果不存在大家公認的權威做大家的裁判者，那麼人們就處於自然狀態。如果不是基於權利而是以暴力強制他人，則不論是否存在共同的裁判者，都造成了戰爭狀態。

二十、但是在社會狀態中，當正在發生的武力結束時，人們所處的戰爭狀態也就結束了。而後，雙方都要服從法律的公正裁決。因爲這時能夠透過別的辦法對受害者的損失進行補償，並能防止以後再出現此類情況。然而在自然狀態中，因爲不存在成文法和權威的裁判者，因而受害者無法尋求說明，戰爭狀態一經開始便很難結束。所以，無論何時，只要受害者有能力，就完全可以將對方置於死地，除非侵犯者主動提出請求，表示願意按照受害者的條件進行賠償，並保證以後不會再侵犯受害者，這樣戰爭狀態才能正式宣告結束。需要注意的一點是，即使有法可依，也存在公認的裁判者，仍然有可能出現肆意妄爲和無視法律的行爲，從而使受害者無法得到法律的保護，使某些人或者是某集團的罪惡行徑得不到應有的懲罰。這樣，受害者飽含冤屈，只能向損害他的人宣戰，透過戰爭來解決他們之間的糾紛。不管發生在什麼時候，只要是使用了武力並且造成了危害，不管以什麼名義、藉口或法律形式來掩飾，即使使用武力並造成了危害的始作俑者是法律的執行者，以法律的名義執行，那也仍然是暴力和傷害。法律的最終目的是保護和救助無辜者。如果法律實施不公，無法保障人們的權利，那麼受到不公平待遇的人們只能透過武力尋求公平。

二十一、人們脫離自然狀態，組成社會的最主要的一個原因就是爲了避免戰爭（在戰爭狀態中，人們沒有投訴的地方，只能祈求上天的幫助。在這種情況下，每一個細小的糾紛都有可能導致戰爭的爆發）。如果存在一種公認的權威或者是無上的權力，能夠處理人們的訴求，依法辦事，那麼戰爭狀態就會隨之結束，公認的權威或掌權機構將解決存在的糾紛。假設在古老的社會就存在法庭，並且有一個大家倚重的裁判者來解決耶弗和亞捫人之間的糾紛，那麼他們之間就不會發生曠日持久的戰爭。但遺憾的是，我們所說的法庭和裁判者在當時是不存在的，因此，他們只能求助於上天：「願審判人的耶和華今日在以色列人和亞捫人中間判斷是非。」（《士師記》第十一章第二十七節）。然後，他們依據各自的申訴，展開了戰爭。在這種糾紛中，並不意味著誰提出誰是裁判者的問題，就應該由誰對這一糾紛進行裁斷。它的本意是想表明人世間應該存在裁判者。大家都知道，如果人世間不存在裁判者，那麼別人是否使我處於戰爭狀態，我是否應該訴諸上帝，投入戰爭，只能全由自己裁斷。因爲在進行最後的審判時，我要對全人類的最高審判者負責。

第四章 論奴役

二十二、人的自然自由是指，在自然狀態中，人的自由不受人世間任何最高掌權者的約束，人們可以不服從任何人的意志，不接受任何人的立法，只遵守自然法規則。社會中，人的自由是指，除了遵守經人們一致同意而在國內建立的立法外，不接受任何其他立法的管轄；除了立法機關根據全民的委託制定的法律外，不受任何其他法律的約束。因此，自由並不像羅伯特・費爾默爵士所描述的那樣：「所有人想做什麼就做什麼，想怎麼做就怎麼做，不受任何法律約束。」在存在政府的情況下，人們的自由應該以法律爲前提。這種法律的制定者應該是社會成立的立法機構，由此機構制定長期有效的、社會所有成員共同遵守的行爲準則。而我們所說的政府狀態下的自由是指，對於法律未做規定的其他一切事情上，人們能夠按照自己的意志行事，不受他人反覆無常、無法確定、無法預知和任意武斷的行爲的限制，這正如自然狀態下的自由不受除自然法之外的其他法則的約束一樣。

二十三、爲了保護自己的安全，這種不受絕對的、任意權力約束的自由是非常必要的，以致於任何人都不能失去這種自由，除非他同時喪失了自衛權和寶貴的生命。因爲一個對自己生命無權力之人，不能使用契約或藉由同意把自己交由他人奴役，或將自己置於其他人絕對與任意的權力之下，任人奴役、剝削。任何人都不能把自己權力控制範圍之外的東西許諾給別人；人們同樣不能剝奪自己的生命，從而也就不能把自己生命的支配權交由他人。當然，當一個人犯了罪該致死的罪行時，他就喪失了自己的生命權，把自己的生命權交給了有權處死他的人，而這位能夠處死他的人有權延緩執行，能夠讓他爲自己服務，而在這一過程中，執法者並沒有對他造成傷害。當他認爲奴役爲他帶來的折磨、痛苦超過了存在的價值時，他有權進行反抗，違背主人的意志，得到自己想要的死亡，結束受奴役的狀態。

二十四、這是一種最完全的奴役狀況，但它實際上是合法的征服者和俘虜之間戰爭狀態的繼續。因爲如果雙方一旦達成了協定，訂立了契約，同意一方對另一方擁有一定的權力，另一方必須服從，那麼在協議、契約的有效期內，他們之間存在的戰爭和奴役狀態便宣告結束。因爲，正如上面所講，任何人都不得透過契約把不屬於自己的東西，也就是支配自己生命的權力，交給他人。

我承認，我們發現在猶太人以及在其他民族中，確實出現過自賣自身的現象。但是很明顯，他們出賣的僅僅是自己的勞動力而並不是他們自己。這樣，出賣自己勞動力的人並不受這種絕對的、任意的專制權力的控制。不管是在什麼時候，主人都沒有權力處死他們，而只能解除他的勞役，而到了一定的時間規定，他就必須解除他的服役，恢復他的自由。能夠享受他們勞動的主人，沒有權力傷害他們的生命安全。如果他們讓自己服役的人失去了一隻眼睛或一顆牙齒，他們就不得不恢復他的自由（《出埃及記》第二十一章）。

第五章　論財產

二十五、不管是自然理性使我們明白了人類從出生的那一刻起就享有生存的權力，因此也就有權享用肉食、飲料和自然提供的維持生存所必需的物品，還是上帝的啓示告訴我們：上帝把世界上的東西賜予了亞當，賜給了挪亞和他的兒子們，這一點都是非常清楚的，正如大衛王（《詩篇》第一一五篇第十六節）所說的：「天只歸屬於上主，但他把地賜給人類。」意思就是，上帝把「土地賜給世人」，供天下所有人共用。但是，即使是這樣，還是有些人無法理解，人們是怎樣獲得對其他東西的所有權。如果根據上帝將世界賜給了亞當和他的繼承人共有的假設，很難理解財產權的話，那麼根據上帝把世界賜給亞當和他的繼承人，而把亞當的其他繼承人排除在外的假設，只有世界上唯一的一個君主享有財產權，其他任何人都不可能享有這個權力。但是我將設法表明，在上帝賜給全人類且允許他們共同占有的東西之中，人們是如何將其中的一些東西變成他們的財產，而且無需與全人類達成明確的契約。

二十六、上帝賜給我們的不僅僅是全世界，還賜給了我們理性，從而使我們更好地利用理性來解決生活中遇到的難題，爲我們的生活提供最大的便利。土地和土地上的一切都是屬於全人類的，目的是爲了維持人們的生存並使人們過上舒適的生活。土地上生長的所有果實和自然養活的野獸，都是自然的產物，因而都歸人類共同享有。因爲這些東西都屬於自然之物，所以沒有任何人在最初開始時就對這些自然產物擁有獨占性的私有權。但是，既然這些自然之物是供給人們使用的，就必須透過一種方法把這些物品劃歸己用，只有這樣它們才能眞正發揮實際作用。原始印第安人以果實和鹿肉爲生，他們不懂得圈用土地，因此仍然只是共有土地上的租客，但果實與鹿肉必須首先成爲他們所有，也就是其他人無權使用時，他們才能使用這些資源來維持自己的生活。

二十七、儘管土地和一切低等動物都歸全人類共有，但是每個人對他自身享有一種財產權，除他之外的任何人都沒有這種權利。我們可以說，他的身體所從事的勞動和他的雙手所進行的工作，屬於他是正當的。所以只要他使任何東西脫離自然提供的狀態或者是使它脫離自然狀態，他就在這個東西裡摻進了自己的勞動，也就是附加了他自己專有的東西，那麼這個東西就變成了他的財產。換句話說，只要透過附加自己的勞動使任何處在自然狀態下的東西脫離這種自然狀態，他就排除了其他人的共同權利。因爲勞動毋庸置疑地是勞動者的財產，除了他自己沒有其他人對他施加勞動的對象物有權利，至少當仍然剩下足夠多且足夠好的共有資源予其他人的時候是這樣。

二十八、那些依靠撿拾橡樹的果實或者是摘下蘋果樹上的蘋果爲生的人，他確實已將它們劃歸己用。誰都無法否認，這些食物就是應該由他享用的。因此我想問：這些東西從什麼時候開始變成他的了呢？是在他消化它們的時候，還是在他啃食的時候，又或者是在他將它們煮熟的時候，還是在他把它們帶回家的時候，還是他撿拾它們的時候呢？很明顯，如果不是最初的採集使這些東西變成他的，那麼其他的情形就更不可能了，也就是說，是在他撿拾或者是在摘下的時候，使它們成爲他的財產。勞動使它們與大家共同占有的東西區別開來。人的勞動在物品的自然狀態的基礎上添加了人所專有的東西，從而使它們成爲自己獨占的財產。或許有人會問，如果事先沒有徵求大家的同意，那麼他有權將橡果或蘋果變成自己獨享的財產嗎？他把屬於大家集體占有的東西歸屬自己，是否是竊盜行爲呢？如果必須事先得到大家的同意，那麼，儘管上帝賜給了人們豐富多樣可供食用的東西，但是人類早已經餓死了。我們透過契約維持的共同占有關係，據此可以得出，那完全是從大家共同占有的東西中取出一部分，並透過附加自己專有的勞動使其脫離自然狀態，於是財產權就產生了。如果不經過這種過程，那麼大家共同占有的東西就沒有絲毫用處了。而取出的那一部分並不需要得到所有人的明確同意。因此，我的馬吃的草、我的奴僕修剪的草坪，以及我在和他人共同占有的地方開採出的礦石，都是我的私有財產，無須得到其他人的同意。我付出的勞動使它們脫離原來的自然狀態，由此我便獲得了對它們的財產權。

二十九、如果規定，一個人在將大家共同占有的財產之一部分據爲己有時，必須得到所有人的明確同意，那麼，當父親或者主人把他們占有的一塊肉分給自己的孩子或者手下的奴僕們享用時，能不能因爲父親或者主人沒有說誰該吃哪塊就不動這塊肉了？雖然從噴泉中流出的水是屬於大家的公共財產，但是誰能肯定地回答，盛在水壺中的水只屬於汲水人呢？當泉水處於自然狀態之中，它是大家的公有財產，但是當有人透過自己的勞動使它脫離自然狀態時，它就不再是大家的公共財產了。

三十、因此，根據這一理性法則，印第安人就可以把自己射獵的鹿據爲己有，儘管在他占有之前是屬於大家共有的，但是在他於這件東西上附加了自己的勞動後，這件東西就不再是大家共同占有的了。有一部分的人類被稱作是文明人，他們已經制定了一些實體法，後來根據實際需要又增訂了一些此類法則規定，制定實體法的目的是確定財產權，但是規定如何在最初屬於大家共有的東西中確定財產權的原始自然法，仍然適用。根據這一點，人們仍然可以在歸大家公有的廣闊海洋裡捕魚，採集龍涎香，由於人們附加的勞動使它們脫離了自然狀態，因此它們就變成了人們的私有財產。而且即使是在我們中間，在圍場狩獵時，不管是誰在追趕一隻野兔，那隻野兔就是屬於他的財產。因爲野兔仍然是大家公有的財產，不屬任何人私有；但是如果有人花時間去尋找牠，並追趕牠，使牠脫離原來屬於大家公有的自然狀態，牠就能成爲這個人的私有財產。

三十一、或許有些人會反對這種觀點，他們認爲，如果透過採集橡果或採集土地上生長的其他果實，就構成了對這些東西的占有權，那麼人們就可以願意占有多少就占有多少。我的回答是，情況並非如此。自然法，透過這種方式使我們占有財產，同時也對我們進行了限制。上帝「把萬物豐豐富富地賜給我們享受」（《提摩太前書》第六章第十七節），這正是神的啓示所證明的理性之聲。但是我們能在多大限度上享用上帝的恩賜呢？爲維持自己的生存，一個人在一件東西變質、毀滅前，對它利用的程度就決定了他可以透過自己的勞動占有多少財產。他無權占有這個限度之外的財產。因爲上帝創造的東西不是供人們享用也不是用來糟蹋或敗壞的。所以，考慮到在很長一段時期內，世界上天然資源豐富，消費者的人數很少，一個人的辛勤勞動所能達到的，和自己獨自占有、不容他人分享的東西，只不過是天然物產的很小一部分，此外，還因爲人們占有的這一部分在可供他使用的理性規定範圍內，所以人們爲占有物品而產生爭執並發動戰爭的可能性極小。

三十二、但是，現在有關財產權的主要問題不再是土地上生長的水果或者是在土地上奔跑的野獸，而是包羅一切的土地本身。我認爲很明顯，土地的占有和所有權的取得和前者是一樣的。只要一個人在土地上付出勞動，進行耕耘、播種、改良、栽培，他能耕種多少土地，能利用土地上產生的多少產品，他就占有多少土地。這正如他在公共土地上圈占自己的土地一樣。或許有人會說，別人同樣對這塊土地擁有平等的權利，因此不取得全人類的同意，他就不能把這塊土地化為私人財產，但是這樣的說法不會使他的權利失效。上帝將世界賜給全人類共同享有的同時，也命令人們從事勞動，而貧困的生活也使他不得不從事勞動。上帝和人的理性要求他開墾土地，也就是說，為了更好地生活，人們需要改良土地，這就把屬於人們專有的勞動附加在了土地上面。遵從上帝命令的人，對一部分土地進行了開墾、耕耘和播種，在土地上附加了自己的勞動，附加了屬於自己財產的一部分，從而也就獲得了土地的財產權，這種權利是任何其他人都無權剝奪的。如果有人想奪取別人的土地，勢必會發生爭執以致戰爭，從而對雙方造成傷害。

三十三、人們隨意開墾土地並把這塊土地據為己有，他的這種行為不會損害其他人的利益，因為還有足夠多的、足夠好的土地，等待人們的開墾。所以，事實上，不會因為某個人的圈地行為而使其他可以開墾的土地數量有所減少。這是因為，只要這個人留下了足夠供別人開墾的土地，那麼他的行為就不會對其他人造成任何影響。誰都不會因為別人喝了河裡的水，就感到自己的利益受到了損害，因為還有一整條河流的水留給他。土地和水的情況是一樣的，因為兩者都足夠大家享用。

三十四、上帝將整個世界賜給世人共同占有，是為了人們共同的利益，為了讓人們從中獲得最大的便利。但是我們不能曲解上帝的意思，以為上帝的意圖就是要使世界永遠屬於大家公有而不加以開墾、改造。上帝把土地賜給勤勞和有理性的人們（勞動能使人們取得這種資格），而不是賜給那些喜好吵鬧和紛爭的人來滿足自己的私欲。若是誰有與已經被占用的東西一樣好的資源可供利用，他就不應該抱怨，或者干涉其他人已經用勞動改造的東西。如果他這樣做了，很明顯，他是打算不勞而獲，白白占有別人的勞動成果，而他是沒有權利這樣做的。

三十五、的確，在英國或其他任何國家，在政府統治下，有很多人既有金錢又經營商業，但是對於那裡的每一寸土地，如果沒有經過全體人民的共同同意，誰也不能任意圈占土地，占爲私有，這是因爲，這是國家契約、也就是國家法律留給全體人民的，是神聖不可侵犯的。儘管土地是屬於大家公有的，但是並不是屬於全體人民共同占有的，而是屬於這個國家或者是這個教區的公有財產。但是對於土地的其他占有者而言，經過圈占後所剩的土地和最初的土地是不一樣的，因爲在那個時候他們所有人都可以使用全部土地。當人們最初聚居在這個廣闊的大地上時，完全是另一幅景象。那時上帝命令人們開墾土地，人們也爲了維持生計不得不開墾土地，進行耕種。那是屬於他的財產，只要他確定了對財產的所有權，就沒有人能夠從他手中奪走對土地的所有權。由此我們得知，開墾和耕種土地跟對土地的控制權是緊密聯繫在一起的，前者爲後者提供理論依據。因此，上帝命令人們開墾土地，並使他具有對所開墾的土地的占有權。當然，人類的生活條件在客觀上要求人們進行勞動並要求人們具有一定的生活資源，這就必然出現私有財產。

三十六、自然根據人類付出的勞動和生活所需的範圍規定了財產權的限度。任何人僅憑自己的勞動是無法開墾或者是占有一切土地的。他們占有的也不過是非常小的一部分，因此任何人都無法侵犯另一個人的權利，也不可能為了滿足自己的私欲而損害鄰居的利益，因為他的鄰居（在其他人取走了屬於他自己的那一部分後）仍然有機會得到和那塊被別人占有的土地一樣的財產。這個限度確實把每個人應該擁有的私有財產限制在了一個適當的範圍內，使他在滿足自己的生活所需的同時不會損害別人的利益。在世界產生之初，人們經常在廣闊的原野上迷失方向，與人群走散，這種惡劣的自然條件為他們帶來的危害，遠遠大於因為缺少土地進行耕種對他們造成的危害要大。在那個時候，財產權的這個限度確實是把每個人能夠擁有的私人財產限制在了一個適當的限度內，使他在擁有自己財產的同時沒有對別人造成傷害。雖然現在的情況是，人滿為患，但是上面提到的限度仍然可以在不傷害別人利益的情況下使用。讓我們設想一下，假如一個人或者是一個家庭生活在亞當或挪亞的子孫們最初生活的那個年代，他們在美洲廣闊的土地上進行耕種。我們發現，根據我們為他們制定的限度，他們所占用的土地面積不大，即使是以今天的標準來衡量，他所占有的土地範圍不會對別人造成危害。因此他們完全沒有理由抱怨或者是認為別人對土地的占有使自己的利益受到了損害。即使現今全人類的數量已經達到了起初的數倍，這個限度仍然不會對他人造成傷害。此外，如果人們不在土地上附加自己的勞動，那麼土地的存在就沒有多大價值了。我聽說在西班牙，即使一個人不是一塊土地的合法占有者，但是只要他對這塊土地加以利用，相關法則就允許他在這塊土地上進行耕耘、播種和收穫，而不會受到他人的干涉。相反，居民們還認為他們從他的行為中得到了好處，因為他的勞動使荒蕪的土地生產出了糧食，這是他們所需要的。但是不管情況是否如此，這並不是我想要強調的重點。我要強調的是，貨幣的出現和人們默認的賦予土地的價值（透過同意、認可），形成了範圍更廣的土地占有和對土地的所有權。那麼相同的所有權法則，也就是人們能開發多少、利用多少，就占有多少，仍然有效，因為這仍然不會因為他的占有而損害到別人的利益。這完全是因為世界上還存在足夠的土地，完全可以滿足人數增加一倍後的需求。假如不是因為貨幣的產生，以及人們默示同意賦予其價值，這些帶來了巨大的占有與對土地的權利。

三十七、最初，人們貪婪地追求超過自身需要的物品，可以肯定正是這種占有欲改變了事物的內在價值。而這種內在價值只取決於事物對人們的生活所發揮的作用。或者人們已經達成一致協定，一小塊不會耗損也不會腐爛的黃金價值，相當於一大塊肉或一大堆糧食的價值。雖然人們有權根據自己付出的勞動，將自然界中能夠利用的一些東西占為己有，但是他並沒有占有過多的此類資源，也沒有損害到別人的利益，因為自然界中還存在大量資源，等待著人們去開發。對此，我想補充說明一點，一個人透過自己的勞動，把土地變爲自己的私有財產，這種行爲不但沒有減少，反而增加了人們的共同積累。因爲在被圈用和耕種的一英畝土地上，人們生產出了能夠滿足人們生活需要的產品，這被圈占的一英畝土地，比人們共同占有的同樣肥沃但是荒蕪的一英畝土地（說得特別保守些）要多收穫十倍的產物。因此現在透過他的勞動，十英畝土地爲他提供的生活必需品，遠遠超過了荒蕪的一百英畝的土地能夠爲他提供的生活必需品，甚至可以說此人給予其他人九十畝的土地。在這裡，我是以最壞的情況來估計經過改良後的土地的糧食作物產量的，把改良前和改良後的土地的產量比定爲一比十，事實上，實際比率接近一比一百。爲此，我想問，在原始森林裡或者在未開墾的、處於自然狀態中的美洲荒地上，一千英畝的土地，能爲貧窮、困苦的居民提供與英格蘭德文郡（Devonshire）肥沃而經過精細耕種的十英畝土地生產的東西一樣多嗎？

在土地被個人劃歸私用之前，一個人可以採集盡可能多的野果，可以殺死、捕捉或者是馴養盡可能多的野獸，只要這個人對存在於自然狀態之下的任何東西施加了自己的勞動，改變了它們的自然狀態，那麼這個人就擁有了對它的占有權。但是如果他沒有適當利用這些東西，使這些東西毀在了自己手中，例如野果在吃掉之前腐爛，鹿肉在吃掉之前變質，他就違反了共同的自然法，就會受到懲罰。他的這種做法侵犯了他鄰居的利益，他侵占了應該由他的鄰居享有的一部分，因爲這些東西已經超出了他的需求限度，因而他也就沒有權利占有這一部分。

三十八、這一限度同樣適用於對土地的占有。如果透過自己的勞動，他能使經過耕種、收穫，最終貯存起來的東西，在壞掉之前進行有效的利用，那麼占有這些土地便是他的特權；如果他能利用圈地上飼養的牲畜以及其他產品，那麼這些也都是屬於他的私有財產，他可以合法地占有它們。但是，如果在他圈占的土地上，禾草腐爛在地裡，或者他種植的果樹上的果實因爲沒有及時地採摘和貯存而爛掉，那麼儘管他圈占了這塊土地，人們仍然可以把它視爲荒蕪的土地，任何人都可以把這塊土地據爲己有。因此，在最初的時候，該隱能夠取得足夠自己耕種的土地，並透過自己的勞動把這些土地變成自己私有財產，同時他還可以爲亞伯留下足夠多的土地供其放羊。幾英畝的土地就足以滿足二人的需求了。但是隨著家庭的增多，他們的辛勤勞動又使他們飼養的牲畜增多，因此他們需要占有的東西隨著需求的不斷擴大而增多。但是這時他們尚未聯合起來、尚未定居、尚未一起建造城市，此時他們利用的土地還屬於大家的公共財產，還沒有出現任何私人財產。後來，他們同意規定各人的領地範圍，制定他們和鄰人之間的界限，然後根據他們的法律規定同一社會裡人們享有的財產權。我們知道，在世界上最初有人居住的那個地方，很可能就是當時世界上居民人數最多的一個地方，因爲直到亞伯拉罕的時候，人們還是趕著他們的牛羊群，也就是他們的財產，四處放牧，四處遊走。而亞伯拉罕確實是在別人的地盤上放牧。由此，我們得知，很明顯在那個地方，至少大部分土地是公有的，而且當地居民並不重視這些土地，不在自己的利用限度之外開墾、占有土地。但是當這個地方無法滿足所有放牧者的需求時，他們所有人無法一起牧放、飼養他們的羊群時，他們經過協商，同意像亞伯拉罕和羅得那樣分開並擴大他們的牧地（《創世記》第十三章第五節），到最適合他們放牧的地方去。據此，以掃離開了他的父親和兄弟，到西珥山發展自己的事業（《創世記》第三十六章第六節）。

三十九、因此，我們不必假定亞當擁有對整個世界的支配權和財產權，因爲我們無法證明這種至高無上的權利，也不能由此推斷出其他人的財產權。但是只要假設，我們的子孫後代享有對這個世界的占有權，我們就能明白勞動是怎樣使人們爲了達到自己目的，付出勞動，從而占有這塊土地的。對於這一點，人們不會懷疑他對土地的占有權，也不會爲此產生爭執。

四十、勞動創造的價值遠遠超過了公有土地本身具有的價值，在沒有對這一觀點進行討論之前，可能有些人無法理解這一說法，其實正是勞動使一切東西具有了一種不同於土地本身的價值。請大家考慮一下這個問題，一英畝栽種了煙草或者甘蔗、種植了小麥或者大麥的土地，與一英畝屬於大家共有且沒有開墾的土地之間具有怎樣的差別？我們不難發現，勞動對土地的改進作用創造了絕大部分價值。我認爲，如果說有十分之九的人們生活中用得到的土地產品是勞動創造的，這只不過是個保守的估計。如果我們正確認眞地估算一下我們所使用的物品價值，仔細計算物品的相關費用，區分勞動創造的和純粹源於自然的部分，這時，你就會發現，在我們使用的絕大部分東西中，百分之九十九的物品價值是勞動創造的。

四十一、關於這一點，美洲幾個部落的生活情況就是最好的證明。他們擁有廣闊的土地，卻過著貧困的生活。自然是公正的，給每個民族提供了同樣豐富的土地資源，它們能滿足人們的衣食之需，並使人們從中享受到生活的樂趣，但是人們並沒有透過自己的勞動改善土地狀況，因此他們得到的消費品還不到今天我們能享受到的百分之一。那時，部落統治者擁有一望無垠的沃土，但是在衣食住方面，他卻遠不如如今英國的一個勞動者過得舒適。

四十二、爲了更好地說明這一點，我們看看下面幾件日常用品在變成人們可以使用的物品之前，經歷了哪些改造過程，而在這些改造過程中，人類勞動創造的價值又占到了多大的比例。麵包、酒和布匹是人們日常生活中需求量非常大的物品，但是假如勞動不爲我們提供這些實用的生活物品，那麼我們必然只能以橡果、水、樹葉或者是獸皮爲生。因爲麵包的價值高於橡果的價值，酒的價值高於水的價值，布匹或絲綢的價值又高於樹葉、獸皮或苔蘚的價值，這完全歸功於人們辛勤的勞動。這兩者之間的區別是，一種是人們的衣食所需單靠自然提供；另一種是人們的血汗和勤勞爲我們準備物資。人們只要計算一下後者在價值上超過前者的程度，就不難發現勞動創造了供我們享受的絕大部分物品的價值，而生產這些資源的土地幾乎不具有什麼價值，或者說只占了極其微小的一部分價值，以致於我們完全可以把荒涼的、未經人們開墾、耕種或者栽培的土地稱爲荒地，不具有任何實用價值。

這表明，人口眾多比領土廣闊更具有優勢，而更好地改良土地和恰當地利用土地，則是一門偉大的治理藝術。如果一位君主能英明地運用既定的自由法律來保護和鼓勵人們的辛勤、誠實的勞動，反對權力的壓制和黨派的狹隘，那麼勞動爲這個國家帶來的變化很快就會使他的鄰國感到壓力。但是這個問題，我們稍後再談，現在接著討論這個問題。

四十三、在英國，一英畝土地的小麥年產量能達到二十蒲式耳小麥，如果投入相同的勞動，使用相同的方法種植，那麼在美洲的另一英畝土地同樣可以收穫二十蒲式耳小麥。毋庸置疑，這兩塊土地具有相同的自然內在價值。人類從英國境內的這塊土地上獲得的一年的收益是五英鎊，然而，假如把印第安人從一英畝土地上收穫的東西在英國出售的話，可能一文不值，我可以誠懇地告訴大家，至多不會超過英國一英畝土地收入的千分之一。可見，土地具有的絕大部分價值都要歸功於勞動，沒有勞動，土地將一文不值。因此，我們把從土地上獲得的絕大部分對我們有用的產品歸功於勞動。因爲正是勞動使一英畝土地上生長的小麥的麥秸、麩皮和麵包的價值，遠遠高於同樣肥沃但無人耕種的一英畝土地自然生長的物產的價值。我們的勞動創造了我們日常所需的物品的絕大部分價值。我們平日吃的麵包裡包含了耕地人的勞作、收割者、打麥人和麵包師的勞動，此外還包括人們爲飼養耕牛、開採礦石、冶鐵、砍伐樹木和利用木材製造耕犁、磨盤或其他一些勞動工具而付出的勞動。總之，從糧食的播種到製成麵包這一系列過程中包含的所有工序，都必須計算在勞動的帳單上，並承認它所發揮的巨大作用。自然和土地只是提供了本身不具有任何價值的資料。如果我們把糧食在成爲麵包供我們享用之前，人們需要付出的所有勞動列在一張名單上的話，那將是一張奇怪的清單。它包括：鐵、樹木、皮革、樹皮、木材、石頭、磚頭、煤、石灰、布、燃料、瀝青、焦油、桅杆、繩索以及船上用到的所有東西，因爲工人們使用的任何一件工具都是透過船隻運送過來的。這張清單可以一直列下去，不勝枚舉。

四十四、由此可見，雖然人們都是自然的主人，共同擁有自然賜予的一切，但是由於人是自己的主人，是其自身和自身行動或勞動的所有者，因此人本身就是財產的主要來源。當一系列的發明和技能爲人們的生活提供了更好的便利條件時，人們用來維持自己的生存和享受生活的大部分物品就是他自己的，而不再是大家共同占有的資源。

四十五、因此，在世界之初，如果有人願意在屬於大家公有的土地上付出自己的勞動，那麼他就能享有這塊土地的專有權。在很長一段時間裡，絕大部分東西還是屬於全人類公有的，屬於全人類公有的東西遠遠多於已經被人們開發利用並占有的東西。最初，絕大部分人滿足於未經開發的自然提供給人們的生活必需品。後來，在世界上的一些地區，人口和家畜增多，貨幣開始流通使用，從而使土地變得稀缺，具有了一定的價值，因此一些國家劃定了各自的地域範圍，並根據國內的法律調整了由個人擁有的財產，並透過契約和協定確定了透過勞動和辛勤的付出享有的財產權。一些國家和王國彼此締結了盟約，他們明確或含蓄地表明放棄對另一方的土地享有的一切資格和權利，根據大家一致同意，放棄他們對自然公有權利的要求，也就是他們最初對那些國家所享有的權利，於是根據明文協定，他們在世界上的不同地區確定了他們之間的財產權。然而，儘管如此，依然還有大片的土地荒蕪著，無人耕種（那裡的居民沒有與世界上的其他人們達成一致協議，同意使用他們的共同貨幣），這是因爲土地的數量遠遠超出了他們能夠開發、利用的限度，因此這些土地仍然是人們共同占有的財產。但是在已經同意使用貨幣的地區，出現這種情況的概率微乎其微。

四十六、一般來說，正如美國人現在所追求的東西，對人們的生活眞正能發揮作用的絕大部分物品和世界上最初處於公有的、自然狀態的能夠滿足人們生存所需的東西，它們的保存期是非常短的，如果不使用它們，不久它們將會腐爛變質。人們對金、銀、和鑽石的迷戀提升了它們的價值，此外某些協議規定也提升了它們本身具有的價值，這使得它們的價值超過了它們的實際用處和對維持生活所起到的作用。如前文所述，現在，對於那些自然提供的屬於人們共同享有的好東西，每個人都有權利享用他能使用到的盡可能多的東西，同時對於他們的勞動能影響到的一切東西，他們都享有財產權。不管什麼東西，只要是他的勞動能使之改變其固有的自然狀態，那麼這件東西就屬於他的。如果一個人採集了一百蒲式耳橡果或蘋果，那麼這個人就取得了對這些東西的財產權。它們一經採集就成了他的財物。但是他需要注意一點，那就是他應該在這些東西腐爛變質之前，消費掉這些東西，否則他占有的東西就超過了他應該享有的限度，也就是剝奪了別人的權利。的確，貯存過多的、超過自己使用限度的東西是不明智之舉，同時這也是一種欺騙行為。如果他把一部分東西送給別人，使這些東西不在他的占有下毫無價值地毀壞掉，這同樣可以說是他利用了這些東西。此外，如果他用在一週內就會腐爛的梅子換取了能供他食用一年的乾果，這樣他也沒有對任何人造成危害。只要他沒有白白浪費什麼東西，就不能說他浪費公有財產，這樣他也沒有損壞屬於他人的任何一部分財產。最後一種情況是，如果他願意用他的乾果換取一塊他喜歡的金屬（主要是喜歡金屬的顏色），用他的綿羊換取一個閃閃發光的卵石或者是一顆鑽石，並由他終身收藏，那麼他這樣做也沒有侵犯其他任何人的權利。只要他願意，他可以任意貯藏他喜歡的經久耐用的東西。判斷他占有的財產是否超出了自己應有的限度，並不取決於他占有多少，而取決於是否有什麼東西在他的占有下毫無意義地毀掉。

四十七、由此，貨幣開始進入人們的視線，開始流通使用。透過貨幣，人們可以保存某種不易損壞、持久耐用的東西，同時基於雙方的同意，可以用它來交換對他們的生活眞正有用但是易於腐爛的生活必需品。

四十八、不同程度的勞作往往給人們帶來不同數量的財產，而貨幣的發明給了他們繼續積累和擴大他們財產的機會。假如存在這樣一個海島，這個小島與外界隔離，與外界沒有任何生意上的往來，在這個島上生活著一百戶人家，還有一些羊、馬、奶牛和其他有用的動物和營養豐富的水果，而且這個小島擁有能夠供應島內人口千百倍的人食用糧食的土地。但是這個小島擁有的一切東西，不是由於太過於普通就是因爲太容易腐爛，都不適合作爲貨幣流通。不管是自己辛勤生產出的東西，還是和別人交換的易於腐爛卻對人們生活非常重要的物品，除了用於滿足家庭消費和供應大家消費外，人們還有什麼理由擴大他的財產呢？不管是在什麼地方，只要沒有某種可以持續保存又稀少，且珍貴值得貯存之物，即使那裡的土地肥沃，廣闊無邊，人們將不容易擴大其占有的土地。試問，如果一個人在美洲內地的中部擁有一萬英畝或十萬英畝的精耕細作的肥沃土地，同時他還擁有大量的牛羊，但是他卻無法和世界上的其他地區進行貿易，透過出售產品換取貨幣，那麼他會如何評價這片土地呢？在他看來，這片土地是不值得圈占的。我們看到的是，他只會保留一塊能夠維持他自己和他的家庭所需的土地，放棄其餘的土地，使它們重新屬於大自然，屬於大家公有的財產。

四十九、因此，開始時，世界上所有地方的情況都和美洲的情況一樣，而且更像以前的美洲，因爲在那個時候，世界上的任何地方都沒有出現諸如貨幣之類的東西。如果一個人發現他的鄰居中有可以用作貨幣並具有貨幣價值的某種東西，那麼你會發現，這個人會立即開始擴大他的財產。

五十、但是，既然與衣食車馬相比，金銀對人們的生活所發揮的作用不大，它們的價值只是緣於人們的同意，而且在很大程度上，金銀價值的衡量尺度是由勞動決定的。很顯，人們已經同意可以不均勻地且不平等的占有土地，他們找到了一種方法，這種方法完全可以使一個人占有其產量超過他個人消費能力之外的更多土地。這個方法就是把剩餘產品拿去交換金銀，並把它們貯存起來，這樣不會損害到任何其他人的利益，同時金銀也不會在占有者手中腐爛。這種方法得到了人們的默認和同意。人們賦予了金銀一種價值並默認了貨幣的使用，這樣他們就可以在占有的財富超出了社會允許的限度時，不必透過社會契約，就能把物品分割成不平等的私有財產，並且據爲己有。政府以法律規定財產權，而土地的占有是透過成文憲法確定的。

五十一、因此，我認爲，我們很容易理解，勞動最初是如何在自然賜予大家共同享有的東西中開始確定財產權的，以及爲了滿足我們的需要，這些財產又是如何限制了我們的財產權的。這樣就不會產生由於財產權引起的爭論，同時也不會有人對財產權允許大家占有的財產數量心存懷疑。權利和人們能夠享受到的生活便利條件是相輔相成，並行不悖的。作爲社會中的人，每個人都有權利利用自己的勞動取得一切對他的生活有用的物品，因此這個人就不會爲了取得他不需要的東西而付出自己的勞動。這樣人們就不會對財產權產生爭論，也不會出現侵犯他人權利的事情。一個人能夠占有的財產份額是顯而易見的。過多的占有超出個人消費能力的財產，是毫無用處的，也是不誠實的舉動。

第六章　論父權

五十二、在這篇論文中，挑剔一些世界上已經通用的字眼和詞語，可能會被指責爲吹毛求疵。然而，當舊詞語容易使人產生誤解時，恐怕提出一些新名詞是比較恰當的行爲。或許父權就是這樣一個名詞，它似乎把父母對兒女擁有的權力完全賦予了父親，而母親好像不享有任何權力。但是，如果我們查閱一下理性或者是啓示錄，就會發現母親對自己的子女具有同樣的權力。一些人可能會理直氣壯地問，把這種權力稱爲父權是不是不合適？因爲不管自然和生育的權力使兒女擔負起了什麼樣的責任，它必然要求子女對賜予了他們生命的父母雙方承擔同樣的責任。因此，我們看到，上帝的成文法時時處處要求子女們一視同仁地對待自己的父母。例如，「當孝敬父母」（《舊約．出埃及記》第二十章第十二節），「凡咒罵父母的，總要治死他」（《舊約．利未記》第二十章第九節），「你們各人都當孝敬父母」（《舊約．利未記》第十九章第三節），「你們作兒女的，要在主裡聽從父母」（《新約．以弗所書》第六章第一節）等，這就是《舊約》和《新約》的不同風格。

五十三、假如當初人們只認眞、透澈地考慮了這一點，而沒有對這個問題進行更深一步的探討，就可能使人們避免在父權問題上再次陷入他們當初所犯的這些大錯而無法自拔。然而，儘管父母雙方共同享有的權力在「父權」這一名稱下，似乎是由父親獨自占有，這時父親具有絕對統治權和王權，這一說法可能還勉強可以接受。但是如果假定支配子女的絕對權力被稱爲父權，並且發現母親也擁有對子女的統治權，那麼父權的這種稱呼可能顯得有些刺耳，同時這本身就是非常荒謬的。如果母親也擁有這種統治子女的權力，那麼對於那些根據所謂父親身分而極力主張絕對權力和絕對權威的人而言，是非常不利的。因爲這會讓他們極力主張的君主政體失去理論依據。根據這個名詞的含義，我們可以得知這種統治權並非只屬於一人專有，而是由兩人共同享有，那就是父母雙方，這樣一來，人們就不會再支持他們主張的君主專制政體。

五十四、儘管我在第二章中說過：「所有的人生來都是平等的。」但是不能把我所說的平等理解爲所有的、各式各樣的平等。可能有些人在年齡或德行方面優於別人；出眾的才能和特長能夠使一些人享有高於普通水準的人的地位；出身、關係或利益可以使一些人尊敬那些由於自然、感恩或其他方面的原因應給予尊敬的人們。所有這些都是與人們所處區域的管轄和統治相符合的。我所說的平等是指每個人都享有天賦自由的平等權利，不必受制於其他任何人的意志或者是權威。

五十五、我承認，儘管所有的兒童生來就享有這種平等，但是並不是所有的兒童都能享受到這種平等。他們出生時和出生後的一個時期內，他們的父母會對他們實行一種統治和管轄，但是這些統治和管轄只是暫時性的。他們所受的這種強制性管制正如他們孱弱的嬰兒期時用來包裹他們的襁褓一樣。隨著他們的成長，年齡和理性會使他們逐漸擺脫這種束縛，直至解放出來，可以自己解決處理問題爲止。

五十六、亞當生來就是一個完整的人，擁有強健的身體和理性的內心。因此，他從來到世間的那一刻起就能照顧自己，並且能按照上帝賦予他的理性法則要求來支配自己的行動。從那時起，這個世界上就生活著亞當的子孫後代，但是他們並不像亞當，生來就是完人，他們生下來就是無助、無能的嬰兒，對這個世界一無所知。但是爲了彌補這種直到長大成人才會消失的身心不完善狀態所具有的缺陷，根據自然法，亞當和夏娃以及他們之後的所有父母有責任保護、撫養和教育自己的子女，不是將自己的子女看成自己的作品，而是他們自身創造者的作品，也就是他們須對之負責的全能的上帝。

五十七、理性的法則，是統治亞當的法律，也是統治他所有後裔的法律。亞當是自然造就的，但是他的後代卻是經過另一種途徑來到這個世界上的，他們誕生時，對這個世界一無所知，更無法運用理性來解決問題，因此他們可以暫時不受理性法則的約束。任何人都可以拒絕遵守與他無關的法律。如果只有具備理性才能理解頒布或制定的法律，那麼在他具備理性之前，就可以不受這項法律的約束。亞當的子女並不是一生下來就受到理性約束的，因此這時還不能說他們是自由的。因爲，就其眞正含義而言，與其說法律是一種限制，倒不如說它是一個自由、睿智的人追求自己的正當利益的嚮導。法律只不過是爲受其指導的所有人的整體利益做出規定。如果不存在法律，人們能更快樂地生活，那麼法律就沒有存在價值了，它就會消失。此外，如果法律是爲了防止我們掉進泥坑和落下懸崖，那麼我們就不能把法律看作對我們的限制。因此，不管法律會引起人們什麼樣的誤解，法律的最終目的不是廢除或限制自由，而是爲了保護和擴大自由。所以在所有能夠接受法律的社會形態中，沒有法律就沒有自由。這是因爲自由意味著不受他人的束縛和暴力威脅，而在不存在法律的地方就無法保證人們享有這種自由。但是，正如我們已經知道的，自由並不是指人們可以隨心所欲地爲所欲爲（因爲如果一個人因一時興起就可以隨便支配別人，那麼誰還能享有自由呢？）而是指在法律許可的範圍內，隨意處理或安排他人的人身、行動、財富和他的全部財產自由，在這個範圍內，他不受任何人的任意意志支配，可以自由地遵循自己的意志行事。

五十八、父母有義務在子女沒長大成人之前照顧他們的生活，負責養育他們，而父母享有的對子女的權力正是基於這種對子女應盡的義務。子女們需要的和父母們應該做的，就是培養子女們的心智，並管教他們在無知的未成年行爲，直到子女們具備了理性，可以獨立行事爲止。這是因爲，上帝賦予了人們指導自己行動的理解力，因此，只要是在法律允許的範圍內，人們就可以自由左右自己的意志，並有採取行動的自由。但是在他還未具備這種指導自己行爲的理解力之前，他就不具備任何自己可以遵守的意志。誰能理解他，替他運用智力，誰就應該替他做主，誰就應該規定他的意志，調節他的行爲。但是當兒子達到曾使他的父親成爲自由人的某種狀態時，他本身也就成了一個自由人。

五十九、這一點適用於人類的所有法律，無論是自然法還是國家法。一個人是否受自然法的約束？什麼使他擺脫了自然法的約束？什麼使他在自然法允許的範圍內可以依照自己的意志自由處理他的財產？我的答案是，人們認爲他達到了能理解自然法的狀態，可以把自己的行動限制在自然法允許的範圍內。當他達到了這一狀態時，我們可以認爲他知道了法律在多大程度上指導著自己的行動，並且知道自己可以在多大程度上應用自己的自由，並由此獲得自由。而在他達到此狀態之前，他需要一位已經知道了法律允許範圍內的自由的人，對他進行指導。如果這種理性的狀態、這種成熟的年齡已經使一個人獲得了自由，那麼同樣的情況也可以使他的兒子獲得眞正的自由。一個人是否受英國法律的約束？什麼使他擺脫這項法律的約束？也就是說，什麼使他在英國法律允許的範圍內，能夠依照自己的意志安排自己的行動，處理自己的財產？是透澈理解了那項法律的能力。根據該法律規定，成爲自由人的法定年齡是二十一歲，在某些情況下，這個年齡限制還要提前些。

如果這一年齡能使父親獲得自由，那麼它也同樣能使兒子獲得自由。我們知道，在這個年齡之前，法律不容許他的兒子有自己意志，他要接受他的父親或者是監護人的指導，由他們替他來理解法律。如果父親在去世之前，沒有指定一個代理人來替他完成這一任務，假如在兒子未成年，還不具備必要的理解法律的能力之前，他沒有爲兒子請一位導師來指導兒子的成長，那麼法律將負責教導他的兒子。在他尚未達到自由狀態，在他對法律的理解力尚不能控制自己意志之前，必須有人指導他，支配他的意志。但是在這個階段之後，父親和兒子享有同樣的自由，正如師傅和成年後的徒弟一樣。無論是自然法還是政府的明文法，他們受同一項法律的約束。這時，父親對兒子的生命、自由或者是財產都不再享有任何統治權。

六十、但是，如果一個人因爲天生的智力缺陷無法理解法律規定，從而無法在法律允許的範圍內生活，他就不能成爲自由人，也無法按照自己的意志行事。因爲他不知道自己的意志是受到約束的，也不具備用來指導自己意志的理解力，所以如果他無法爲自己行爲負責，他就必須接受他人的指導和管教。正是由於此原因，精神病患者和傻子永遠無法脫離父母的監護。胡克爾在《宗教政治》的第一卷第七節中講到：「首先，年紀尚小，還未達到限定年齡的兒童；因爲生理缺陷無法運用理性指導自己行動的傻子；目前無法運用理性來指導自己行動的精神病人，他們只能透過監護人指導自己的理性來指導他的行動。」

所有這些似乎只不過是上帝和自然賦予人類以及其他生物的一種責任，一種保護他們對後代的責任，直到他們能獨立謀生。但是很難把這一點看作父母擁有對子女的絕對統治權利的一個例子或者是一個證據。

六十一、因此，我們是生而自由的，也是生來就具有理性的。但這並不意味著，我們一生下來就能運用自由和理性。實際上是年齡爲我們帶來了自由和理性。由此，我們明白了天賦自由和服從父母是一致的，是建立在同一項原則上的。孩童是透過他父親的資格和他父親對法律的理解而獲得自由的，他父親的理智將會一直支配著他，直到他能理解法律規定，知道自己能夠在法律允許的範圍採取什麼行動爲止。一個成年人的自由和一個尚未達到限制年齡的兒童對他的父母的服從，這兩者是既相互連貫又存在區別的。根據父權大力鼓吹君主專制的那些人，也不能忽視這一點。冥頑不靈的人也不得不承認他們之間的連貫性。假如他們的學說是完全正確的，假如現在已經確定了亞當的合法繼承人，並依據這一資格被立爲君主，享有羅伯特．費爾默爵士所說的一切絕對無限權力，假如他在他的繼承人一出世時就去世了，那麼儘管這個嬰兒享有絕對的自由、至高無上的權力，但是在年齡和教育使他具備約束和管理自己和他人的理性和能力之前，難道他就不可以服從他的母親和保姆、老師和監護人的管理嗎？他的生活需要、身體健康和高尚心靈的培養都需要他人的指導，而不能任由自己的意志行事。如果有人問我，我的兒子什麼時候才能達到獲得自由的年齡？我會這樣回答，那就是他的君主可以當政的年齡。明智的胡克爾在《宗教政治》第一卷第六節中說：「在什麼時候才可以說，一個人對理性的運用達到了足以使他理解自己不得不遵守的法律呢？憑感覺來判斷這一點，要遠比運用技能和學問來做出決定要容易得多。」

六十二、國家已經注意到並且已經承認，只有到了一定年齡，人們才可以像自由人那樣行動。因此在達到這一年齡之前，他們不需要做出效忠或者是忠順的宣誓，也不必對他們國家的政府表示其他形式的公開承認或者是順從。

六十三、因此，人們享有的自由和按照自己的意志採取行動的自由，是建立在他具有的理性基礎之上的。理性能教導人們理解指導、支配他行動的法律，並且能使他知道自己在多大程度上享有自己意志的自由。在他具有理性來指導自己的行爲之前，我們所說的那種讓他享受無限制、無約束的自由並不是說讓他享受本性自由的特權，而是把他流放到獸群之中，讓他和獸群一樣，在極度惡劣的條件下生存，這個條件遠遠低於人們的生活條件。這就是爲什麼把管理、教導子女的任務交由父母完成的緣由。上帝要求他們把教導子女的任務作爲自己的職責所在，此外還賦予了他們對子女的關愛以便調節這一權力，而且只要子女還需要這一權力的管理和約束，父母們就必須根據上帝的睿智規定，爲了子女的幸福正當地運用這一權力。

六十四、但是，什麼理由能把父母雙方對子女應盡的責任完全歸結爲父親享有的絕對而又獨斷的支配權呢？充其量父親的權力只是採用他認爲最有效的教養方式，使子女們得到良好的教育，身心得到健康發展，成爲對自己和他人有用的人。但是如需必要，他可以在自己的能力範圍之內爲自己的生存而工作。但是母親同樣能分享這一權力。

六十五、這種權力之所以屬於父親，並不是根據任何特定的自然權利，而是因爲他是子女的監護人，因此當他不再監護子女們時，他也就失去了這種權力。這種權力是依靠對子女的撫養和教育得來的，它們相互聯繫，不可分割。此外，收養棄兒的養父同樣擁有這種權力，與父親對自己的親生孩子享有的權力是相同的。如果一個男人只是給了孩子生命，而沒有盡到養育、照看的責任，那麼他作爲父親享有的權力也只是止於他在生育上給了孩子生命，實際上，他對自己的子女是沒有任何權力的。世界上存在這樣一些地區，一名婦女可以同時擁有多名丈夫，在這些地區父權是一種什麼情況呢？又或者是在美洲的一些地區，在那裡，夫妻雙方經常分開，子女們都跟隨母親生活，由母親全權照顧他們，那在這些地區，父權又是一種什麼情況呢？如果去世時，子女們尚未長大成人，那這樣，他們在年幼時不是事事都要聽從母親的安排，接受母親的照顧嗎？正如同父親在世時一樣，是否有人會說，對於子女，母親也享有一種立法權呢？她能規定標準的規則，這些規則都是永久的責任和義務，子女們應該根據這些規則管理與他們的財產相關的一切事情，並根據此規則約束他們一生的自由，是這樣嗎？或者說，爲了執行她制定的這些規則，她是不是可以動用死刑呢？因爲那是法官擁有的正當權力，父親根本不具有這種權力。父親對子女的管理和支配權只是暫時性的，而且完全不涉及生命或者是財產。父親享有的權利只不過是在子女未長大成人之前，爲他們提供一種幫助，對他們進行教育、培養，而這種權利只是爲了更好地達到教育他們的目的。雖然在子女們能吃飽肚子不至於餓死的情況下，父親可以隨意處理自己的財產，但是他的權力不能危及到子女們的生命。此外，父親也不能占有子女們透過勞動獲得的或者是別人贈與的財物。當他們長大成人，開始享有公民權時，父親不能干預他們的自由。那時，父親對子女的支配權也就結束了，從此以後不能再限制子女們的自由，正如他不能限制別人的自由一樣。而且父親對子女的管治權並不是一種絕對的也不是永恆的權力。一個男子可以擺脫它的束縛、限制，因爲神權准許他離開父母而和妻子共同生活。

六十六、到了某個時候，子女們不再從屬於父親的意志，不再聽命於父親，如同父親不再受制於別人一樣，這時他們除了需要遵守自然法和他們國內的國家法以外，不受任何其他方面的管制。但是子女們享有的這種自由並不能免除他們根據上帝和自然法則對父親應有的愛戴和孝敬。上帝規定父母們是其子女的生活依靠，從而使人類得以延續，使他的偉大規劃得以實現。上帝規定父母必須承擔起養育、保護和培養子女的義務，同時也規定子女們必須永遠孝敬父母，尊敬父母，這同樣是子女們應盡的義務。子女們對父母應盡的義務包括：透過口頭表達和具體行動，表現出來對父母發自內心的尊重和敬愛，這就約束子女們不得做任何可能傷害、冒犯、擾亂和危害其親生父母的幸福或生命的事情；同時也要求子女們採取一切措施，保護、解救、幫助和安慰給予了他們生命並使他們享受生活的父母們。無論是哪個國家，哪種自由，都不能免除子女對父母應盡的義務。但是，這絕不是意味著父母享有對子女的絕對統治權，也不意味著可以任意處置子女們的自由和財產。子女們孝敬、感恩和幫助父母是一回事，而父母們要求他們絕對服從自己是另外一回事。即使是在位的君主也必須盡到對母親應盡的孝道，這樣做並不會減弱他的權威，也不會使他受制於她的統治。

六十七、未成年人處於從屬地位、被統治的地位，父親對他們享有一種臨時統治權，這種臨時統治權隨著子女們成年而結束。子女們應該永遠尊重、孝敬、贍養自己的父母，這是子女們對父母無私養育之恩的回報。這與父親對子女無微不至的照顧，爲培養子女們花費的金錢是相當的。父母對子女們的統治權隨著他們法定年齡的到來而結束，但是他們對父母應盡的孝心不會隨著某個年齡段的到來而結束，在他們的生命的任何一個階段，都要盡到孝敬父母的義務。如果不區別這兩種權力，即藉由那種父母在子女們未成年時所擁有的教養權利，和終身得到子女們的孝敬的權利所享有的權力，就會因此產生關於此方面的很多問題。嚴格來說，前者父親的權力，與其說是權力，倒不如說是父親對子女應盡的義務和子女們享有的權利。父母們撫養和教育子女是爲了讓子女們過上幸福、快樂的生活，這是他們不可推卸的責任，任何理由都不能免除父母照顧子女的義務。雖然父母在承擔義務的同時還享有支配和懲罰子女的權利，但是上帝把父母對子女的關愛滲透到了人性原則中，因此，不必擔心父母會過於嚴厲地對待子女。父母的苛刻之處不在於過於嚴厲地對待自己的子女。自然的天性往往把人們引向另一個方面。因此，當全能的上帝表示寬容以色列人時，他告訴他們：「神管教你，好像人管教兒子一樣。」（《舊約・申命記》第八章第五節）也就是說，要用關心和愛護來對待他們。所以，與其說是對他們進行嚴格的懲罰，不如說是對他們進行有益的教導。但是如果過於放縱他們，就不能說是對他們的關愛。這就要求子女服從父母的這種權力，只有這樣才能減少父母的負擔，減輕他們的負擔，使他們的教導有所收穫而不至於一無所獲。

六十八、另一方面，孝敬和贍養父母是子女們對父母養育之恩的報答，這是兒女們應盡的責任，同時也是父母們應該享受的特殊待遇。這是爲了保障父母的利益，正如另一種是爲了保障子女的權利一樣。然而，教育子女是父母的義務，是子女們應該享有的權利，這項權利對子女的發展至關重要，因爲孩童時期的無知和缺陷需要及時糾正。這是一種支配權，是可以看得到的統治權的行使。但是「孝敬」父母的責任並沒有包含那麼多的順從，儘管成年子女比年幼的子女擔負的責任要大。「兒女們，要聽從父母的教導」，誰能認爲這就要求身爲人父者對自己的父母的服從與他的孩子們對他的服從是一樣的呢？如果他的父親驕傲自大，依然把他當作未成年人來對待，這樣，誰又會認爲他必須聽從父親的一切安排和命令呢？

六十九、因此，父權或者說是父親應盡責任的首要部分是教育，這是父親應盡的責任。這部分責任到一定時期就會結束，教育任務完成之日就是這項權利的終止之日。而在此之前，這部分權力是可以轉讓的。一個人可以把教導兒子的任務交給他人完成，當他讓自己兒子去做學徒時，他在兒子做學徒的這段時間內，就把他對兒子的教導權轉交給了孩子的母親和他的師傅。但是父權的另一部分，即子女對父母應有的孝敬，仍然是完全屬於他們的，任何事情也無法取消子女們的這種義務。父母雙方永遠享有這種權力，正如父親的權威無法剝奪母親的權力一樣，任何人也不能使子女免除對親生母親的義務。但是這兩部分父權與制定法律的權力，以及運用法律來執行危及別人的財產、自由、身體和生命的處罰的權力是截然不同的。支配子女的權力隨著子女成年期的到來而宣告結束，在此之後，子女應該履行對父母應有的義務，尊敬、保護和贍養父母，以報答父母對他的養育之恩。但這一切並不是受父親支配的，他也不具備這種高於一切的支配權。對於子女的財產或者是行動，父親不具備支配權。此外，在子女的所有事情上，他也沒有權力要求他們按照他的意志行事。但是，在不會給自己的生活造成不便的前提下，兒子可以在很多事情上尊重父親的意志，按照他的吩咐行事，這是有可能的。

七十、一個人可能需要尊重長者或者智者，保護他的子女和朋友，救濟和幫助正在遭受苦難的人，感謝於他有恩的人，但是他可能傾盡全能也無法滿足所有人的要求，無法使自己滿意。但是所有這些並不能成爲要求他履行義務的人爲他制定法律的藉口，他們在這方面不享有任何權威。很明顯，所有這一切並不僅僅是由於父親享有的特權，也不僅僅是由於前面提到的母親對子女恩澤的緣故，而是因爲父母們對子女應盡的義務以及對子女們提出的要求，是受到父母對子女的照料程度、關愛程度以及相關費用支付限制的，是隨著它們的不同而變化的，此外，父母對子女的付出也是不一樣的，可能會出現厚此薄彼的情況。

七十一、這說明，在社會中作爲社會成員的父母是如何獲得並保持這種對子女的權力的，而且還說明他們與處於自然狀態中的父母享有同樣多的權利。如果說所有的政治權力是父權，兩者是一回事，那上述情況就是另一番景象了。如果所有的父權屬於君主，那麼臣民就不能享有父權。但是政治權力和父權是完全不同的兩種權力，是相互分離的，各自建立在不同的基礎之上，而且各有其目的。因此，普通臣民享有對子女的權力與高高在上的君主享有對子女的權力是相同的。此外，身爲子女的君主對其父母應盡的義務與卑微的臣民對父母應盡的義務是一樣的。因此，父權中不能摻雜任何君主或者是行政長官對被統治者擁有的那種統治權的成分。

七十二、雖然父母養育子女的責任和子女們應該孝敬父母的責任都意味著一方享有全部權力，而另一方必須服從（這種關係是適當的、正常的），但是父親通常還擁有另外一種權力，這種權力要求他的子女們必須服從他的管制。雖然其他爲人父者同樣具有這種權力，但是這種權力的實施在絕大部分時間裡是發生在家裡的，在家庭之外的地方很少見到這種權力的實施，因此也就沒有引起人們的關注。現在人們把它作爲了父權的一部分，這就是他可以把自己的財產贈給他最喜歡的人的權利。父親的財產一般由子女們按國家法律和習俗規定，按一定比率繼承，這是他們所期望的。但是父親有權根據子女們的行爲是否迎合他的意志，是否討他歡心來分配他的財產。

七十三、這一點能起到約束子女行爲的作用。人們要想使用土地就必須服從政府的統治，因爲土地是國家的組成部分。因爲這一點，人們通常認爲父親能夠迫使他的子女服從他所服從的政府，以他的契約來約束他的子女。實際上，這只不過是政府統治下的土地所附帶的一個必要條件，這只能對那些在此條件下接受遺產的人產生約束力，因此這不是一種自然的約束或者是義務，而是一種自願服從。這是因爲，每個人，他的子女、他本身和他的祖先，都是生來平等自由的。當他們處於自由狀態時，他們可以自由選擇願意加入的社會，選擇自己願意隸屬的國家。但是，如果他們希望占有祖先的遺產，他們就必須按照祖先繼承遺產的條件來做，遵守能夠繼承財產的一切條件。的確，父親可以運用這種權力使子女在成年期之後仍然聽命於自己，通常也會使他們從屬於某項政治權力。但是他們並不是憑藉父權使子女們聽命於自己的，而是依靠他掌握的，子女們希望得到的財產。他擁有的這種權力並不比一個法國人對一個英國人所擁有的權力大。如果子女們希望得到父親的財產，他們必然要聽命於父親。不論是在英國還是在法國，如果在父親把財產傳給他的子女們時，他們願意接受，那麼他們就必須接受那塊土地所在國家對占有土地規定的附加條件。

七十四、由此，我們可以得出結論：儘管父親擁有對子女的統治權只局限於子女們尚未成年，而且對子女的管制程度必須在規定原則的限制之內；儘管在一生中的各個時期內和各種情況下，子女們都不得不孝敬、尊重父母，盡到拉丁文詞彙所說的「孝道」，同時還需要盡到保護和贍養父母的義務，但是這一切並沒有賦予父親進行統治的權力，也就是制定相關法律和懲罰子女們的權力；儘管父親不能因爲這個原因擁有對屬於兒子的財產的支配權，但是很明顯，我們可以想像一下，在世界之初以及現在的某些地廣人稀的地方，一些家庭可以遷移到這樣的地區去，在這些地區還有大量尚未被占有的土地，他們也可以遷移到尚無人煙的地方去居住，在這些情況下，作爲一家之主的父親是多麼容易成爲家裡的頂梁柱、權威。從嬰兒時期開始，父親就是他們的統治者，是一家之主。如果在他們之間不存在一種支配權，那麼他們就很難生活在一起，因此子女們長大成人後，他們透過明確確認或者是默認把這種支配權交給了父親。父親的這種統治權沒有發生任何變化，只是一如既往地延續下去。事實上，如果想做到這一點，只要允許父親在家裡行使每個自由人享有的自然法執行權就可以了。但是如果允許父親這樣做，那麼子女們就必須留在家裡，這樣才能賦予一種君主權。但是，非常明顯，父親們絕不是根據任何父權規定而得到這種權利的，而是因爲得到了子女們的同意。因此，大家都明白，如果有一個外人偶然或者是因事來到他的家裡，殺死了他的一個孩子或者是做了其他壞事，那麼這個父親可以處死此人或者是像懲罰他自己的子女那樣來懲罰他，他之所以能這樣做，並不是基於父權的任何規定，而是基於他作爲一個自然人享有的執行權。在他家裡，所有成員都有權處置這個人，但是其他成員處於對一家之主的尊重而主動放棄了這種自然賦予的權利。

七十五、因此，子女們以默示且幾乎不可避免的同意，承認了父親的權威與統治，這幾乎是自然而然發生的。他們在孩童時起就聽命於父親，他們已經習慣了父親對他們的支配，習慣讓父親處理他們之間的小矛盾，但是他們長大成人後，誰是支配他們更合適的人選呢？爲數不多的財產和幾乎可以省略的私欲，不會使他們彼此間產生大的爭執。但是當發生大爭執時，除了養育他們的父親外，還有誰更適合做這個裁決人呢？這樣我們就不難理解，爲什麼他不對已經成年和未成年時的子女們做區別對待。但是，當子女們並不打算擺脫未成年時父親那種統治，他們就不會期待可以使他們自由處置自己和財產的二十一歲或者是任何其他年齡。對於已經成年的他們而言，在未成年時受到統治仍然能使他們得到保護，而這種統治對他們帶來的保護是多於限制的。父親的統治能使他們的安寧、自由和財產得到最大程度的保護。

七十六、因此，家庭裡的父親在不知不覺的情況下變成了子女們政治上的君主。如果碰巧他們的壽命很長，留下了幾代能力出眾的繼承人，或者由於別的原因，這些繼承人在機會、策劃或某些情況的促使下，爲某些組織方式和形態的世襲制或選舉制的王國奠定了基礎。但是，如果有人認爲，君主是因爲他們作爲父親而享有君權的，這就足以證明父親是由於父權而得到政治權力的，因爲實際上具有統治權的是父親。那麼，我會說，如果這個論斷是正確的，它同樣能證明，所有的君主，而且只有君主，能夠成爲祭司。因爲可以肯定的一點是，最初時，父親既是家庭裡的統治者也是家裡的祭司。

第七章　論政治社會或公民社會

七十七、上帝根據自己的理解把人創造成了一種不適於獨居，而是具有社會性的動物。同時上帝還讓人們擔負了滿足自己的需要、享受生活便利、發展自身愛好的義務，並賜予了人們語言和理解力，以使人們能夠在這個社會上生活下去並享受生活。最初出現在人們視野中的社會是由丈夫和妻子組成的社會；後來伴隨著孩子的出生就產生了由父母和孩子組成的社會；伴隨著社會的發展，又出現了存在主僕的社會。這三種社會關係可以相互交織組成一個大家庭，其中一家之主或者女主人擁有對家庭的統治權。如果我們仔細研究每一種社會的目的、關係和範圍，就不難發現這三種社會關係中的任何一種都不足以形成政治社會。

七十八、夫妻社會是透過男女之間的自由結合形成的，他們透過某種契約，自願結合在一起。這種社會的特徵是彼此雙方身體的占有。這是爲最終的生育目的服務的。此外，夫妻社會還要求夫妻雙方彼此照顧，彼此扶持，共用利益等。這對於鞏固夫妻雙方的感情和相互照顧是非常必要的，而且也是爲了更好地養育子女。這樣，他們的子女才能夠在他們能夠獨立生活之前獲得更好的照顧。

七十九、男女結合的目的不只是爲了生育，還爲了種族的延續。因此，即使是實現了生育的目的，只要嬰兒需要父母的養育，他們之間的這種夫妻關係就應該繼續維持下去。嬰兒需要父母的照顧，直到他們長大成人，能夠獨立生活爲止。無所不能、神通廣大的造物主爲他自己的傑作訂立了如此規則。我們發現低等動物都在堅定不移地執行這一規則，在那些以草爲生的哺乳動物中，雌雄之間的結合隨著交配行爲的結束而告終。原因是，雌性的哺乳在幼崽能夠吃草之前完全可以滿足幼崽的需要，而雄獸在幼崽的哺乳期間發揮不了任何作用，因而在完成交配任務之後，牠便離開了。但是肉食動物之間的情況是另外一種境況，牠們之間的結合時間更長一些，因爲雌性動物僅靠自己的力量無法獵取到足以滿足自己和眾多幼崽所需的食物。此外，與吃草相比，捕食其他動物是一種更耗費體力也更危險的生存方式。雌獸只有在雄獸的協助下，才能維持需要，才能安全養育幼崽。對於所有的鳥類而言，情況也是如此（除了一些家禽外，牠們有足夠的飼料，因此不需要雄鳥的餵養和照顧），因爲幼雛需要餵養，因此兩隻鳥繼續做配偶，直到小鳥能夠展翅飛翔和覓食爲止。

八十、因爲女性在生下嬰兒後，在嬰兒還需要父母的照顧和撫養的時候，女性很可能再次懷孕，而事實是，她們往往又懷孕了，又生下了嬰兒。在這種情況下，父親有責任照顧和撫養他的子女，因而也就有義務和同一個女人維持比其他動物都要長的夫妻關係。而其他動物在生育季節再次到來之前，牠們的幼崽已經開始獨立生活，因此牠們之間的暫時結合也就宣告結束。這也就是說，在下一個發情季節裡，牠們可以自由尋找配偶。因此我認爲，這就是爲什麼男女之間的結合比其他動物之間的結合維持的時間更爲長久的主要原因。這使我們不得不佩服造物主的偉大智慧，他賜給了使人們既能滿足眼前需要又能對未來做出籌畫的智慧和遠見，從而使夫妻社會中的兩性結合比其他動物之間的兩性結合時間要長。這樣就能更好地鼓勵他們爲養育子女而努力，並爲了更好地養育子女而努力積攢錢財。如果夫妻社會只是隨意地結合，隨時都有解散的可能，那麼這將會對他們的子女造成最嚴重的傷害。

八十一、儘管這些約束使夫妻關係比其他動物之間的結合維持的時間更長久，但是人們還是會問，爲什麼這種關注保障和教育以及繼承的契約不能和其他自願契約一樣，基於同意或者是在一定時間，根據一定條件終止這種契約呢？無論從性質而言還是就其目的而言，這個契約都不應該是終身性的。我的意思是說，這種情況是不受實體法約束的，而受這種實體法約束的契約則是終身性的。

八十二、雖然夫妻雙方只有一個共同關心的問題，但是由於各自的不同理解，有時也就難免有不同意見。於是就出現了在夫妻之間，誰應該當家作主的問題，也就是誰應該享有支配權的問題。這種權力自然而然地就落在了身強力壯、精明能幹的丈夫身上。但是這種權力只限於涉及到他們的共同利益和共同財產的問題方面，妻子仍然完全享有契約賦予她的特定權利，契約賦予丈夫對她的生命擁有的權力並不比她對丈夫的生命擁有的權力大。丈夫擁有的權力根本無法與君主擁有的權力相提並論，因此，在很多情況下，在自然權力或者是他們的契約允許的範圍內，妻子擁有和丈夫分離的自由。不論那個契約是在自然狀態下由他們自己制定的，還是按照他們所在國家的習俗或法律制定的，妻子都有這種權利。而在夫妻分離時，夫妻雙方可以根據契約規定，由他們當中的一方繼續撫養子女。

八十三、不管是在政治政府狀態中還是在自然狀態中，夫妻都可以實現婚姻的全部目的，也就是生兒育女以及共同生活、相互扶持的目的。行政長官無權剝奪任何一方為達到此目的而享有的權利或權力，只能就夫妻雙方之間存在的一些爭執進行裁決。若非如此，如果丈夫擁有絕對主權，掌握著生死大權，而且如果這種至高權利對於夫妻社會是絕對必須的，那麼在不容許丈夫具有這種權利的國家裡，就不可能存在婚姻。但是婚姻生活需要實現的目的並不要求丈夫必須具有這種權利，而且這種權利對維持婚姻狀態是完全不必要的。在不存在這種權利的條件下，同樣能夠維持婚姻生活，並同樣能實現婚姻生活的目的。此外，只要夫妻雙方在養育子女直到他們能夠獨立謀生的問題上達成一致，那麼，他們就可以根據形成夫妻社會的契約規範來調整財物的共有問題，雙方的相互幫助和扶持問題，以及解決這個社會內的其他問題。那麼對於實現社會目的沒有說明的條件，它們對於這個社會也是毫無用處的。

八十四、我在上一章中已經詳細論述過父母和子女之間的社會，以及屬於他們各自的不同權力和權利，因此在這裡就不再贅述，但是，我認爲，這個社會顯然與政治社會不同。

八十五、主人和僕人，這兩種稱呼和歷史一樣古老。但是他們卻完全屬於兩種不同的人。一個自由人在一段特定時間內把自己的勞動出售給另外一個人，以換取他所得到的工資，這樣他也就成了另一個人的僕人，同時另一個人也就在這段特定時間內成了他的主人。儘管在一般情況下，他生活在主人家裡，並且要服從他們的管束，但是這位主人只是暫時性地享有這種權利，而且主人對他的約束也不能超出他們之間訂立的契約規定。但是還存在另一種僕人，他們具有自己特定的名稱，那就是奴隸。他們在一場正義戰爭中被俘，根據自然權利，他們應該受制於俘虜他們的人，接受他們對自己的絕對支配權和專斷權。如同我所說的，這些人已經喪失了他們自己的生命權以及人身自由，同時也失去了自己的財產。因爲他們淪爲了奴隸，無法占有任何財產，在這種狀態中，人們認爲他們不是公民社會的組成部分，因爲公民社會的首要目的是保護自己的財產。

八十六、現在我們來考察一下由丈夫、妻子、孩子、僕人和奴隸所組成的家庭中的一家之主。儘管這種家庭在秩序、職務和人數方面類似於一個小國家，但是在組織、權力和目的方面，和國家卻是大不相同的。或者說，如果一定要把這個複雜的家庭看作是一個君主制國家，其中的一家之主就相當於專制君主，那麼君主專制政體就只會有一種搖擺不定和短暫的權力。因爲我們在前面已經詳細討論過，就時期和範圍而言，除奴隸之外（不管家裡是否有奴隸，家庭還是家庭），一家之主還是享有那麼大的權力），一家之主對家庭的其他成員享有一些明確而又不同的有限權力，他對家中的成員不享有涉及生死的立法權，此外，家庭的女主人和他擁有同樣的權力。對於家中的每位成員，他擁有的權力非常有限，不能以絕對權力統治全家。但是，我們在討論政治社會是如何構成的時候，將會明白家庭或任何人類社會和眞正的政治社會究竟存在什麼樣的區別。

八十七、正如已經論證過的，人們生來就享有完全的自由，並且能夠自由自在享受自然法賦予他們的一切權利和利益，和世界上的其他人或許多人一樣都是平等的。他自然地擁有一種權力，這種權力使他得以保護自己的生命、自由和財產不受外人侵犯，而且還可以就他認爲的一些違法行爲進行裁斷和處罰，甚至可以對罪犯處以死刑。但是，如果政治社會本身不具備保護財產權的權力，從而也就無法懲罰人們的違法行爲，這樣的社會不能被稱之爲政治社會，也無法繼續存在下去。因此，在政治社會裡，人們放棄了自己擁有的自然權力，把這種權力交給了社會，社會中的人們隨時都可以求助於社會法律。這樣一來，社會單個成員擁有的私人裁判權就被廢除了，社會成了天下所有人的仲裁者，它利用明確固定的法規公平公正地對待每位成員。政治社會把自己擁有的權利分散給了其中一些人，讓他們代替自己來執行法律，對社會成員之間發生的爭執做出裁斷，並根據法律規定的刑罰來懲罰社會成員的犯罪行爲。這樣，我們就能容易辨別出誰和誰處在同一個政治社會中，誰和誰又不處在同一個政治社會中。生活在同一個社會中的人們，遵守他們共同制定的法律，擁有可以裁判和處罰犯罪行爲的司法機關。由此可以判斷，他們都生活在公民社會中。但是如果不存在這種人們都可以向其申訴的司法機關，那麼人們就依然生活在自然狀態中，如果不存在共同的司法機關，那麼人人都是裁判者和執行者。正如我們前面已經提到的，這種狀態是純粹的自然狀態。

八十八、因此，如果一個人加入公民社會，他就成了這一國家的公民，國家也由此得到了權力，可以對社會成員所犯的各種罪行依照法律規定進行懲罰（這是制定法律的權力），同時如果這個社會之外的人對其成員造成了危害，它也有權懲罰他們（這是宣戰和談和的權力）。所有這一切都是爲了盡可能地保護社會所有成員的財產安全。但是，由於人們已經把屬於自己的裁判權交給了司法機關，他同時也就賦予了國家另一種權利，即國家可以利用他的力量。當國家需要他來執行國家判決時，隨時可以利用他的力量。因此，司法機關對違反法律規定的人們做出的裁判就是他本人的裁判，是他自己或者是他的代表做出的裁判。透過這些，我們知道了公民社會的立法權和執行權的起源。這種權利的實施需要根據長期有效的法律來決定應該怎樣處罰國內發生的犯罪行爲，此外還要根據當時的實際情況做出臨時判決，以決定如何懲罰外來侵害。對於這兩方面，在必要時應該動用全體社會成員的全部力量。

八十九、因此，不管是在什麼地方，只要是由人組成的社會，並且把自然法賦予自己的執行權交給政府，那麼，在那裡，也只有在那裡才會形成一個政治社會或公民社會。人們形成社會的方式主要有兩種：一種是，在任何地方、任何數量的處於自然狀態中的人們進入社會並組成一個國家，使自己置於一個具有最高統治權的政府之下；第二種情況是，人們加入、參加一個已經成立的政府，這樣，他就把自然法賜予他們的執行權交給了社會，或者是授權給了這個社會的立法機關，這兩者其實是一回事，然後根據公共社會福利要求，爲他制定法律，同時他也應該對這些法律的實施（正如他自己做出的判決）提供最大幫助。社會透過在人世間設置裁判者，來裁斷人們之間引發的爭端並救濟可能受到損害的社會成員。充當裁判者的就是國家的立法機關或者是立法機關所委任的行政長官。這種行爲就使人們擺脫了自然狀態，隨之進入了國家狀態。反之，不管是在什麼地方，也不管有多少人結合起來，只要沒有建立這種所有人都可以向其申訴的裁判機關，那麼他們就仍然是處於自然狀態之中。

九十、所以很明顯，雖然有些人把君主專制看作是世界上唯一的政府形式，但實際上，這種政府形式和公民社會是格格不入的，因此它絕不可能是公民政府的形式。因爲建立公民社會的目的是爲了避免並補救自然狀態具有的種種不便之處，而這些不便之處完全是因爲每個人都充當自己的裁判者引起的。於是公民社會就設置了一個人所共知的明確權威機構。當這個社會中的每位成員在受到別人的侵犯或者是與別人產生爭執時，都可以向這個機構提出申訴，而且這個社會中的成員必須服從這個機構的判決。無論是在什麼地方，如果當人們遇到紛爭時，不存在一個這樣的權威機構，人們沒有上訴的地方，那麼這些人仍然處於自然狀態。因此，君主專制政體統治下的人們，仍然生活在自然狀態中。

九十一、如果所有的立法權和行政權都掌握在一人手中，就不存在裁判者。當人們受到這個人的侵害時，人們就無處申訴，更不可能得到社會的救濟。因此，不管你以什麼名稱稱呼這個獨攬大權的人——沙皇、君主或者任何其他你喜歡的稱呼，他和被他統治的人一樣，都處於自然狀態之下。如果兩個人都處在這樣的處境中，既不存在長期、有效的法規，也不存在權威的共同裁決者對他們之間的爭執做出裁斷，那麼他們就是生活在自然狀態中，不得不忍受自然狀態爲他們帶來的種種不便。處於君主專制統治下的臣民，更確切地說應該是奴隸，與處於自然狀態下的人們是有區別的，而且是不幸的區別。在自然狀態下，人們擁有自己的判斷力，能夠判斷自己的權利是否受到了他人的侵害，並採取措施維護自己的權益，但是在君主專制統治下，當人們的財產受到君主侵犯時，他不但不能像公民社會中的人們那樣爲了自己的權利向權威機構申訴，還會受到斥責、迫害，所處的生活狀態已經淪落到了自然狀態之下，被剝奪了作爲人類而擁有的那種維護自身權利的自由。這樣一來，處在君主專制統治下的人們就會遭受各種不幸，忍受各種痛苦的折磨，而這所有的不幸都是一個人造成的，而這個人處於不受約束的自然狀態中，獨攬大權，因他人的吹捧而失去自我，邁向墮落。

九十二、那些認爲絕對權力能夠淨化人的心靈，糾正人性弱點的人，只要讀一讀當代歷史或其他時代的歷史，就會得出相反的結論。一個在美洲森林裡橫行霸道的人，即使是登上王位後，情況也不會有所好轉。當他登上王位後，他可能會千方百計找出相關學說和宗教來爲他強加給人們的種種限制和規定進行辯解。而君主採取的強權、暴力行爲則會使那些質疑他的人退避三舍。當君主政體日益完善時，這種制度能爲人們提供什麼樣的保護呢？它會使君主成爲什麼樣的一家之主呢？它能使它的子民獲得什麼樣的幸福和安全保護呢？只要我們研究一下近來錫蘭的情況，一切就都清楚了。

九十三、的確，在君主專制政府和世界上其他政府形式的統治之下，臣民們有訴諸於法律的權力，也有專門負責此事的法官，他們裁斷臣民們之間出現的糾紛，並防止臣民們之間可能發生的暴行。每個人都認爲這是必要的，並且堅信，如果有人想要剝奪這種權利，那麼這個人就應當被視爲全社會和全人類的公敵。但是，這是不是出於君主對人類和社會的關愛，是不是出於人們彼此間應有的寬容呢？我們有理由對此產生懷疑。這只不過是每一個癡愛自身權利、自身利益或威名的君主可能做而且必然做的事，他的這些舉動只不過是爲了保證爲自己帶來財富和地位的臣民們能辛勤勞作，避免相互傷害，在君主眼中，他的臣民們只不過是一群能爲他帶來巨額利潤的高級動物。如果有人問，在這種狀態下，人們可以採取什麼安全措施或什麼可以保障人們抵制專制制度統治者的暴力和壓迫呢？這個問題本身就是讓人無法容忍的。這時，立刻就會有人告訴你，誰問有關安全保障的問題，誰就會被處死。他們承認，在臣民之間，必須要有相關措施、法律和法官來保障臣民們在安全環境下安穩地生活。但是就統治者而言，他應該享有絕對權力，凌駕於一切法律規定之上，因爲他擁有至高無上的權力，可以肆意妄爲，即使他做再多違反法律規定的事，也不會有人質疑他的權力。如果你問，怎樣做才能保護自己免受君主的迫害呢？此話一出，立刻就會成爲謀反和叛亂的呼聲。這就好像當人們擺脫自然狀態進入社會狀態時就同意：除一人外，大家都應該受到法律的約束，而這個人仍然可以保留自然狀態中擁有的全部自由，而這種自由會因爲他掌握的權力而不斷擴大，這種自由帶來的後果會因爲不受懲罰而導致權力膨脹。這會使人們認爲自己很愚蠢，自己時時提防著鼬鼠或狐狸，以免受它們的侵害，但是卻心甘情願地被獅子呑食，還以爲自己很安全。

九十四、花言巧語能夠迷惑人們的智力，但是卻無法左右人們的知性。當人們發現，他們之中有人能夠不受社會法律的約束，並且自己隨時可能受到他的侵害而無處申訴時，他們就會認爲他處於自然狀態，而自己也是處於自然狀態的；只要有可能，他們就會設法在公民社會裡獲得安全和保障，因爲安全和保障是建立公民社會的最初目的，這也是他們加入公民社會的目的。因此，儘管在開始時，可能在他們中間存在這麼一個德高望重的人，他的善良和美德贏得了大家的尊重，在人們中間形成了一種自然權威，人們默認了他的這種權威，大家自願把彼此間產生的爭執交由他裁決。這只是出於人們對他的品德和智慧的信任，並沒有其他證據能證明他確實沒有辜負大家的期望。我們將在以後的論述中證明這一點。但是，早期形成的各種慣例，隨著時間的推移，漸漸具有了權威性和神聖性，並產生了不稱職的、並非品德優秀的繼承者。此時，人們發現，在這個政府的統治之下，他們的財產不再具有可靠的保障（保護財產卻是成立政府的唯一目的）。因此，爲了保護自己的財產，人們發現必須把立法權交給參議院或者是議會等集體組織。否則，他們就會整日憂心忡忡，擔心自己的財產和生命安全，而且他們也不會認爲自己生活在公民社會中。透過這種方法，所有人，不論貧富貴賤，都要服從立法機關制定的法律。法律一經制定，任何人都不能依靠自己的權威來逃避法律的約束和制裁，也不能以在社會中享有的優越地位爲藉口，放任自己或者是下屬的違法行爲。如果人們不能透過向大家公認的權威機構上訴來保護自己的正當權利，那麼這個人就是還處於自然狀態之中，而不是公民社會的一分子。

第八章 論政治社會的起源

九十五、如上所述，人們生來都是自由、平等和獨立的，如果得不到本人的認可，任何人不得剝奪別人的這種權利，也不得使別人處於另一種政治權力的統治之下。唯一能使一個人放棄自然賦予的自由並受制於另一個人的方式是，和其他人達成一致，加入一個社會團體或者和其他人組成一個社會團體，從而確保能過上安全、舒適和和平的生活，這樣他們就能更好地防禦自己團體之外的任何侵犯。不管人數多少，人們都可以透過社會契約組成一個共同體，這並不會損害其他人的利益，也不會危及其他人的自由。這個團體之外的人仍然可以像以前那樣享有自然狀態的自由。當一定數量的人透過契約同意建立一個共同體或者政府時，他們就會結合起來，組成一個國家。在這個國家中，多數人擁有採取行動的權利，而其他人必須服從。

九十六、當一定數量的人在每個人都同意的基礎上組成一個共同體時，這個共同體也就成爲了一個整體，擁有了作爲一個整體採取行動的權力，但這也只有透過絕大多數人的同意，符合絕大多數人的意志才能實現這一點。任何共同體都只能依據它的各個成員的同意才能採取行動，但是作為一個整體，這些成員的行動又必須保持一致，這就有必要使這個整體按照絕大多數人的意志採取行動。絕大多數人的意志也就是指獲得絕大多數人的同意。否則，它就無法作為一個整體採取一致行動，甚至無法繼續存在下去。組成這個團體的每位成員在組建之時已經達成了共識，它就應該成為這樣的整體，因此每個人都自願接受經過絕大多數人討論制定的約束。因此，我們知道，由明文法授權召開的議會並沒有規定做出立法決定的法定人數，因此大多數人的決定也就代表了全體成員的決定。根據自然法和理性法則，絕大多數人擁有全體權力，當然也就隨之擁有了決定權。

九十七、因此，在人們取得了其他人同意的情況下，他們組建了一個由一個共同政府統治下的國家，同時他們也就對社會中的每位成員都負有義務，那就是服從絕大多數人的決定並接受絕大多數人的約束。否則，他們在最初結成團體時簽訂的契約也就毫無意義。如果他仍然處於那種放任自流的狀態，不受任何約束，他就仍然還是處於自然狀態之中，那麼契約也就不是契約。如果那樣，我們想像一下，契約將會是什麼樣子，還能稱之為契約嗎？如果他除了遵守自己認為是合適的法令，或者是確實經過了他同意的法令外，不接受這個社會裡的任何其他法令的約束，那麼這還有什麼新的義務可言嗎？在這種情況下，他享有的自由仍然和他在簽訂契約之前所享有的自由，或者在自然狀態下所享有的自由是相同的，他可以憑自己的意願和心情決定是否按照社會規則行事或者接受社會規則的約束。

九十八、如果人們在理性上不承認絕大多數人的同意就等同於全體人的同意，也不承認它對所有人具有約束作用，那麼只有經過社會中每位成員的同意才能形成人們遵守的法令，但是要達到這樣的效果，取得每個人的同意，在現實中幾乎是不可能的。原因是多方面的，有些人會因爲體弱生病、事務纏身而無法出席公共集會，儘管缺席者的人數遠遠少於一個國家的總人數，那麼要取得全體同意也幾乎是不可能的。此外，在由各種人組成的團體中，難免會出現不同意見，產生利益衝突，這些都是在所難免的。如果人們以這樣的條件進入社會，那麼他們勢必像伽圖（Cato）那樣，剛走進戲院就直接出去了。這種組織方式將會使強壯、凶惡的利維坦（Leviathan）在短時間內喪命，甚至無法與最弱小的生物相比，以致於剛出生就斃命。這是我們所無法想像的事，除非具有理性的人們組成政治社會的目的就是在它初建之日就宣布解體。如果絕大多數人沒有權利替其他人做出決定，那麼他們就無法作爲一個整體採取行動，因而等待這個團體的只有解散。

九十九、因此，我們可以認爲，除非他們明確規定把權力交給超過了絕大多數的人，那些脫離了自然狀態、聯合成爲共同體的人放棄了他們擁有的權力，把這些權力轉交給了共同體的絕大多數人。只要人們一致同意形成一個政治社會，就必須遵守這一點，因爲所有加入或者是組成國家的人們訂立或需要訂立的契約中，都必須包括這一點。因此，最初開始組織並且實際組成政治社會的，是一種自由人的同意，即那些能夠服從大多數人的意志並聯合起來組成這種社會同意。因此，世界上的合法政府都是滿足了這些條件後才建立起來的。

一〇〇、對於這一點，我發現，人們主要提出了兩種反對意見：

第一，迄今爲止，在歷史上還找不到這樣的例子：一群獨立平等的人聚集在一起，以這種方法，著手建立了一個政府。

第二，人們這樣做，在權利方面是行不通，因爲所有人從出生的那一刻起就處在一個政府的統治之下，他們不能自由創立一個新政府。

一〇一、對於人們提出的第一種意見，人們可能這樣回答：關於人們在自然狀態中的群居情況，歷史上關於此方面的記載極少，這是不足爲奇的。不難想像，人們在自然狀態中生活，勢必會遇到種種的不便，雖然人們喜歡群居，但是彼此之間卻缺乏交往。因此，一旦有人把任何數目的人聚在一起，如果他們希望繼續維持這種共同生活的狀態，他們就會採取行動聯合起來，組成一個社會。如果我們因爲很少聽說人們生活在自然狀態中的情況，就可以爲此否認人們曾經處於自然狀態，那麼我們是否可以說，由於我們不了解薩爾曼納塞爾（Salmansser）或塞克西斯（Xerxes）的軍人在長大成人和進入軍隊之前的情況，就說他們根本沒有童年呢？不管是在什麼地方，都是先出現政府，然後才有了關於這個社會的文字記載。因爲任何一個民族都是經過了長期的公民社會發展，利用了其他一些必要技藝爲人們提供安全、便利和富足的生活之後，才出現了文字，才開始使用文字記載歷史。也是在產生了文字後，人類才開始探究這個社會的偉大締造者的歷史，當他們失去了對那段歷史的記憶時，才會開始追溯那段歷史。因爲國家和我們個人一樣，他們通常記不起自己出生時和小時候發生的一些事情。如果他們對有關自己起源的情況有所理解，那也是由於他們參考了別人偶然記載下來的一些歷史資料。除了上帝自己親自直接干預的猶太民族（因爲他們根本不贊成父親享有的支配權）之外，我所知道的世界上任何國家的起源情況都和我提到的一樣，或者是至少在發展過程中留下了這種明顯的發展跡象。

一〇二、羅馬和威尼斯就是由相互獨立的、彼此平等的人們集合形成的，他們之間沒有貧富貴賤之分。但是有些人不承認這一點，當客觀事實與他們的主觀臆測不相符合時，他們往往會否定事實，這是一種比較奇怪的傾向。如果我們讀一讀阿科斯塔（Acosta）的著作《印第安人的自然和道德歷史》就會發現，在美洲的很多地方，根本就不存在政府。他告訴我們：「我們根據推斷得知，在很長一段時間裡，這些秘魯人既沒有選出他們的國王，也沒有組成自己的國家，而只是過著一種群居生活，正如今天的佛羅里達人、巴西的吉里誇納人以及其他一些民族，沒有自己的國王，只是在和平和戰爭時期才根據自己的喜好選出國王。」（第一卷第二十五章）如果說人們生來就從屬於他的父親或一家之主，但是根據前面的論述，這並不能說明問題，因爲孩子對父親或一家之主的這種從屬關係並不能剝奪他加入合適政治社會的自由。很明顯，這些人是自由的。雖然現在的一些政治家希望某些人享有至高的地位，但是那些人本身並沒有提出這樣的要求。相反，根據大家的一致意見，人們都是平等的，直到他們一致表決同意，在他們之中選出一位享有最高權力的統治者爲止。因此，他們的政治社會最初源於人們的自願聯合，源於人們自由選擇他們的統治者和政府形式的契約。

一〇三、我希望人們能夠肯定羅馬歷史學家查士丁（Justin）對跟隨巴蘭杜斯（Palantus）離開的斯巴達人的記載。他們曾經是獨立的自由人，不受任何人的統治，他們根據自己的遺願組織成立了一個統治他們的政府。這樣，我就從自由的、處於自然狀態中的民族歷史中找到了一些這樣的例子：這些自由的、處於自然狀態中的人們聚集在一起，經過大家一致同意，建立了自己的政府。如果有人以找不到這樣的例子作爲證據否認政府是以這種方式建立起來的，那麼我個人認爲，那些主張父權至上的人還是放棄這種說法爲妙，不要利用它來反對人們享有的天賦自由。如果他們也能從歷史發展中舉出相關例子來證明政府的成立源於父權（雖然這種用曾經發生過的事來證明應當有的事，這種論證方式就法律而言沒有多大的說服力），那麼我們即使在此事上做出讓步也不會產生什麼嚴重的後果。但是，如果我可以給他們提些建議的話，那麼我建議他們，不要過於深入研究政府的起源問題，以免在研究過程中發現一些對自己大力提倡的方案和主張的權力極爲不利的東西。

一〇四、由此我們可以得出結論：很明顯，我們的論證是有理可循的，人們生來就是平等的。同時歷史上的例子也可以證明，世界上凡是在和平時期成立的政府都是建立在上述基礎上的，並且是基於全體人們的同意而建立的。因此，人們對最初建立政府的權利在什麼地方，或者是人們當時的意見以及實踐，很少產生懷疑。

一〇五、如果我們追溯歷史，歷史將指引我們追尋國家的起源，我們將發現，國家總是處於一個人的管理和統治之下。我並不否認這一點，同時我也相信這種情況，那就是，當一個成員眾多的家庭能夠自給自足，並能獨立生活，不與其他人混居時，統治權往往始於父權，正如在地廣人稀的地方出現的情況。根據自然法，父親和其他人一樣享有同樣的權力，他們可以在自己認爲適當的時候懲罰違反自然法的任何罪行，因此他可以懲罰犯了過錯和違反自然法規則的子女，即使他們已經長大成人，他們仍然會繼續接受他的管教，並與父親一起懲罰違反自然法的人。這樣，父親就實際掌握了處罰任何犯罪行爲的權力，使自己成爲了這個大家庭中所有成員的立法者和統治者。在這個家庭之中，父親是掌握大權的最適宜人選，因爲子女的財產和利益能在父親的照顧下得到最大程度的保障。子女們從幼年起就聽從父親的教誨，接受父親的安排，這使他們更容易順從父親的決定，接受父親的管理。既然在群居的人們中間，政府的出現已經是不可避免的事實，這就需要有一個人站出來統治他們，父親是最合適的候選人，除非他因爲種種原因，不適合擔當此重任。這些原因可能包括本人的疏忽、殘忍或其他任何身心方面的缺陷。除了父親之外，還有誰更適合此位置呢？但是，如果父親在孩子尚未成年，在智慧、勇氣或者任何其他素質方面還不足以擔當統治者時就去世了，又或者是幾個家庭聚集在一起，同意繼續過群居生活，這時，毋庸置疑，他們可以行使自己享有的天賦自由，選舉出精明能幹的，能夠統治他們的合適人選。我們發現，在秘魯和墨西哥兩大帝國的魔掌伸向美洲人之前，他們依然享有天賦自由，雖然他們一般會選擇已故國王的子嗣作爲統治者，但是如果他們發現這個繼承人懦弱無能，他們會毅然選擇最堅定、最勇敢的人做他們的統治者。

一〇六、雖然我們透過追溯人類歷史的生活情況或者是各民族的歷史記載，可以發現政府的統治權通常是掌握在一個人手中，但是這並不能推翻我的推斷，即政治社會的成立是建立在加入或成立這個社會的人們的一致同意基礎之上的；這些人可以建立他們認爲合適的政府形式。但是，這會使人產生誤解，使他們認爲政府是君主專制政體的，由父親掌權。既然有些人產生了這種想法，那我們不妨考慮一下這個問題，即爲什麼人們在開始時採取這種由一個人掌握的政府形式。一些國家可能在建立之初，由於父親享有的優越地位，使他獨攬大權。但是，很明顯，這種集大權於一人的政府形式得以繼續的原因並非是出於對父親的尊敬或對父權的敬畏，因爲所有的小君主國，也就是幾乎所有的君主國，在成立初期，都是經過大家選舉出來的，至少在有些時候是選舉出來的。

一〇七、首先，子女們從年幼時起就聽從父親的管教，這使他們習慣了接受一個人的支配，同時使子女們明白，父親對他們的管教是傾注了自己心血的，這種關愛足以使子女們取得他們希望得到的政治幸福，並保護他們既得的幸福。因此，他們會自然而然選擇這種政治形式，這種他們從幼年起就習慣了的形式，同時根據以往經驗，他們相信，這種形式對他們而言是既安全又方便的。此外，我再說明一點，對於人們而言，君主專制是一種最簡單、明瞭的政府形式。因爲在開始的時候，人們沒有經驗可循，不知道政府形式應該是什麼樣的，同時他們也沒有遭受過帝國的侵略和壓迫，還意識不到應該提防特權的侵占或專制權力的迫害。而這些特權和專制權力是由君主政體沿襲下來的，就是用來壓迫人民的。建立政府時，人們把自己擁有的權力在自己同意的基礎上交給了一個人，讓他代表全體人民來行使權力，那時，他們沒有想到要運用一些方法來限制君主的權力，更沒有想到把權力分爲不同的部分，由不同的人控制，以均衡君主的權力。他們沒有做到這一點，是不足爲奇的。他們沒有受到殘暴君主的壓迫，此外，當時的社會風氣純樸，他們擁有的財產有限，生活方式簡單，這使他們認爲自己不會成爲貪婪或野心勃勃的人的攻擊目標，因此他們也就不會防範這種政府形式，更不會爲此感到擔憂。因此，他們能夠安心地生活在這種政府形式之下，這是不足爲奇的。正如我前面已經說過的，對於他們而言，這種政府形式是最簡單、明瞭的，最適合他們當時的社會狀態和生活條件，在那時他們需要政府做得更好的是抵禦外來侵略而不是增加法律。當時人們的生活水準偏低，生產力比較落後，個人擁有的財富較少，他們彼此間很少因爲財富問題發生糾紛，因此也就不需要制定更多的法律來約束他們的行爲。此外，很少有人會侵占別人的財產或者是侵害別人的利益，因此也就沒有必要設置官員來實施法律或者是監督法律的實施。既然人們是因爲情投意合才相約組成社會，那麼我們就可以認定他們彼此是熟知的，而且建立了一定的友誼，他們之間是相互信任的，這樣我們就不難得知，他們擔憂的是外人的侵犯，因此他們面對的首要問題是如何防禦外敵侵犯，保護自己。爲此他們自然而然地加入或成立了一種政府，這種政府能在最大程度上保護他們。他們隨之選出了政府內最勇敢、最明智的人，指揮他們的戰爭，率領他們反擊來敵。所以，在當時，他們的統治者主要是在這方面發揮作用。

一〇八、由此我們得知，如今美洲的印第安人仍然生活在亞洲和歐洲的原始時代時期。那裡地廣人稀，人力和財力的缺乏使得人們不會產生去擴大土地、占有別人財產的欲望。而他們的國王也只不過是他們的軍隊司令。儘管國王在戰爭時期擁有絕對的權力，可以任意發號施令，但是在國內以及在和平時期，他們行使的權力是非常有限的，只不過享有很小的統治權。是否發動戰爭取決於人民和議會。戰爭本身決定了不能存在多位指揮官，因此國王自然而然掌握了戰爭的指揮權。

一〇九、在以色列，他們的士師和初期國王的主要任務似乎就是擔任戰時首領和軍隊統帥（征戰中，他們身先士卒，歸來時，他們同樣引領在前，這就說明了他們是軍隊統帥）。此外，耶弗他的故事也明確說明了這一點。亞捫人對以色列發動了戰爭，基列族害怕起來，於是派人去請耶弗他。耶弗他本是基列族的私生子，正是他們把他驅逐出去的。他們與耶弗他簽訂協約，如果他願意幫助他們抵抗亞捫人，他們就擁護他爲他們的統治者。《聖經》的原話是這樣說的：「百姓就立耶弗他做領袖、做元帥。」（《士師記》第十一章第十一節）這就等於是立他做士師。所以，《聖經》中又說他做以色列的士師。（《士師記》第十二章第七節）耶弗他做了他們的統帥，任職達六年之久。約坦的父親基甸曾擔任示劍人的士師和統治者，後來示劍人背棄了基甸，約坦責備示劍人說：「從前我父冒死爲你們爭戰，救了你們脫離米甸人的手。」（《士師記》第九章第十七節）《聖經》裡只是提到了基甸作爲軍隊統帥所做的事，並沒有其他方面的記載。的確，這就是在他的歷史或其他任何士師的歷史中所能看到的一切。儘管人們特意把亞比米勒特稱爲國王，但是他至多只是示劍人的統帥。撒母耳的兒子作惡多端，以色列的百姓對此深惡痛絕。他們希望建立一個國家，「使我們像列國一樣，有王治理我們，統領我們，爲我們爭戰。」（《撒母耳記上》第八章第二十節）。上帝答應了他們的請求，對撒母耳說：「明日這時候，我必使一個人從便雅憫地到你這裡來，你要膏他做我民以色列的君。他必救我民脫離非利士人的手；因我民的哀聲上達於我，我就眷顧他們。」（《撒母耳記上》第九章第十六節）似乎國王的唯一任務就是率領他們的軍隊，爲保衛他們的國民而戰。因此，當掃羅登位時，撒母耳把一瓶膏油倒在了掃羅頭上，對他說：「這不是耶和華膏你做他產業的君嗎？」（《撒母耳記上》第十章第一節）這表示上帝派掃羅做統帥，管理上帝的財產。因此，當以色列各族在米斯巴莊嚴推選掃羅爲他們的國王並向他致敬時，那些不同意立他爲王的人，也別無辦法，只能說出自己的疑惑：「這人怎能救我們呢？」（《撒母耳記上》第十章第二十七節）似乎他們是想說：「這個人不適合做我們的統帥，他既無謀略，又無才幹，無法保護我們免受外來侵害。」當上帝決心把統治權交給大衛時，有人對掃羅說：「現在你的王位必不長久。耶和華已經尋著一個合他心意的人，立他做百姓的君，因爲你沒有遵守耶和華所吩咐你的。」（《撒母耳記上》第十三章第十四節）似乎國王擁有的全部權力就是做臣民的統帥。那些仍舊忠於掃羅，反對大衛登基的人帶領以色列各族來到希伯崙，他們服從了大衛的統治，接受了這個現實，但是對他說，他們必須服從他的統治，因爲他現在是他們的王。他們說：「從前掃羅做我們王的時候，率領以色列人出入的是你；耶和華也曾應許你說：『你必牧養我的民以色列，作以色列的君。』」（《撒母耳記下》第五章第二節）。

一一〇、最初，國家是透過兩種方式發展起來的。其中一種方式是，一個家族逐漸發展成爲一個國家。父親的權威由家中的長子繼承，在他的權威下長大的孩子都默認了這種權威，並順從他的意志。這種權威使他的統治易於進行，同時這種平等的統治不會危害任何人的利益，因此每個人都默許了這種統治權。經過一段時間的發展，這種統治形式被確定下來，並以法律形式確定了這種世襲權利；另一種方式是，幾個家族或幾個家族的後裔因爲機遇巧合、居住地的靠近或生意上的來往逐漸聯合成了社會。不管是在哪種情況下，在戰時，他們都需要一位將軍統領他們反擊來敵，保衛家園。此外，在那個艱苦但高尚的年代裡，天眞和眞誠使人們彼此相互信任，相互依賴（那些最後能夠延續下來的政府在開始成立時都是這種情況）。因此，最初的創立者一般都把國家的統治權轉交給一個人，除了對事情的本質和建立政府的目的提出了要求之外，並沒對統治者提出任何明確的限制和約束。不管最初是什麼原因導致統治權被一個人獨攬，但是可以肯定的是，把統治權交由一個人掌握的最終目的是爲了保障公共財產和公眾的安全，而在國家成立之初，享有統治權的人都是爲了實現這一目的而行使統治權的。如果他不這樣做，這個新成立的社會就無法繼續存在下去。如果統治者不細心呵護這個新生的政府，那麼所有的政府形式都無法度過襁褓期，必定會面臨夭折的厄運，隨之一起消失的是國王和他的子民。

一一一、在那個黃金時代（在眞正的權力和榮譽被虛榮的野心、瘋狂的占有欲和歪風邪氣曲解之前），人們道德高尚，社會風氣良好，因而也就出現了稱職的統治者。在當時，不存在壓制人民的不斷擴張的特權，因而也就不存在爲了削弱或限制行政長官的權力而引發的爭端，從而統治者和人民就不會在統治權或政府問題方面發生分歧。但是隨著時間發展，在不斷膨脹的野心和奢侈享樂的驅使下，統治者希望繼續保持並不斷擴大自己的權力，而不再去履行自己的職責。此外，一些不法之徒的巴結奉承，使統治者認爲自己享有不同於人民的利益。在這種情況下，人們發現有必要認眞審視賦予政府的起源以及統治者享有的權利，同時設法恰當限制統治者專橫、任意妄爲的權力。人們在最初把權力全權委託給一個人，原本是爲了讓他來保護自己的利益，並爲大家謀福利，但是現在發現，這個人利用人們賦予他的權力反過來損害大家的利益。

一一二、因此，生來自由的人們可以聽憑自己意志，透過本人同意，聽從父親的統治，或者是不同的家族聯合起來成立一個政府，他們一般把統治權交給一個人，並自願接受他的管理。這是完全有可能的。他們認爲，既然把權力交到了誠實、謹愼的人手中，那麼他們就沒有必要規定明確的條件來限制他的權力。直到近代神學提出「君權神授」之前，他們從來沒聽說過君主專制就是君權神授這一說法。他們也不允許父權享有統治權或者是成爲進行統治的基礎。因此，只要我們查閱歷史，就可從中找到線索，我們也就有足夠的證據證明：所有政府的和平開端都是在取得了人們的同意之後建立起來的。我之所以說是「和平的開端」完全是因爲我在下文將談到征服，而有些人認爲征服是創立政府的一個途徑。

一一三、關於政府起源，我發現還存在著另一種反對意見，即：「人們生來就處在某個政府的統治之下，任何人都不可能擁有聯合起來成立新政府的自由，也不能隨意成立政府，或者說是不能成立一個合法的政府。」

如果這個論點正確，那麼我就要問，爲什麼世界上會出現那麼多合法政府呢？如果有人能根據這個假說向我證明，一個人在這個世界的任何時代都可以自由創建一個合法君主政體，那麼，我將不得不對他指出十個自由人自由聯合起來創建一個君主政體或其他形式的新政府。這表明，如果一個生來就受別人統治的人有權利建立一種新的政權，並擁有對別人的統治權，那麼生來就受別人統治的人，也同樣可以成爲另外一種政府的統治者或被統治者。因此，根據他們自己的原則得知，要麼不管人們出身如何，他們都是自由的，要麼世界上只存在一個合法君主，只有一個合法政府。他們只要能向我們解釋其中哪一個是正確的就可以了。在他們對此做出解釋後，我相信全人類會毫不猶疑地臣服於他，聽從他的領導和指揮。

一一四、雖然上文的論述足以反駁他們的反對論點，同時也證明這個觀點使他們自己也陷入了難以自圓其說的境地，但是我仍然需要進一步、更透澈地揭示這一觀點的不足之處。

他們說：「所有人生來就處於某個政府的統治之下，因此他們不能自由建立一個新政府。每個人生來就是父親或者國王的臣民，因此，人們必須永遠聽從父親或者國王的統治，受到他們規定的一系列限制的束縛。」但是，很明顯，人們從來沒有想過也沒有承認過，自己從出生之日起就從屬於另一個人，而且是在沒有徵求自己同意的前提下，就使自己永遠受制於這個人或者是這個人的子嗣。

一一五、因為，不論是在宗教歷史中還是在世俗歷史中，都不乏此類例子，即，人們從出生時就受到的管轄中擺脫出來，不再接受養育他們的家庭或是社會的管制，轉而在另外一個地方創立一個新的政府。透過這種方式，在人類歷史初期出現了眾多小國。只要有足夠的發展空間，小國就會不斷出現，直到出現更強大、更富有的國家，這些強大的國家吞併了那些弱小的國家，而這個強大的國家又會分裂成無數的小國，強大、統一的統治權也隨之分裂，為不同小國的國王擁有。所有這些都是推翻父親統治權很好的例證，它們明確證明了這一點，即並不是由世代傳襲的父權構成了最初的政府。根據這種論點，如果人們沒有從家庭和政府的統治中脫離出來，並根據自己的意願建立不同的國家或者是政府，那麼世界上就不會出現那麼多小國，而是只能有一個統一的統治全世界的君主國。

一一六、這就是這個世界從古至今所經歷的路程。現在人們生來就處在很久之前建立起來的國家中，雖然這個國家已經建立了完備的法律，也確定了政府形式，但是與那些生活在森林中，過著無拘無束生活的人們相比，人類的自由並沒有受到多大程度的限制。有些人試圖說服我們相信這一觀點，即我們生來就處在任一政府的統治之下，因此我們也就自然而然接受了它的統治，從而也就沒有權利或藉口享有自然狀態中的一切自由。但是這些人無法提出其他理由作爲論據（除了我們已經回答過的關於父權的理由之外），而僅僅是因爲我們的父親或我們的祖先放棄了屬於他們的天賦自由，從而使他們自己以及他們的後代子孫永遠生活在他們臣服的政府統治之下。不管人們自己做出了什麼樣的承諾，他都有義務去實現，但是他卻不能透過契約來約束自己的子女或後裔。這是因爲，當兒子長大成人後，他享有和父親同樣的權利，父親的任何行爲都不能剝奪兒子享有的自由，正如父親不能剝奪其他人自由一樣。他確實可以把某些條件附加在他作爲一國的臣民而擁有的土地上，如果兒子希望繼承父親的財產，那麼父親的附加條件就可以使他成爲這一國的臣民，因爲這些財產是父親的，因而父親可以自由處置他的財產。

一一七、這通常會使人們對這個問題產生誤解。因爲國家不允許自己領土的任何一部分被分離出去，也不允許國家之外的任何人占有，因此一般只有兒子具備了父親所具有的條件時，即成爲那個社會的一員，才能繼承父親的財產。因此，與社會的其他成員一樣，他也使自己處於這個已確立的社會統治之下。因此，自從出生之日起就受制於政府的自由人，是在他們長大成人後，經過自己的同意而使自己成爲這個社會的成員，而這種同意的表達是在他們各自到了成年期時自己單獨表達的，而不是大家一起表達的。因此，人們沒有注意到這一點，一直以爲人們根本沒有表達過這種同意，或者認爲根本沒有表達的必要。他們因而斷言，他們生來就自然是這個社會的臣民，正如人們生來就是人一樣。

一一八、但是，很明顯，政府本身並不是這樣理解這個問題的。政府並不會因爲對父親擁有權力就宣布對他的兒子擁有同樣的權力，也不會因爲父親是它的臣民就把他的子女也視爲它的臣民。如果一對英國夫婦在法國生了一個孩子，那麼這個孩子屬於哪國的臣民呢，是英國還是法國？首先，他不是英王的臣民，因爲他必須離開法國，並得到許可才能獲得作爲英國國民的權利。他也不是法王的臣民，如果他是法王的臣民，那麼他英國的父親怎麼可以隨便把他帶離法國並隨自己的意願教養他呢？無論是誰，如果他離開了法國或者是和法國作戰，那麼我們能僅僅因爲他的父母把他生在法國就認爲他背叛了法國嗎？很明顯，無論是根據政府本身的實踐還是根據正當的理性法則，一個孩子並非生來就是某個政府或國家的臣民。在他成年之前，他必須由父親供養，並接受父親的管教。成年之後，他就是自由人了，他可以自由地選擇自己喜歡的國家，加入自己喜歡的政府。因爲，如果一個英國人的兒子出生在法國，他同樣享有這樣的自由，同樣可以選擇自己喜歡的國家和政府，那麼很明顯，他的父親是英國人這一點並不會對他產生限制，他也不會受到祖先所訂立的契約約束。那麼，根據同樣的理由，不管他的兒子出生在什麼地方，爲什麼不能享有同樣的自由呢？因爲，不管他的子女出生在什麼地方，父親對子女擁有的權力卻是一樣的，父子之間的自然義務關係不受任何王國或國家的限制。

一一九、如上所述，人生來就是自由的，除非是他本人同意加入某個國家或政府，否則任何事情都無法使他受制於世俗權力。那麼，我們應該考慮一下，什麼形式的法律表達才算是他同意接受一個政府的管制和約束的充分表達。這通常有明確同意和默認之分，這與我們現在討論的問題有關。只有明確表示同意加入一個社會，才能使這個人成爲這個社會的成員或是這個政府的臣民，這是不容置疑的。困難在於應該把人們的哪些行爲看作是默認同意以及這種默認能對他產生多大的約束力，也就是說，當人們根本沒有明確表示同意加入一個社會時，他的什麼行爲可以使人們認爲他已經同意加入社會，並受制於政府。對於這個問題，我可以這樣回答，只要他占有或者是享用了政府的任何一部分領地，他就表示了默認，在占有或享用期間，他就必須和這個國家的其他人一樣服從這個政府的法律規定，不管他是永遠占有屬於他和他子孫的土地，還是只是臨時占有一星期的住所，又或者只是在這個國家的公路上自由旅行。實際上，只要他踏進這個國家的領地範圍，他就默認了對這個國家的臣服。

一二〇、爲了更好地理解這一點，我們不妨認爲每個人在最初加入一個國家時，他透過加入國家的行爲把自己已有的或者是即將獲得的不屬於其他政府的財產併入了這個國家。人們爲了保障和管理自己的財產而和其他人一起加入了社會，這個社會的法律保障可以保障他們的財產安全，因此土地所有權應該由國家法律規定，但是他們卻認爲自己作爲土地的主人可以不受這個政府的管轄，無疑這是自相矛盾的。不管是誰，只要他在擁有自然自由時加入一個國家，他就透過這一行爲把自己是自由之身時擁有的財產帶進了這個國家。只要這個國家繼續存在，那麼無論是他還是他的財產都要受制於這個國家的統治和支配。因此，此後無論是誰，只要他透過繼承、購買、許可，或者是其他方式享有這個國家並受其政府管轄的任何一部分土地，都必須在接受支配那塊土地的條件之後才能享有對那塊土地的占有權，也就是像那個國家的所有臣民一樣，服從對那塊土地享有管轄權的政府統治。

一二一、但是，既然政府只對這塊土地擁有直接管轄權，而且只是在土地的所有者（在他自己實際加入這個社會以前）居住在這塊土地上並享用它的時候，這種管轄權才會涉及他本人。那麼享用了土地的人就必須承擔服從政府的義務，而這種義務就隨著這種享用權的開始而開始，並隨之結束而結束。因此，那些只透過預設方式獲得土地所有權的人透過贈與、出售或者是其他方式放棄土地時，他們又重新獲得了自由，可以自由加入任何其他國家，或者是他們和其他人達成協議找到一個尚未被人占領的地方建立一個新國家。

但是一旦一個人以實際協議或者是明確聲明表明自己同意加入一個國家，他就必須永遠屬於這個國家，永遠聽命於這個政府的統治，再也不可能回到自然狀態中，享有自然狀態的自由，除非他從屬的這個政府因爲自然災害而解體，或者因爲他的某種公共行爲使他不能繼續成爲這個國家的成員。

一二二、但是僅僅是服從一個國家的法律規定，在法律規定的範圍內平靜地生活，並享受應有的權利和保護，這不足以使這個人成爲那個社會的成員。這只是未陷入戰爭狀態的人們來到其他任何政府管轄的領地內時，應該得到的地方保護和他們對該政府應盡的義務。不過，這並不會使他成爲那個國家的臣民，雖然在他繼續生活在那個國家時，他必須遵守那個國家的法律並服從當地政府的一系列規定。這就好比當一個人暫居在另一個人家中時，他應該遵守這家人的生活習慣，但是這並不能使他從屬於這家人。所以我們得知，那些終身生活在另一個國家並享受這個國家提供的便利和權利的外國人，儘管他們不得不或者是說他們從良知上認爲自己應該和這個國家的公民一樣服從政府的管理，但是他們並不能就此成爲這個國家的臣民，除非他們透過正式約定或者是明確的承諾或契約，實際加入這個國家，才可以成爲這個國家的正式臣民。否則，其他方式都不能使他成爲那個國家的一員。關於政治社會的起源，以及能夠使一個人成爲國家一員的同意，上述內容就是我所持的觀點。

第九章　論政治社會和政府的目的

一二三、如果自然狀態中的人如前文所說的那樣自由，如果他是自己和自己占有財產的絕對主人，與最尊貴的人享有同樣的平等，不必服從任何人的統治，他爲什麼要放棄自己的自由呢？爲什麼願意放棄這片樂土，甘願接受任何其他權力的支配和控制呢？對於這個問題，顯然可以這樣回答：雖然在自然狀態中，他享有這種權利，但是這種享有是很不穩定的，時常受到他人的侵犯。因爲在這種狀態之下，其他人和他一樣都享有完全的自由，都是國王，不聽命於任何人，人人都是平等的，而大部分人又不嚴格遵守公平和正義，人們在這種狀態下享有的財產並無安全可言，也談不上保障。這就使他願意放棄這種自由但卻充滿了恐懼和危險的狀態。因此，他們放棄這種狀態，另尋出路，自願和已經聯合起來的或者是有意聯合起來的其他人一起加入一個社會，以保護他們的生命、自由和地產安全，也就是一般意義所指的財產安全。

一二四、因此，人們聯合起來成立國家並接受政府統治的重要目的是保護他們的財產。在保護財產方面，自然狀態存在著很多缺陷。

第一，在自然狀態中不存在一種既定的、穩定的、眾所周知的法律。而這種法律是經過大家一致同意，把它作爲判斷人與人之間是非曲直的標準，以及裁判人們之間產生糾紛的共同尺度。對於一切有理性的動物而言，雖然自然法是淺顯易懂的，但是人們因爲各自的利害關係而對自然法存有偏見，也由於他們對自然法缺乏研究而知之不多，以致於他們再把自然法應用到各自的案例中時，不願承認自然法是一種具有約束力的法律。

一二五、第二，在自然狀態中缺少一位有名的、公正的裁斷者，這位裁斷者有權根據既定的法律來裁判一切爭執。因爲在自然狀態中，每個人都是自然法的裁斷者和執行者，而人們又難免會偏袒自己，因此欲望和報仇會使他們偏離法律的規定。人們可能對自己的事情過分關心，同時由於疏忽和冷漠，又使得他們對別人的事漠不關心。

一二六、第三，在自然狀態中往往缺少權力來支持正確的判決，使之無法實施。凡是受到不公平待遇，遭受侵害的人，只要他們有能力，必定會使用武力來補救。此時，受到懲罰的人往往不會束手待斃，他們的反抗又會使這些試圖懲罰他人的人再次受到傷害。

一二七、因此，儘管生活在自然狀態中的人們能夠享有種種權利，但是他們的生活條件十分惡劣，這迫使他們加入社會。因此，我們很少看到有多少人長期共同生活在自然狀態中。在自然狀態中，每個人都擁有懲罰別人侵權行爲的權利，但是並沒有相關組織或者是相關規定來規範這種權利的行使，因此這種權利的行使給其他人造成了一定的危害，這就促使他們依靠政府制定的法律，希望法律能保護他們的財產。正是這種情況促使他們自願放棄各自擁有的懲罰權，把這種權利交由他們中的一人全權行使。但是，大家指定的這個人必須按照社會規則或者是按照授予他們權利的那些人一致同意的規則來行使。這就是立法和行政權的最初權利和起源，也是政府和社會本身的最初權利和起源。

一二八、在自然狀態中，一個人除了擁有享受天眞快樂的權力之外，他還擁有兩種權力。

第一種權力是，在自然法允許的範圍內，爲了保護自己和他人，可以做他認爲合適的任何事情。根據適用於所有人的自然法，他和其餘的人都是一個共同體之內的人，他們共同組成了一個有別於其他一切生物的社會。如果不是由於一些人的腐敗、罪惡和墮落，人們根本就沒有必要脫離這個偉大的自然社群（community），沒有必要根據明確的契約去結成較小並相互獨立的共同體。

人們在自然狀態中擁有的另外一種權力是，懲罰觸犯自然法的行爲。當他加入一個私人的（如果我可以這樣稱呼的話）或特定的政治社會，結成一個區別於其他人類的國家時，他就放棄了這兩種權力。

一二九、他放棄了第一種權力，也就是說，爲了保護自己和他人能做自己認爲適當的事情的權力，他把這種權力交給了政治社會，由這個社會制定法律，保護他自己和其他人的權力。這個社會的法律在很多方面限制了他在自然法狀態中享有的自由。

一三〇、第二，他完全放棄了處罰犯罪的權力，把這種權力悉數交給了政治社會，並且按照社會的法律需要，運用他的自然力量來協助政治社會行使執行權。因爲現在他已經處於一種全新的狀態之中了，在這種狀態中，他既可以透過別人的勞動、幫助和交往享受到諸多便利，又可以得到整個社會的保護。因此他在保護自己的同時，應該根據社會福利、繁榮和安全的需要，放棄自己擁有的一些自然自由。這樣做不僅是必須的，而且是公平的，因爲社會的其他成員也會這樣做。

一三一、但是，儘管人們在加入社會時放棄了自己在自然狀態中擁有的平等、自由和執行權，把這些權力交給了社會，由立法機關根據社會福利的需要處理。但是這一切都只是爲了更好地保護自己的人身、自由和財產（任何有理性的動物都不是爲了使自己生活得比以前更糟糕才改變現有狀態的）。因此，政治社會享有的權力或者是由他們組成的立法機關的權力，絕不能超出公共福利（common good）需要的範圍，防止出現自然狀態中存在的三種缺點，以更好地保護每個人的財產。無論是誰掌握了國家的立法權或者是最高權力，他都應該根據確定的、公布過的、眾所周知的、長期有效的法律而不是以臨時的命令進行統治，由公正無私的法官根據這些法律來解決糾紛。只有在對內執行這些法律，對外防止外敵侵害或者索取賠償以及保護社會免受外來侵犯和破壞時，才能運用社會力量。而所有這些都只是爲了使人們能夠在和平和安全的環境中生活並保護他們的共善（public good）不受外人侵犯。

第十章　論國家的形式

一三二、如前所述，當人們開始聯合成爲社會時，社會的全部權力也就自然而然落在了大多數人手中。他們可以在需要時制定管理社會的法律，這些法律將由他們指定的官員實施。由此，我們得知這種政府形式是完美的民主。雖然絕大多數人掌握著權力，但是他們通常把這種制定法律的權力，交由他們精選出來的一些人和這些人的後嗣或是繼承人掌管，這種形式就是寡頭政體；如果他們把這種權力全部交給一個人，那麼這種政府形式就是君主政體；如果他們把這種權力交給一個人和這個人的繼承人，那麼這種政府形式就是世襲君主制；如果他們只允許這個人在有生之年擁有這種權力，在他死後，選任繼承人的權力重新由大多數人掌握，那麼這種政府形式就是選任君主制。因此，掌權的絕大多數人可以參照這些政府形式，建立自己滿意的複合或者是混合式的政府。如果絕大多數人在開始時把立法權交給一個人或者是幾個人，但是只允許他們在有生之年或者是在某一特定時間內享有這種權力，此後再把這種權力收回，重新制定他們滿意的代理人，這樣一種新的政府形式問世了。總之，政府形式取決於最高權力的擁有者，也就是誰擁有立法權。由下級權力來指揮上級，或者是除了最高權力外，其他人也可以制定法律，這些都是無法想像的，因此制定法律的最高權力就決定了政府採用的是哪種形式。

一三三、我在本書中提到的國家一詞指的是拉丁人用「civitas」一詞所表示的獨立國家，而不是民主政體或任何政府形式。在我們的語言中，與「civitas」一詞最相近的詞是「commonwealth」。這個詞最貼切地表達了這是一種什麼樣的社會。英語中的「community」和「city」這兩個詞都沒有貼切表達出國家的這種內在含義。「community」是共同體之意，而在一個政府之下可能存在若干共同體；「city」一詞的意思與「commonwealth」的含義更是相差千里。因此爲了避免引起歧義，我懇求大家允許我在這種意義上使用「commonwealth」一詞。詹姆士一世曾經使用過這個詞來表達這種含義，我認爲這才是這個詞的眞正含義。如果有人不喜歡這個詞，如果他能找到一個比這個詞更合適的詞，我舉雙手贊同。

第十一章　論立法權的範圍

一三四、人們加入社會的最終目的是和平、安全地享用自己的財產，而實現這一點的重要工具和主要方式是這個社會制定的法律。因此，所有國家最初的、最基本的實體法都是關於確立立法權的。這正如最初、最基本的可以支配立法權的自然法，它的目的是保護社會（在與共善一致的範圍內）以及這個社會內的每一位成員。立法權是國家的最高權力，一旦國家把這種權力交給某個人，它就是神聖不可侵犯的，同時也是不可改變的。如果得不到公共選舉和委派的立法機關的批准，任何人的任何命令，無論是以何種形式出現，也不管是以什麼權力爲後盾，都不具有法律效力和強制性。因爲如果不存在這種最高權力，法律就不能稱之爲法律，因爲它不具備成爲法律所必需具備的條件，也就是社會大眾的同意。如果得不到公眾的同意或者是公眾的授權，任何人都無權爲這個社會制定法律。所有人都必須無條件服從法律規定，這完全依賴最高權力的權威。不管人們對任何外國勢力或者是任何國內的下級機關做出了什麼樣的服從承諾，他都必須無條件地服從本國立法機關所制定的法律規定。假設存在這種情況，即最終可以強迫一個人服從社會中並非最高權力的權力，這是十分荒謬的。

一三五、不管是把立法權交由一個人還是多個人掌管，不管這些人是長期擁有還是短期擁有，都不能改變它是每個國家裡的最高權力的現實。

第一，立法權也是存在一定許可權的，它不能絕對地、任意支配人們的生命和財產。因爲立法權是社會所有成員放棄了屬於自己的那一部分權力，把它交給他們指定的一個人或者一個機構（議會）的權力集合，因此這個立法權不能超過人們未加入社會之前在自然狀態中擁有的，和加入社會後他們交給社會的全部權力。因爲任何人都不能把不屬於自己的權力，把多於自己擁有的那部分權力轉讓給別人。此外，不管是對自己，還是對別人，任何人都不享有絕對、專斷的權力，他無權毀滅自己的生命，更沒有權力奪取別人的生命和財產。我們在前面已經證明了這一點，即一個人不會使自己處於另一個人的絕對權力的統治之下。在自然狀態中，一個人無權支配另外一個人的生命、自由和財產，他們只享有自然法賦予的保護自己和其他人的權力，這種權力正是他在加入社會時交給國家的全部權力，國家轉而把這種權力交給了立法機關，因此立法機關擁有的權力必須在社會共善的限度之內。這種權力的唯一目的就是保護人們，因此立法權不能毀壞人們，不能奴役他們的子民，更不能有目的地使人們陷於貧困的境地。自然法賦予的義務並不會隨著社會的產生而消失，相反，這種義務在很多場合下表達得非常清楚，並規定了懲罰措施來督促人們遵守。因此，自然法永遠都不會失效，不管是立法者還是其他人都必須永遠遵守自然法規則。立法者規定的行爲規範必須符合自然法規則，立法者也不例外，他們的行爲也必須在自然法允許的範圍內，也就是符合上帝的意志。自然法的最根本原則就是保護全人類，因此那些違反此一根本自然法則的人爲制裁措施永遠都不可能是正確的，在法律上也不可能具有效力。

一三六、第二，立法機構或最高權力機構不得頒布隨意的、臨時性的專斷決定，不能憑此進行壟斷統治，而必須根據頒布的長期有效的法律，由指定的、公認的裁判者執行。因爲自然法並不是成文規定，它只存在於人們的潛意識之中，因此如果不存在既定的裁判者，那麼即使人們由於一時衝動或者是受到利益驅使誤入歧途，錯誤引用或者是運用法律，他們自己也意識不到自己所犯的錯誤。如此一來，自然法便形同虛設，無法發揮任何作用，也無法賦予生活在這種狀態之中的人們任何權力，更無法保障他們擁有的財產。如果每個人都根據自己的意志行事，都有權評斷自己的行爲，那麼在這種情況下，人們都沒有安全可言，這樣只會導致人人自危。此外，如果雙方發生爭執，正義的一方只能憑藉自己的力量保護自己，懲罰犯罪者，而無法借助於社會的力量。

一三七、絕對專斷的權力以及不根據確定的、長期有效的法律進行統治的做法，都是與建立社會和成立政府的最終目的格格不入的。人們放棄自己在自然狀態中擁有的自由，和其他人聯合起來，處於政府的統治之下，其最終目的就是爲了保護他們的生命、自由和財產，並根據既定的有效規則來確保他們的和平與安靜的生活。如果他們有權力那樣做，我們也無法想像，他會故意把自己享有的人身和財產方面的絕對支配權交給一個人或多個人，並給予行政長官無限的統治自己的權力。如果情況確實如此，那麼這些人親手使自己處於水深火熱之中，使自己的生活狀態甚至無法與在自然狀態中自己的生活情形相比。因爲在自然狀態中，人們還擁有保護自己免受不正當待遇的權力，不管對他施加這種不公正待遇的是一個人還是多個人，他都可以奮起反抗。但是，如果他把權力交給了任意妄爲、獨斷專行的立法者手中，他就失去了安身立命的依靠，把自己置於別人的案板之下，任人宰割。由此可見，一個能夠統帥十萬人的人擁有的實際權力遠遠大於十萬人各自擁有的權力之和，因此這個人若把自己置於此人的統治之下，其悲慘狀況可想而知。誰能保證此人不會做出有害於人民大眾的事來，誰也無法保證這一點。所以不管政府處於何種形式，統治階級都必須根據宣布的、大眾接受的法律，而不是臨時性的指令和未確定的決議進行統治。因爲如果他們透過武力強迫一個或幾個人服從他們一時興起制定的不合法的、不受任何約束的法令，就不存在制約他們的行爲的相應措施，那麼人們將生活在水深火熱中，他們的生活狀態將遠遠落後於自然狀態中的人們的生活水準。政府掌握全部權力的唯一目的就是爲社會謀福利，因此他們不能根據專斷的、任意的法令管理社會，必須根據確定的、正式頒布的法令來治理社會，使人們明白自己的職責所在，這樣才能在法律允許的範圍內安全、安心的生活。這同樣使統治者在法律規定的範圍內進行統治，而不會受到他們掌握的權力的誘惑，肆意妄爲。

一三八、第三，在未取得本人同意的前提下，即使是最高權力也不能剝奪任何一個人擁有的財產的任何一部分。因爲人們放棄自己的權力，加入社會的最終目的是爲了保護自己的利益不受他人侵犯。這就必然要求他們在加入社會之前是具有自己的財產的，如果他們失去了這些財產，就只能認爲他們是在加入社會後失去的，但是他們加入社會的目的是要保護自己的財產權的。可見，上述結論過於荒謬，人們是不會認同的。因此，人們在社會中是享有財產權的，根據國家的法律，他們對自己的財物是享有所有權的，因此如果未經本人同意，任何人都無法占有屬於他的財產，或者是占有他的任何一部分財產。如果有人可以未經我的同意，擅自拿走屬於我的東西，我就無財產權可言。因此，那些認爲國家的最高權力機關或立法機關，可以任意妄爲、隨心所欲地處理人們的財產，或者占有其中任何一部分財產的想法是錯誤的。如果政府擁有的全部立法權或部分立法權由議會掌握，同時議會由定期改選的議員組成，在議會期滿解散時，其成員與其他人一樣必須遵守這個國家的法律規定，這樣我們就不必擔心會發生上述情況了。但是，如果掌握立法權的議會一經建立就不再改變，或者是立法權集中在一個人手中，正如在君主專制政體中，那麼這些掌握立法權的人勢必會認爲自己與其他人不一樣，可以享受更多的權力，可以任意占有別人的財富，以增加自己的財富，擴大自己的權力，如果情況是這樣的話，那麼危險依然存在。如果處於統治地位的人可以任意占有別人的財產，那麼即使存在約束人民的行爲，限制各自的財產範圍的法律存在，人們的財產權仍然有受到外人侵犯的可能。

一三九、上文已經說明，不管社會把立法權委託給誰掌管，他都必須滿足一點，那就是人們在他統治的這個社會中能夠確保自己的財產安全，完全享有自己的財產權。同時這也是所有社會形式的最終目的。雖然君主或議會有權力制定法律，用來約束規範人們享有的財產權，但是如果得不到公民的同意，他們無法占有公民的全部或者其中一部分財產。如果那樣，人們實際上就是根本不享有任何財產權。某些特殊情況需要特殊處理，需要規定在這些情況中，某些人享有絕對權力，但是這種絕對權力的設置並不是任意的，同時這樣權力也不是專斷的，它仍然受到一系列限制，仍然需要保持在實現社會最終目的的範圍內。只要我們看看軍隊紀律的實施情況就能明白這一點。軍隊的目的或者說是軍隊的作用是保護國內每位公民的人身、財產安全，保護國家的安全。這就要求士兵必須絕對服從上級長官的命令，即使他的命令是極端危險的或者是極不合理的，如果不服從或者是質疑上級決定，都只能被處死。但是，我們還知道，在戰場上，一名軍官可以命令他的士兵朝著炮口的方向挺進，或者是獨自抵擋敵人的突破，雖然大家都知道他必死無疑，但是這名軍官無權要求士兵給他一便士。同樣，將軍有權處死臨陣脫逃的士兵或者是抵制執行危險命令的士兵，但是他卻不能利用自己掌握的生死大權，處置此士兵的財產或者是占有他的一部分財物。因爲爲了保護其他人的利益，這種盲目的服從是絕對必要的，但是這與處置此士兵的財產無關。

一四〇、毋庸置疑，如果沒有巨大的經費支持，政府就無法維持下去，因此受到政府保護的人們應該抽出自己的一部分財產來幫助維持政府。即使是人民應該這樣做，政府也應得到人民本人同意，或者是得到由人民選出的能夠代表絕大多數人意志的人的同意。如果任何人聲稱自己有權在不取得人民同意的情況下就可以向人民徵稅，那麼他的這種行爲就違反了基本的財產權法則，違背了成立政府的最終目的。如果別人可以隨意奪取屬於我的財產，那麼我還享有什麼財產權呢？

一四一、第四，立法機關不能把制定法律的權力移交給其他人。因爲這種權力是人民授予的，因此立法機關無權再把這種權力轉交給其他人。只有人民才能透過建立立法機關，指定行使立法權的人來決定國家形式。當人民表明自己願意服從規定並遵守他們授權的人制定的法律時，任何人都不能說其他人也有權制定法律。人們除了受自己授權的人制定的法律約束外，不受其他法律的制約。

一四二、這些就是社會給予立法機關的委託，以及上帝和自然法對於各種政體形式下的立法機關的權力所做的限制。這些限制主要涉及四點內容：

第一，立法機關和最高權力機關應該根據頒布的、確定的法律進行統治。不論貧富貴賤，在法律面前一律平等。此外，不會因爲特殊情況而破例。

第二，制定這些法律的目的除了人民的福祉，再沒有別的目的。

第三，未經人民本人或其代表同意，不得對其財產徵稅。這種情況可能只與這種政府形式有關，在這種政府裡，立法機關是固定不變的，或者至少是人民沒有爲他們定期選出的代表預留任何權力。

第四，立法機關不得把制定法律的權力移交給其他人。其權力範圍不得超出人民賦予的權力範圍。

第十二章　論國家的立法權、執行權和對外權

一四三、立法權指的是，有權指導如何部署國家力量來保障社會及其成員利益的權力。法律的制定是可以在短時間內完成的，並可以被繼續執行，並一直具有法律效力，因此立法機關也就沒有必要一直存在下去。如果同一批人既有制定法律的機會，又擁有執行這些自己制定法律的權力，那麼他們就很容易受到權力的誘惑，從而使自己在制定和執行法律時，考慮如何使自己免受法律的限制，並使自己具有與其他人不同的利益，這就違背了成立社會和政府的最初和最終目的。因此，在組織完善的社會中，立法機構應該考慮到全體人民的利益。立法權掌握在不同的人手中，他們按時定期開會，他們可以制定法律或者是和其他有權制定法律的人聯合制定，同時他們自己也受制於制定的法律。對他們而言，這種方式是一種新的和切身的束縛，它使這些制定法律的人意識到制定法律時必須從全體人民的利益出發。

一四四、因爲那些在短時間內一次性制定出來的法律具有長期有效性，所以也就需要相關人來執行和維護這些法律。因此也就需要一個常設機構來負責法律的執行，保持法律

效力。由此我們得知，立法權和執行權往往是分立的。

一四五、在所有國家中，除了立法權，還存在另一種權力，即自然權力，因爲這種權力是人們在加入社會之前，在自然狀態中擁有的一種權力。因爲在一個國家中，相對於每個人而言，他們仍然是單獨的、不同的個體，需要遵守社會法律。但是相對於其他人類而言，他們組成了一個整體，他們與其他的人類一樣都處於自然狀態之中。因此這個社會之內的任何成員和社會之外的人們之間產生的糾紛，是由公眾來解決的。如果社會內的任何一位成員受到了傷害，社會內的全體成員都應該幫助他獲得賠償。由此我們得知，就所有其他國家或這個社會之外的成員而言，整個社會仍然是生活在自然狀態中的一個整體。

一四六、這包括決定與還沒成立國家的所有人和共同體維持和平還是開戰，是否與他們結盟，是否與他們進行交易的權力。我們可以把這種權力稱爲對外權。因此，只要理解了事情的本質，至於用什麼名稱稱呼它倒是無關緊要的事。

一四七、儘管執行權和對外權是兩種截然不同的權力，可以把其中一種權力理解爲，對社會內部的其他成員執行國內法的權力，另一種權力是處理對外有關公共安全和公共利益等事宜的權力，其中包括一切可以得到的利益或者是受到損害的利益，但是這兩種權力的執行往往是相互交錯的。儘管這種對外權的執行情況將會對國家產生重大影響，但是與執行權相比，這種權力無法得到以前制定的、長期有效的實體法的指導，因此這種權力的執行只能憑藉掌權者的智慧和精心明辨，以爲公眾謀福利爲導向。因爲有關處理臣民（subjects）之間關係的法律是用來指導他們的行動的，可以提前制定。但是至於如何處理與外國人之間的糾紛，這在很大程度上取決於他們的行爲和意圖，這需要相關負責人憑藉自己的智慧和判斷以及技巧解決糾紛，爲國家謀利益。

一四八、正如我所說，雖然每個社會的執行權和對外權是兩種不同的權力，但是很難把它們區分開來，分別交給不同的人負責。因爲這兩種權力的實施都需要國家力量的支援，所以把這種權力交給不同的、無從屬關係的人去執行是行不通的。如果把執行權和對外權分別交給不同的人去執行，大眾就處於不同人的統治之下，這遲早會引起混亂並最終把這個國家帶向滅亡。

第十三章　論國家權力的從屬

一四九、建立在自身基礎上並根據自身性質成立的國家，其目的是保護全國人民的利益。在這個國家內只能存在一種最高權力，那就是立法權，而這個國家的其他權力都必須從屬於立法權。但是國家的立法權是一種為了達到某種目的而行使的受委託的權力。當人們發現立法機關的行為違背了人們的委託時，人民仍然可以行使最高權力來取消或者是更換立法機關。這是因為，既然人們是為了達到某種目的而把權力委託給某些人，那麼這些人必然受這一目的限制。當受託人的行為不利於實現這一目的時，人們有權收回這種權力，把權力重新委託給那些能夠更好地實現這一目的的人。因此，社會始終擁有這種最高權力，以保護自己免受其他任何人的攻擊和陷害，其中包括立法者，他們有時愚蠢、邪惡到想剝奪人們的自由，竊取人民的財產。因為任何人或者是任何人類社會，都無權把自我保護的任務和相關的保護手段，委託給一個崇尚並奉行絕對意志和絕對權力的人。不管什麼時候，如果有人想使人民處於這種統治狀況之下，那麼人們有權保護他們沒有權力放棄的東西，也有權清除那些違背了這個基本的、神聖的和不可更改的自保法則的人，人們正是因爲這一目的才加入社會的。因此，我們可以說，在這方面，社會總是享有最高權力，但是我們不能說，在所有政府形式下都是如此，因爲人民權力只有當政府解體時才會體現出來。

一五〇、在所有情況下，只要存在政府，立法權就是最高權力，因爲能夠制定法律約束其他人的人必定凌駕於這些人之上。此外，既然立法機關是整個社會的立法機關，那麼此機關就有權爲社會的各個組成部分以及社會的每個成員制定相關法律規定，規定人們的行爲規範，當人們違反法律時授予執行人員一定的權力執行法律規定，因此立法機關必須擁有最高權力，而社會的其他部分以及所有成員擁有的權力都源於並從屬於立法權。

一五一、在一些國家中，立法機關並不是常設機構，而執行權被委託給一個人，他同樣有權參與立法。在一定意義上而言，這個單獨的個體同樣可以被稱爲至高無上的人，這並不是因爲他擁有制定法律的權力，而是因爲他擁有至高無上的執行法律的權力，他規定各級下屬行政長官擁有的權力或者至少是各自擁有的絕大部分權力。他掌握著最高的立法權，沒有人凌駕於他之上，得不到他的同意，任何人都沒有權力制定法律，也不存在使他從屬於立法機關的任何部分的權力，因此在這個意義上而言，他是至高無上的。但是，我們必須注意一點，儘管效忠與服從是對他做出的，但並不是因爲他作爲立法者，而是對作爲與他人共同制定之法律的最高執行者的他效忠與服從。效忠只是依據法律的服從，倘若他違反了法律，他便沒有權力要求別人對他服從。他之所以有權力要求其他人服從法律規定，是因爲人們賦予了他這種權力，是人民的公僕，代表全體人民，因此他被看作國家的象徵、化身或者是國家的代表，根據國家的意志而非本人的意志行事。因此在執行法律時，他是不具有自己的意志和權力的，只是代表的法律本身的意志。但是，當他不再擔當社會大眾的代表時，當他以自己的意志代替公共意志時，他就降低了自己的身分，不再代表公共意志，此時社會大眾也就不再聽從於他，因爲社會大眾只服從公共意志。

一五二、如果不是把執行權授予同時參與立法的人而是授予其他人或其他機構，那麼很明顯，執行權隸屬於立法機關並對其負責。此外，立法機關還可以隨意變動或更換。因此，並不是行政權本身豁免於對立法權力的從屬，只有當擁有最高行政權的這個人，同時也分享立法權時，才是這種情況。如果掌握著執行權的人參與立法，那麼除了他參加和同意的立法機關外，他不從屬於其他任何立法機關，但是這種情況很少出現。對於一個國家內的其他行政性和從屬性的權力，我們就不再多談，因爲不同國家有自己不同的習慣和不同的組織，因此很難對它們進行詳盡、確切的描述。關於這些權力，我們在此只談論與本文目的有關的內容，也就是除了明文規定授予的以及委任的權威之外，不存在其他權威，而且它們都對國家的其他某種權力負責。

一五三、立法機關沒有必要長期存在，而且如果它長期存在也會爲社會帶來一些不必要的麻煩，但是執行權就不大一樣了，它必須長期存在，因爲沒有必要不斷地制定新法律，但是有必要長期執行這些制定的法律。當立法機關把執行他們制定的法律的權力交給一些人之後，如果他們發現這些人沒有正確執行，或者是做出了違反法律規定的事，那麼立法機關有權把這些權力收回，並懲罰違法行爲。對外權也是如此，它同樣隸屬於立法權。對外權和執行權都從屬於立法權，而立法權是一個國家的最高權力。在這種情況下，我們認爲立法權由幾個人組成（因爲如果只由一個人組成，這個機構就必須長期存在，那麼它作爲最高權力機構就自然而然地擁有立法權和最高執行權），他們根據最初規定的時間，或者是他們休會時指定的時間，或者他們認爲合適的時間召開會議，行使他們擁有的立法權。因爲人民授予了他們最高權力，因此他們就可以在認爲合適的時候行使這些權力，除非他們根據最初制定的憲法規定，只能在某一特定時期或者是根據他們的最高權力的一項規則決定休會，然後當到了一定時間後才有權利再次召開會議，行使權力。

一五四、如果立法權或者是它的任何組成部分是由人民選舉出來的代表組成，並且規定了他們的任期，那麼在任期結束後，這些代表重新恢復普通公民身分，未經再次選舉就不再擁有立法權。這種立法權必須在人民指定的特定時間內，或者是當召集人民召開時才可以行使。在後一種情況中，召集立法機關開會的權力通常由執行機關執行，在時間上主要受到以下兩項限制：第一種限制是，最初制定的憲法規定立法機關每隔一定時間就集會和行使權力，由行政機構發出執行權，要求根據規定的形式進行選舉和集會；另一種限制是，當公眾要求對舊法律進行修改或者制定新法律，或者當有必要重新修改或者制定措施以預防出現對人們的生活造成不利影響的方面時，由執行機構負責人根據自己的審慎明辨能力，決定召開人民開會進行新的選舉。

一五五、或許有人會提出這樣的問題，如果執行權掌握著國家力量，而當最初制定的憲法或者是公眾要求立法機關召開會議或者是行使職權時，執行機關卻利用自己掌握的權力妨礙會議的召開和職權的行使，這時會出現什麼情況呢？對於這個問題，我可以這樣回答，即當受委託人違反了人民的意志，做出了違法亂紀的事情時，人民有權收回權力，重新成立立法機關，行使職權。因為人們設立立法機關的目的，是讓此機關在設定的特定時間或者是在需要的時候行使制定法律的權力。當立法機關受到武力阻礙，無法行使必需的，關係到人民的生命、財產安全的權力時，人民有權透過武力取消相關人的權力。在一切情況和條件下，對於濫用職權現象的最有效的糾正方法就是透過武力還擊。如果有人在得不到授權的情況下濫用職權，這就使此人處於戰爭狀態之中。這樣，他就變成了侵犯人民利益的侵略者，因而人民有必要透過對付侵略者的方法來對待他。

一五六、執行機關有權召開和解散立法機關，但是這並不能使執行機關凌駕於立法機關之上。這只是因為人們之間的事情紛繁複雜，從而無法使用一成不變的規則來保障人民的生命財產安全，而只能授予一個機關來執行這種權力。因爲政府的初建者不可能具備如此深遠的預見力，不可能預見到未來發生的每件事，從而也就無法爲應該在什麼時間召開會議，以及會議間隔應該是多長時間做出規定。因此，對於這種內在的缺陷，最好的補救辦法，就是把這種權力委託給一個人全權負責，這個人將長期負責此事，以人民的福利爲己任，根據自己的判斷能力做出決定。頻繁召開的立法機關會議以及毫不必要的漫長會期，不僅對人民是一種沉重的負擔，還對這個社會帶來了危險。但是事情的急劇變化又可能使人們需要他們的這種說明。延期召開立法機關會議可能會給公眾帶來一系列危害。有時他們的任務是相當艱鉅的，因而短時間的會議無法解決全部問題，結果使公眾失去了本該憑藉他們的決策能夠得到的福利。那麼在這種情況下，除了把立法權委託給長期在職的並熟悉國家事務的人們，讓他們根據自己的判斷做出決定，並利用這種特權爲公眾謀福利之外，還有什麼辦法可以避免在立法機關休會期間，人們時刻可能遭受到的各種危險呢？如果不把這種權力授給爲實現同一目的而執行法律的人，那還能把這種權力授給誰？因此，假如最初的憲法並沒有規定立法機關召開會議的時間和開會期限，那麼這自然將會是執行機關的工作，他們有權決定此事，但是這並不是一種任意的專斷權力，這是人民賦予執行機構的一種權力，他們必須根據時局的變化，本著爲公眾謀福利的目的應用這一權力。不管立法機關的會議是按照事先規定好的時間召開，還是由君主隨時決定召集，又或者是依據具體情況參考以上兩種方式，我並不想對此展開討論。我只是想說明一點，即儘管執行權有召開和解散立法機關會議的權力，但是這並不能使它凌駕於立法機關之上。

一五七、世間萬物，不斷變化，任何事物都不可能長期不變地處於同一種狀態。因此人民、財富、貿易、權力都是處在不斷的變化之中的。繁榮強盛的大都市可能會慢慢衰落，成爲廢墟，而被人遺忘的、人跡罕至的地方，卻有可能發展成爲人口眾多的富庶之地。然而，事情的發展變化並不總是公平合理的，某些習俗和特權早已失去了繼續存在的理由，但是由於某些人的個人利益作祟而被保留了下來。因此，我們看到在一些政府中，立法機關的一部分是由人民選舉出來的代表組成，但是隨著時間的發展，這種代表選舉制與最初的規定漸行漸遠，失去了最初的公正，與最初規定的代表分配理由已經不相符合。一些城市早已成爲了廢墟，徒有虛名，零落地分布著幾個羊圈，僅有的居民就是守護羊群的寥寥可數的牧羊人。在這種情況下，依據古老的規定，這個荒廢的城市將和繁榮富強的城市一樣選送同樣多的代表參加議會。這時我們就不難明白，沿襲早已失去了存在理由的習俗規定是多麼的荒謬。外國人對此感到非常吃驚，國內的人一直認爲必須採取措施改變這種現狀。大多數人認爲很難找到適當的糾正措施，因爲立法機關的組織章程是國家最初的也是最高的權力，是所有實體法產生的根據，它完全取決於人民的意志，任何低於它的權力都無權改變這一權力。因此，正如我們前面所講的，立法機關一旦成立，只要政府繼續存在，那麼生活在這個政府統治之下的人民就沒有權力隨意採取行動，而人們認爲這種缺陷是無法補救的。

一五八、人民的福利是最高法律（Salus populi suprema lexs），毋庸置疑，這是最公正、最根本的準則，只要認眞遵守，就不會犯重大錯誤。因此，如果執行機關有權召集立法機關開會，根據實際情況而不是固有的選舉形式，根據眞正的選舉理由而不是固有的習俗來規定各地應該實際選送的代表人數，人數的確定取決於對社會的貢獻，而並非任意組合在一起的人們就有權去參加會議。我們不能就此認爲是建立了一個新的立法機關，這只不過是恢復了原有的、眞正的立法機關，它糾正了隨著時間的發展而出現的一些不正常現象。因爲維護公平、平等的代表選舉制是人民的利益所在，同時也是人民所期望的。不管是誰，只要他能使這一制度的實施更接近這一目的，那麼他就是政府的眞正朋友和創建者，無疑將會得到社會的認可和支持。特權只不過是掌握在君主手中的一種只能爲公眾謀福利的權力。對於某些無法預見、無法確定的情況，確定的、不可更改的法律就無法爲其提供指導，此時，君主就可以本著爲人民謀福利的目的，採取相應措施，政府就是在此基礎上建立起來的，此時君主的權力就是一種特權，而且是正當的特權。設立新選區並分配新代表的權力，是建立在這一假設基礎上的，即有關代表分配的制度遲早會發生變化，以前沒有代表選舉權的地方可能獲得這種權力，同樣，以前享有代表選舉權的地方可能會失去這一權力。侵害政府利益、動搖政府根基的，並不是由於出現了腐敗或衰退而引起的社會現狀的變化，而是由於政府有意識的摧殘和壓迫人民，並有意扶持一部分人或者是一個政黨，使其淩駕於其他人民之上並具有特殊的權力。不管是誰，只要他依據公正和長期有效的規則行事，這必定有利於社會和人民。如果人民根據適用於政府最初的組織結構的公正和平等的措施選舉他們的代表，他們的行爲就代表了全社會的意志和行動。

第十四章　論特權

一五九、在立法權和執行權分屬不同機構掌握的國家裡（正如在有節制的君主制國家和在組織結構合理的政府中），出於爲社會謀福利的目的，一些事情的決定權和處置權要交由執行機構決定。因爲，立法者不可能預見到所有對人民有利的事情，因此也就無法提前制定相關法律規定。在這種情況下，執行者有權力根據自然法規則，對國內法沒有涉及且能夠爲公眾帶來福利的領域做出規定，直到立法機關召集開會做出決定爲止。此外，法律並不是能對所有事情做出規定，這些事情只能由執行者憑藉他們自己的判斷，以爲社會謀福利爲指導，做出相應決斷。有時即使是法律本身的規定也應該讓位於執行權，或者說是讓位於基本的自然法則和政府規則。究其原因，可能是爲了保護社會的全體成員。因爲隨時可能發生突發事件，而這時如果再根據嚴格、死板的法律規定行事，很可能會造成更嚴重的傷害（例如，當鄰居家中失火時，如果不把隔壁無辜者的房子拆掉，火勢就會蔓延）。有時一個人從實際情況出發，做了本應該得到嘉獎，得到寬恕的事，但由於統治者呆板的按照法律規定行事，而受到了處罰。因此，在很多情況下，統治者應該有權力減輕對犯罪者的懲罰甚至赦免他們，因爲政府的目的是保護全社會的公民，只要觸犯法律規定的人沒有對其他成員造成傷害，那麼他同樣是可以免受懲罰的。

一六〇、這種有權根據自己的判斷力，本著爲社會公眾謀福利的目的，能夠在不遵守法律規定，甚至是在違反法律規定的情況下做出決斷的權力，就是我們要講的特權。因爲在一些政府中，制定法律的立法機關並不是常設機構。即使立法機關是常設機構，但是由於機構成員眾多，執行程序過於緩慢，而無法滿足實際需求。此外，立法機關不可能預見一切與公眾有關的突發事件或者是緊急情況，因此也就無法對其做出規定。另外，如果嚴格按照法律規定辦事，而不考慮實際情況，那麼勢必會給社會造成一定傷害。因此，對於法律沒有規定到的領域，應該允許執行者具有一定的自由，可以靈活處理。

一六一、只要這種權力的使用是爲了全體人民的利益，符合政府對執行者的委託以及成立政府的目的，那麼這種權力就是特權，就不會受到任何人的質疑。因此只要使用特權的目的是爲了維護人民的利益，而不是違背這一目的，人民就很少甚至不會在具體細節上過於苛刻，追究細節，更不會對特權進行審查。但是如果人民與執行機關之間就某一項權利發生了爭執，就要根據這一特權對人民有利還是有害來決定這一問題。

一六二、不難想像，在政府成立之初，國家不管是在人數上還是在制定的法律數量上都與家庭的人數以及家規的條數無異。在這種情況下，一國之主就如同一家之主，爲了子民的幸福奔波勞碌，此時政府的統治是完全依靠特權展開的。因此，少數既定的法律規則就足夠了，統治者的判斷力和對人民的關愛，就足以應對社會中的其他情況。但是當軟弱的君主因爲一時的錯誤或者是聽信了讒言而把公眾的福利拋於腦後，只爲私利行使自己享有的特權時，人們就不得不透過明文規定來限制君主在此方面的特權。但是在以前，他們以及他們的祖先把這些特權最大限度地留給了君主，允許他們憑藉自己的智慧正當使用這些特權，也就是本著爲人民謀福利的目的運用它們。

一六三、如果有人因爲人民透過實體法對任何一部分特權加以限制，就說人們侵害了特權，這完全是對政府產生的一種誤解。因爲人們並沒有透過這種行爲剝奪本應屬於君主的任何權利，只是向他表明，他們賦予他或者他的祖先權力，是爲了讓其爲人民的利益服務的。當他把這種權力用於其他方面時，並不是當時人們把權力委託給他的本意。既然建立政府的目的是爲社會謀福利，那麼在這一目的支配下進行的任何變動，都不會侵犯任何人的利益，因爲政府裡的任何人都沒有權利背離這一目的。只有那些損害或者是妨礙公眾福利的變更才是侵犯。那些持相反意見的人認爲，君主的利益和社會福利是截然不同的，君主的任務並不是爲社會謀福利。這就是君主政府中出現的罪惡和混亂的根源。如果果眞如此，那麼君主統治下的人民並不是當初爲了維護彼此的利益，而加入社會的一群有理智的動物，他們設立統治者並不是爲了維護和促進這種全民享有的福利，而是爲了使統治者把他們視爲一群低級生物，使他們心甘情願地處於他的統治之下，爲了他的利益和快樂而工作。如果人類加入社會時，缺乏理性，愚昧無知，那麼特權就可能像一些人所說的那樣，變成了一種會對人民造成傷害的專斷權力。

一六四、但是，既然一個有理性的人不會在自己享有自由時甘願使自己處於另一個人的統治之下，讓他來傷害自己（儘管在他所在的國家，他找到了一位既善良又明智的統治者，他也不會認爲有必要對君主的所有權力加以限制），那麼我們只能認爲特權是一種人民默許君主的權力，允許他在法律沒有做出規定的領域，本著爲人民謀福利的目的，根據自己的判斷做出裁判。人民默許了君主的這一特權。因爲對於賢明的君主而言，他們忠於人民的委託，關心人民的福利，一心爲人民謀福利，那麼即使他們擁有再多的特權，人民也不會覺得有過分之處。相反，昏庸暴虐的君主常以自己的先人就曾擁有這種特權爲藉口，在未經法律允許的情況下濫用權力，爲自己謀取私利，滿足自己的欲望，肆意妄爲，獲得或促進與公眾利益截然相反的個人利益。這時，人們不得不聲明自己擁有的權利，從而限制君主的特權，因爲特權的行使只是爲了爲公眾謀福利，只有這種特權才能得到人民的默認。

一六五、只要我們讀一讀英國歷史就會發現，往往只有在明智、優秀的君主手中，特權才有可能得到最大程度的運用，因爲人民注意到，總體而言，他們採取的行動都是爲了人民的福利，因此人民不會追究他未經法律允許就採取的行動，即使是他的行爲出現了略微偏差或過失（因爲君主也是人，和其他人一樣也具有人性的弱點）。很明顯，只要君主行爲的主要目的是爲人民著想，人民就會默許這種特權。由此，人民斷定這位賢明的君主就不會做出有害於他們的事情。

一六六、根據能夠證明君主專制政體是最好的政府形式的論點，這種如同神一般的君主確實擁有某些專斷權力，正如上帝本身也是透過專斷權力進行統治一樣，而這些君主同樣具有上帝的智慧和善良。由此產生了這種說法，即賢明君主的統治往往會對人民的自由造成最大的危險。因爲當他的繼承人用不同的想法來統治社會時，他們往往會把以前賢明君主擁有的特權作爲自己行動的指南，同時認爲自己也理所應當地擁有這種特權。如此一來，以往只能用來爲人民謀福利的特權在這些君主手中，成了他們肆意傷害人民的權力。這時人民會奮起反抗，有時甚至會引起社會混亂，直至人民再次收回他們的最初權利，並宣布這並不是屬於君主的特權。因爲社會中的任何人都不可能具有任意傷害人民的權力，儘管對於那些未超越爲人民謀福這一限制的君主而言，人民並沒有規定任何限制，這是可能的，同時也是合理的。因爲「特權只不過是在法規覆蓋不到的地方，用來爲公眾謀福利的這樣一種權力」。

一六七、在英國，組織召開議會的權力以及確定開始的準確時間、地點和開會期限的權力是專屬於國王的，但是他擁有的這種權力也只是人們對他的委託，他必須本著爲公眾謀福利的目的，根據時代要求和具體情形的要求，行使這一權力。因爲君主無法對召開議會的最佳時間和最佳地點做出預測，那麼他就把這些事交由執行機關去執行，這樣制定出的決策可能最符合公眾利益，同時也最符合組建議會的目的。

一六八、有關特權的問題再次被提出來，即：誰有權判斷權力是否行使得當呢？對此，我的回答是：在擁有特權的常設執行機關，和一個由執行權決定召集的立法機關之間，是不存在裁判者的。同樣，如果立法機關或者執行機關在掌權後，企圖或開始奴役人民，壓迫人民，那麼在立法機關和人民之間是不存在裁判者的。在這種情況下，正如在人世間找不到裁判者的情況一樣，人民只能求助於上天。因爲統治者在進行這些卑劣行徑時，實際是在行使一種人民並沒有賦予他們的權力，因爲人民不會賦予他們傷害自己的權力。如果所有人或者是其中一個人被剝奪了這種權力，處於別人不應該擁有的權力的統治之下，而且在人世間找不到上訴的地方，那麼當他們評斷重大案件時，他們就有向上帝申訴的權利。因此，在這種情況下，儘管人們無法根據這個社會的憲法擁有最高權力，無法對重大案件做出決斷，但是他們可以根據先前的並且高於人類的一切實體法的法律，擁有屬於全人類的最後決定權，使他們可以在人世間無處申訴的情況下，決定自己是否有充足的理由向上天申訴。人們不能放棄這種決定權，因爲人們不會放棄自己的權力，不會把自己的生命交給他人自由處置，不會甘願忍受別人的欺凌，也不會默默承擔別人對自己造成的致命的毀滅，因爲上帝和自然是不允許人民自暴自棄，以致於忽視了自我保護。既然他沒有權力剝奪自己的生命，那麼他同樣也沒有權力讓另一個人來剝奪自己的生命。大家不要以爲這樣就爲以後可能出現的混亂埋下了禍根，因爲人們不會輕易使用這種權利，除非君主的暴力統治使人們感到忍無可忍，他們才會感到有必要糾正君主的統治。這是執行權或明智的君主應該盡最大努力避免出現的事情，同時這也是可能出現的所有事情中，能對君主統治造成最大威脅的事。

第十五章　父權、政治權力和專制權力綜述

一六九、雖然在前面章節中，我已經分別討論過這三種權力，但是我發現近年來在政府理論方面所犯的重大錯誤，都是因爲混淆了這三種不同的權力。因此，在這裡，我綜合討論這三種權力，這或許是正確的做法。

一七〇、第一，父權或親權只不過是父母爲了保護子女而享有的對子女的一種臨時統治權，直到子女們有能力運用理性，或者是掌握了足夠的知識，能夠理解規範他們的日常行爲的法規，這些法規不僅包括自然法也包括所在國家的國內法。我所說的「有能力」，是指他們能和其他自由人一樣在法律允許的範圍內生活。上帝使父母對自己的子女充滿關愛和憐惜之情，由此可見，上帝的本意並不是希望成立一個專斷、獨權的政府，對子民實行嚴厲的統治，而是希望政府能夠幫助、教養和保護他的子民。但是不管怎樣，這並不能使父母據此以爲自己擁有子女的生殺大權，正如他們無權控制別人的生死一樣，我在前面章節中已經證明了這一點。此外，我們也沒有理由認爲，父母對子女享有永恆的統治權，父母對子女的統治權，隨著子女們的成年而告終，此時子女們有權違背父母的意志。子女

們除了因為父母的養育之恩而應盡的諸如尊敬、贍養等義務外，有權拒絕父母的其他過分要求。我們不能用任何藉口來證明父母享有對子女的終身統治權。由此可見，父權是一種自然統治權，與政治社會的統治目的和管理無關。父權無權干涉子女的財產，這只能由子女們自己處理。

一七一、第二，政治權力指的是，人們放棄在自然狀態中擁有的權力，把它交給所處的政治社會，然後政治社會把這種權力委託給人民選出的統治者。透過明確規定或者是默許的委託，規定統治者只能用這種權力為人民謀福利以及保護人民的財產。這種權力是自然賦予人民的，人民可以根據自己的理性做出最準確的判斷，來懲罰別人的違法行為，同時保護自己和他人的生命、財產安全。當處於自然狀態中，人人都擁有自然賦予的權力時，這一權力所要達到的目的和採取的相關措施，都是為了保護所有生活在這個社會中的成員，也就是保護全人類。因此當行政長官掌握這一權力時，除了達到保護社會成員的生命、自由和財產安全，採取相關措施外，不能再懷有其他目的或採取與此目的無關的措施。因此這種權力，並不是一種能夠支配人民的生命和財產的絕對的、專斷的權力，因為保護人民的生命和財產安全，是這種權力的職責所在。這種權力只是為人民制定法律的權力，在制定法律規則的過程中還制定了相應懲罰措施，其目的是消除社會隱患，維護社會安全。社會隱患指的是那些腐敗到足以對全社會的安全和穩定造成威脅的部分。如果不嚴懲此類犯罪，那麼任何嚴厲的措施都是不合時宜的。此外，政治權力只能是源於社會契約和協議以及組成社會的人員之間達成的一致同意。

一七二、第三，專制權力是一個人享有的對另一個人的絕對的、專斷的權力，可以根據自己的意願隨時致此人於死地。這並不是人們享有的自然權力，因爲在自然權力面前，人人平等，無高低貴賤之分；這也不是透過契約轉讓的權力，因爲人們沒有任意處置自己生命的權力，因此也就無法賦予別人這種權力。這只是侵略者使自己和他人處於戰爭狀態中時，被侵略者不得不放棄自己的權力的結果。他放棄了上帝賦予人們的理性，脫離了人類聯合成爲一個團體和社會的共同約束，放棄了與人們平等相處的和平之路，妄圖透過戰爭實現對他人的統治，從而達到自己不可告人的目的。他本身是不具有這種權力的，因此他只能借助於武力，從而也就背離了人類法則，他是在野獸法則的指引下，透過暴力，搶奪本應屬於別人的東西。他最終將被受害者和匡扶正義的其他社會成員消滅，因爲人民無法與這類人共同生活在同一屋簷下，只要他們存在，人們的安全就得不到保障。因此，只有在正義和合法戰爭中被俘的俘虜才能受制於專制權力。這種專制權力並不是源於契約，君主也無法與俘虜訂立任何契約。這只是戰爭狀態的延續。能與無法主宰自己生命的人訂立什麼樣的契約呢？他能履行什麼條件呢？如果他有機會成爲自己的主人，那麼這種統治他的專斷的權力也就不復存在。凡是能主宰自己和自己的生命的人就有權採用不同的方法達到保護自己的目的。因此只要簽訂了契約，這種奴役狀態也就宣告結束。只要掌握專制權力的人與他的戰俘達成了協定，他就放棄了這種絕對權力，結束了戰爭狀態。

一七三、爲了能讓子女們在未成年時得到細心的呵護和良好的教育，自然把第一種權力交給了父母，其目的是讓子女們透過父母的教育，具備獨立生活的能力並懂得如何管理他們的財產（我所說的財產，在此處以及文中其他地方，都是指人們在精神方面和物質方面所具有的財產）。人民之間達成的自願協定把第二種權力交給了社會的統治者，其目的是爲全體成員謀福利，保障他們已有和正在使用的財產。自由的喪失使某些人具有了專制權力，這些占有別人自由的人就是主人，他們這樣做的目的純粹是爲了個人利益，因爲這樣他們就能把別人的財產占爲己有。

一七四、只要大家認眞思考一下這幾種權力的不同起源、覆蓋範圍以及各自的不同意圖，就不難看出，父權小於統治者掌握的權力，而專制權力又大於統治者掌握的權力。不管誰掌握著這種專制統治權，都無法在其統治下建立一種公民社會，絕對的統治權與公民社會是水火不容的，正如奴隸制和財產不可相提並論一樣。父權只存在於子女尚未成年，無法管理自己的生活和財產的情況下；政治權力只存在於人們本身具有可以支配的財產的情況下；專制權力只存在於可以支配那些沒有財產的人的情況下。

第十六章　論征服

一七五、我們前面已經提到，政府和政治社會的最初建立都是基於人民的同意，除此之外，再不存在任何其他起源，但是統治者的野心使原本美好的世界不斷遭受戰爭的蹂躪，戰爭構成了人類歷史的大部分，在統治者爭權奪利的過程中，很少注意到人民的同意。因此，很多人把使用武力誤認爲是人民的意志，把征服視爲政府的起源。因此，有很多人就把武力誤認爲人民的同意，認爲征服是政府的起源之一。但是征服一個國家並不等於建立了一個國家，就好比拆除一座房子並不等於在原處重建了一座新房子。當然，以往的社會結構不復存在，就爲建立新的社會結構提供了條件，但是如果得不到人民的同意就無法建立新的政府結構。

一七六、侵略者把自己和他人領向了戰爭的漩渦，並透過武力非法侵占他人的權利，但是這種非正義的戰爭並不能賦予侵略者支配被征服者的權利。對於這一點，人們一致認爲，強盜和海盜不具有支配他們以武力征服的人，同時也認爲人們有權不遵守在武力威脅下所做出的種種承諾。如果一個強盜闖到我家裡，用刺刀對著我的喉嚨，強迫我在把自己的產業轉讓給他的契約上簽字，這能使這個強盜擁有任何權力嗎？這種非正義的侵略者正是在刀劍的淫威下使我屈服。不管是頭戴王冠的人還是市井小人，他們給人們造成的損害和罪行是一樣的。罪犯的社會地位以及從犯人數並不能改變犯罪的事實，只能是加重其罪行。唯一的區別是，實力雄厚的強盜可以懲罰相對弱小的強盜，使他們順從自己的統治，但是實力雄厚的強盜卻得不到應有的制裁，因爲相對於軟弱的執行人員而言，他們過於強大，超出了這世界的正義力量的能力範圍，他們只能授予這些強盜者們桂冠並給予他們相應的獎勵。滑稽的是，罪犯反而掌握了懲罰犯罪行爲的權力。對於非法闖入我家的強盜，我能採取什麼補救措施呢？只能是訴諸法律。但是，我可能得不到公正的對待；也可能由於自身殘疾無法採取行動；或許是因爲財物已經被洗劫一空，承擔不起上訴所需的費用。如果上帝剝奪了我所有可能的補救方法，那麼我只能坐以待斃。但是當我的兒子具備了一定的能力時，他有權尋求我沒能得到的公正待遇，收回本屬於我的權利。但是當被征服者或者是他的子女在人世間找不到可以申訴的法庭或者是裁判人時，他們可以向耶弗他一樣，把自己的申訴訴諸上天，並不斷重複他們的申訴，直到恢復他們的祖先擁有的天賦權利。這種權利就是，擁有一個大多數人擁護或是默認的立法機關，來對他們進行統治。如果有人反對，理由是：訴諸上天會引起無盡的紛爭。對此，我的回答是：如果司法機關受理所有申訴案件，那麼訴諸上天所引起的糾紛不會多於司法引起的糾紛。如果一個人故意騷擾他的鄰居，那麼這個人的鄰居將上訴法庭，法官將會對此做出裁斷，此人將受到應有的懲罰。那些訴諸上天的人必須確定一件事，那就是他是正義的一方，同時必須具有值得提起上訴的理由，值得爲此付出精力和財力的理由，因爲他將在無法蒙混過關的法庭上展開辯論，同時這個法庭將會權衡每個社會成員或者是人類的任何部分遭受的損害，並進行相應的懲罰和補償。由此可見，對於透過非正義戰爭征服的被侵略者而言，侵略者不能因此就享有對他們的絕對統治權。

一七七、但是，假如勝利屬於正義的一方，我們看看在這種情況下，合法戰爭中的征服者能擁有什麼權力，以及能向哪些人任意發號施令。

第一，很明顯，不能因爲某些人和他一同作戰，他就擁有對這些人的絕對支配權。那些和他一起並肩作戰的人，不能因爲戰爭而遭受任何損失，至少他們和參戰前一樣，還是自由人。最普遍的情況是，他們根據事先規定好的條件效勞，並且根據規定的條件，和首領一起分享戰利品和其他戰果，或者至少是得到被占領國的一部分領地。但是，我希望，征服者不會因爲征服而淪爲奴隸，不會成爲領袖獲得成功的犧牲品。

一七八、但是假設征服者並沒有和被征服者組建成一個國家，因此他們也就無法成爲一個國家的子民（儘管很少出現這種情況），無法遵守同樣的法律，享受同樣的自由。接下來我們看看合法的征服者對於被征服者擁有哪些權力。我認爲他們對戰敗者的生命擁有絕對的統治權。正義一方的勝利者對於非正義一方的失敗者的生命擁有絕對的統治權，但是對於那些沒有參戰的戰敗國的人民的生命和財產，他們不具有絕對權力，甚至是對於參戰的人們的財產，他們也不具有絕對的權力。

一七九、第二，征服者實際上只是對那些幫助、贊成或者是同意使用不當武力的人擁有支配權。因爲人們並沒有賦予統治者去做不正當的事情，例如發動一場非正義的戰爭（因爲他們本身不具有這種權力，也永遠不會具有這種權力），除非人民實際上同意發動這場戰爭，否則他們就不對戰爭中出現的暴行和非法行爲負責，正如他們對本國的統治者對他們或者國內的任何一部分人民施行的暴力和壓迫不負任何責任一樣，因爲他們並沒有授權統治者去做這樣的事。毋庸置疑，統治者不會費心去區別它們之間的不同之處，反倒希望戰爭能把所有人的命運聯繫在一起，任何人都無法置身事外，但是這並不能改變事情的本質，正義的一方永遠是正義的一方，因爲被征服者動用了非法的武力來滿足自己的私欲，正因爲如此，征服者才擁有支配他們生命的權利。所以，我們不難得出結論，除了支持和贊同使用這種不正當武力的人之外，其餘的人都是無辜的，征服者無權支配他們。此外，對於該國沒有對他造成傷害的那些人，也就是沒有放棄自己生命權的那些人而言，征服者無權對他們實行絕對統治，無權剝奪他們的生命和財產。

一八〇、第三，在正義戰爭中取勝的征服者對於被征服者擁有的權力是一種專制權，也就是說，統治者對於使自己處於戰爭狀態中，放棄了自己的生命權的人擁有絕對的專制統治權，但是卻無權處理他們的財產。初次聽說這一學說，大家肯定會認爲這是一個奇怪的學說，因爲它極力宣導的行爲與世界上的通行慣例恰好相反。在談到國家領地時，最常見的說法是一個人征服的土地，似乎征服就能轉移這種財產權。但是，只要我們這樣想一想，無論實力雄厚的人的不正義行爲是多麼的普遍，也無法使其成爲正確的準則。儘管被征服者表現出來的一部分順從是屈服於征服者刀劍的淫威之下的結果，但是他們卻沒有爲自己的處境據理力爭。

一八一、所有的人類戰爭，總是伴隨著武力和破壞，侵略者在使用武力征服對方時，總會對他們的財產造成一定程度的破壞，但是使他們處於戰爭狀態的，只是武力的使用。不管是開始時武力造成的破壞，還是獲勝後以欺詐手段靜悄悄地對別人造成的損害，這與最初透過武力造成的損害，在性質上是一樣的。侵略者都不會爲此做出賠償，並會繼續透過武力維持現狀。戰爭的爆發正是因爲武力的不正當運用。假如一個人闖進我家，採用極端暴力的手段把我趕出家門，或者是此人彬彬有禮地進入我家，然後使用武力把我逐出家門，這兩種方式達到的效果實際上是一樣的。假如我們處於這樣一種狀態，在人世間不存在我可以向其申訴，同時雙方都必須服從其裁斷的法官，這就是我要講的一種情況。隨後「不正當的使用武力使自己和他人處於戰爭狀態」，而有罪的一方因此也就放棄了自己的生命。因爲放棄人與人之間和平共處的準則，像野獸般使用武力的人，最終勢必被他所侵害的人毀滅，正如人們毀滅對自己的生命造成威脅的野獸一般。

一八二、但是，父親有錯並不代表子女們也犯了同樣的過錯。不管父親如何殘暴野蠻，他的子女們仍然有可能過著和平的生活，仍然可能用自己的理性看待周圍的一切。父親的暴力行爲只能表示他放棄了自己的生命，並不能表示他的子女們也因爲他的暴行而喪失了生命權。自然是爲全天下的人服務，是要保護所有人的利益，因此本著這一點，犯了過錯的父親的財產仍然由其子女繼承，以保證子女們能夠繼續生存下去。因爲假如在發動戰爭時，其子女們尚未成年，不在國內或者是沒有參加戰爭，那麼他們的這些舉動就充分說明，他們沒有放棄財產繼承權。在這種情況下，征服者就沒有權利以取得了戰爭勝利爲理由，把本應屬於戰敗者的子女們繼承的財產據爲己有。雖然征服者爲了彌補戰爭帶來的損失可能占有其中一些財產。因此一個人透過征服可以任意處置戰敗者，甚至可以隨意處死他們，但是征服者卻無權占有和享用他們的財產。因爲侵略者使用的是野蠻的武力，因此對方有權把他當作危害人間的野獸處死。但是這並不能使此人正當地占有侵略者的財產，只是他在戰爭中遭受的損失使他可以自由地處理另一個人的財產。因爲儘管我可以殺死攔路搶劫的歹徒，但是我卻不可以搶走他的金錢，然後再把他放走，如果是這樣，我就變成搶劫犯了。他使用的武力以及他使自己處於戰爭狀態的事實使他放棄了自己的生命，但是這並不會使他放棄自己的財產。因此「征服帶來的權利只是可以隨意處置參戰者的生命，不涉及他們的財產」，但是只有在要求被征服者賠償戰爭損失以及相關經費時，才會涉及到財產權。即使如此，征服者也應該考慮到為他們無辜的妻子和孩子保留一定的權利。

一八三、即使征服者具備所有人都能夠想到的正義理由，代表著正義的一方，他們也只能得到失敗者放棄的東西，因此，戰敗者的生命任由勝利者處置，至於他們的財產和他們本身能夠提供的服務，征服者只能根據自己的損失，在一定限度內占有和享用。但是征服者絕對不能占有屬於戰敗者的妻子和子女的財產。他們的妻子和子女有權享用他們的財產，他們所擁有的房產中也有他們的一份。比如，在自然狀態中，我（所有國家都處在自然狀態中）傷害了另一個人，但是我卻拒絕對此人進行賠償，我就使自己處於戰爭狀態之中。我透過武力保護自己非法得到的財產，我就成了侵略者。我被對方打敗了，我就失去了自己的生命權，任由勝利者擺布。但是我的妻子和子女還是自由人，可以自己支配自己的生命。因為發動戰爭的不是他們，同時他們也沒有幫我作戰，因此我無權放棄他們的生命權。對於我的所有財產，我的妻子有權分享我的財產，同時我也並沒有放棄我的財產權。我的子女是我的親生骨肉，因此他們有權依靠我的勞動和財務生活。所以，實際情況是這樣的：征服者有權要求戰敗者賠償經濟以及其他方面的損失，同時戰敗者的子女有權依靠父親的財產度日。至於妻子的那份財產，不管是她付出的勞動還是她與丈夫之間的契約規定，這都使她有權享有屬於自己的那份財產。很明顯，丈夫無權放棄屬於她的那部分財產。那麼在這種情況下，應該採取什麼措施呢？我的回答是：自然的根本法則是盡最大可能保護所有人，如果戰敗者的財產無法滿足雙方的要求，也就是賠償征服者的損失和維持戰敗者的子女的生活，那麼生活富足的一方必須做出讓步，優先考慮和滿足得不到這筆財產就無法繼續生存下去的一方。

一八四、但是，假如被征服者爲了賠償征服者的軍費和損失，耗盡了自己所有的財產，而他們的子女在得不到父親的任何財產的情況下，只能面臨被凍死、餓死的厄運，即使是這樣，征服者仍然無權占有這個國家的土地。因爲在世界上的任何地方，只要那裡的土地都已經被人們占有，不存在荒蕪的地方，那麼戰爭的損失就無法和那裡的任何一塊具有價值的土地相提並論。如果我沒有占有征服者的土地，因爲既然我已經被打敗了，就不可能再占有他的土地，那麼假如我的土地同樣是開墾過的，而且在面積上與我所侵害的他的土地面積相等，那麼我對他造成的任何其他損失都抵不上我的土地具有的價值。破壞一、兩年的收成（很少能達到四、五年的收成），通常是能夠造成的最大損失。對於被掠奪去的貨幣和金銀財寶，它們並不是自然的財物，只不過是一種存在於人們頭腦之中的價值，因爲自然並沒有賦予它們這種價值。根據自然的標準，它們是不具有任何價值的，正如美洲人的貝殼串蚌珠對於一個歐洲的君主，或者歐洲的銀幣對於從前的一個美國人一樣，都是不具有任何價值的。在所有土地都已經被人占有的地方，土地的永久繼承權具有的價值遠遠大於這塊土地在五年內的總收成，不難理解。如果剝離貨幣的虛構價值，那麼戰爭中的損失和土地價值之間的差異之比，將大於五與五百的比率。雖然在另一種情況下，即在任何人都有權利用並占有荒地的地方，半年的收成就遠遠大於繼承土地的價值。但是在這種情況下，征服者不會再煞費苦心地占有被征服者的土地。因此，處在自然狀態中的人民（因爲所有君主和政府都處在自然狀態中）彼此之間造成的傷害，都不能使征服者享有剝奪被征服者的後代的所有權，以及把他們從他們應該繼承的土地上驅逐出去的權利。雖然征服者自己常以主人自居，被征服者懾於征服者的武力無法對此提出異議。但是，若果眞如此的話，那麼它所給予的權利只不過是暴力產生的以強欺弱的的權利。

一八五、對於那些和征服者一同作戰的人，和那些被征服者的國家裡沒有反抗他的人，以及那些曾經反抗過他的人而言，他們的後代，即使是在一場正義戰爭中，征服者都無權統治他們。他們是自由的，不受他的統治。如果他們以前所屬的政府瓦解了，那麼他們可以自由地重建一個政府。

一八六、當然，征服者往往透過他們掌握的武力，用刀劍指著他們的胸口，強迫他們服從他制定的規定，受制於他任意建立的政府。但是人們不禁問道：他有什麼權利這樣做呢？如果說他們是自己自願服從征服者的統治的話，這就說明了征服者統治他們的前提是必須獲得他們本人的同意。現在需要討論的一點是，不是根據自己應有的權利而是透過武力強迫人們做出承諾接受他的統治，這種承諾能否被看作是眞正意義上的同意，這種同意究竟具有多大的約束力呢？對於這個問題，我的回答是：這種同意不具有任何約束力。因爲不管另外一個人透過武力搶奪了我的什麼東西，我仍然擁有那件東西的所有權，他必須把這件東西立即歸還給我。透過武力強奪了我的馬的人，應該立即把馬歸還給我，我仍然有權利奪回我的馬。根據同樣理由，透過武力強迫我做出承諾的人，應該即刻解除這一承諾，免除我的義務，否則我可以自己解除承諾，即決定是否執行承諾。因爲自然法則只會根據它規定的法則來規定我應盡的義務，不能強迫我承擔法則規定之外的義務，比如透過武力勒索我的財物。當強盜用手槍指著我，強迫我把自己所有的財物交給他，我掏出錢包交給他。當在法庭上進行裁斷時，即使我說，當時我承諾主動把錢包交給他，這也並不能改變案件的公正審理，也不能把權利轉移給這個強盜。

一八七、藉由以上敘述，我們可以得出這樣的結論：因爲當時征服者無權對被征服者開戰，或者是他有權開戰，但是被征服者並沒有參與戰爭，在這種情況下，征服者沒有權利強加給被征服者任何義務。

一八八、但是，我們可以認爲事情是這樣的，即那個社會裡的所有人都是同一個政治社會的成員，他們都參加了這場不正義戰爭，並且戰敗，成了對方的俘虜，這樣他們的生命就只能任由戰勝者支配。

一八九、即使是上面這種情況，這也與他們尚未成年的子女毫無干係。因爲既然父親本身無權支配子女的生命和自由，那麼他的任何行動都無法使子女們放棄這種權利。因此，不管父親遇到了什麼樣的麻煩，他的子女仍然是自由人。征服者的權利只限於支配這個被征服者，而且這種權利隨著本人的去世而結束。如果征服者把他當作奴隸來奴役，使他們受制於征服者絕對、專制的統治之下，但是征服者並沒有權利以同樣的方式對待他們的子女。除他們本人同意外，征服者對他們不享有任何統治權利。即使征服者能夠使用暴力手段強制他們服從自己的統治，但是這並不能使該征服者擁有統治他們的合法權利。

一九〇、自出生的那一刻起，自然就賦予了人們雙重權利：第一種權利是人身自由權利，別人無權支配自己，只有本人可以決定自己的行動；第二種權利是他和他的兄弟享有優先於任何其他人繼承父親財產的權利。

一九一、根據第一種權利，人們生來就是自由的，不受任何政府的統治，儘管人們從出生的那一刻起，就生活在政府管制下的某一個地方。但是如果他不承認這一國家的合法性，那麼他必須放棄這個國家的法律賦予他的權利以及他的祖先傳給他的財產，因爲這個政府在最初建立時是得到了祖先的同意。

一九二、根據第二種權利，對於任何國家的居民而言，即使他們是被征服者的後代，他們也有權利繼承被征服者的財產，因爲在當時，他們的祖先是在征服者的暴力強迫下同意加入，並聽從這個政府的統治，所以他們仍然有權利繼承祖先們的財產。因爲最初的征服者沒有權利占有那個國家的土地，因此對於被征服者們的後代和那些被迫受制於這個政府的統治之下的人們而言，他們有權利擺脫這種政府的束縛，直到他們找到根據自己的同意建立起的政府。當希臘古代土地所有者的子孫們，也就是希臘的基督教徒們，擺脫長期壓迫他們的土耳其人時，誰會懷疑他們這種做法的正當性呢？因爲任何一個政府都無權要求不同意加入這個政府的人們服從他的統治。除非他們生活在有權選擇他們的政府和統治者的完全自由的狀態中，或者是他們擁有經過了他們本人或者是他們選出的代表同意的長期有效的法律，同時他們擁有屬於自己的合法財產，否則統治者們不能認爲他們曾經表示過同意。此外，在這種狀態下，未經他們本人同意，任何人都無權占有他們的財產。如果無法滿足這些條件，那麼任何政府統治下的人都不是自由人，只不過是處於戰爭暴力統治下的奴隸。

一九三、即使正義戰爭的征服者有權利占有被征服者的財產（很明顯，對於被征服者的財產，他們無權占有），以及支配他們的生命權，但是在征服後的統治中，統治者也不會獲得這種絕對的統治權，因爲這些被征服者的後代是自由人。如果統治者允許他們占有一定數量的產業和財產，並允許他們居住在這個國家（如果不讓他們生活在這個國家，國家也就沒有存在的意義），他們對自己擁有的這些財產就具有財產權。財產權的性質就是：「在得不到本人同意的情況下，任何人不得強行占有他的財產。」

一九四、根據自然權利，人們是自由的，不管財產多少，只要是屬於他們的，他們就擁有財產權，可以任由自己處置。如果不能，就不是屬於他的財產。如果征服者贈與另一個人一千英畝土地，允許他和他的子孫永遠占有，享有這一千英畝土地的絕對所有權，同時把一千英畝土地租給另一個人，以終身爲期，租金是每年五十或五百英鎊。在這種情況下，前者是不是永遠享有這些土地的支配權，後者終身租種同一塊土地的人是不是也擁有這種絕對支配權呢？難道在自己租種的土地上，佃戶無權享用自己透過辛勤勞動得到的果實嗎？比如說獲得兩倍於地租的收入？國王或征服者在授予土地後，是否可以憑藉自己的權勢，從前者的子孫那裡與尚在世的佃戶那裡奪走全部或是部分土地呢？或者說，他們是否可以隨心所欲地搶占上述兩者透過辛勤勞動創造的財富呢？如果統治者能夠肆意妄爲，世界上存在的一切自由達成的契約就無法存在下去，同時也失去了存在的意義。除了足夠的權力外，任何其他事情都無法解除契約。這樣，統治者的所有授權和諾言只不過是對人民的愚弄和欺騙。「我把這件東西送給你，它永遠屬於你了」，這是表達財產轉移權的最明確的方式，但是這句話卻被理解爲：「如果我願意，我可以隨時收回這件東西。」這是不是最具有諷刺意義的說法呢？

一九五、現在我不想談論君主們是否可以免受國內法律的約束，但是我確信，他們應該服從上帝和自然的法則。任何人、任何權力都必須承擔這個永恆法則規定的義務，無一例外。就承諾而言，它應盡的義務是最偉大的，同時也是最具有威力的，即使是全能的上帝也不得不受它的束縛。這些授予、承諾和誓言能夠對上帝產生約束作用。不管諂媚者怎樣花言巧語地奉承世間的君主，這些君主和他們的子民與上帝相比，只不過是滄海一粟，發揮不了實質性作用。

一九六、我們可以把征服問題概括爲：如果征服者發動戰爭的理由是合理的、正當的，那麼他對於實際參加了戰爭以及同意發動戰爭的人們就享有絕對的統治權，可以支配他們的生命，並有權利利用他們的勞動或者是財產，彌補在戰爭中的損失和作戰經費。他這樣做並沒有傷害到其他任何人的利益。但是對於不同意引發戰爭的人們以及被俘者的子孫而言，征服者無權剝奪屬於他們的財產，同時對他們的生命不擁有絕對的支配權。因此，征服者不能因爲在戰爭中取得了勝利就可以任意處置他們，即使他對其中一部分人擁有這種絕對統治權，但是對於這些人的後代子孫，他無權這樣做。因爲，如果他這樣做了，他就成了剝奪別人合法財產的侵略者。他就使自己和對方處於戰爭狀態中。

第十七章　論篡奪

一九七、如果征服可以被稱爲外部篡奪，那麼篡奪就是國內征服的一種。與征服不同的是，不管在什麼情況下，篡奪者永遠不會是正義的一方。因爲篡奪指的是，一個人把別人權力範圍內的東西占爲己有。就篡奪而言，它只是所有關係的變更，而不是政府形式和規章的變更，因爲，如果篡奪者把自己的權力擴張到合法國王或者是國家統治者的權力範圍之外時，他就不只是篡奪者，還會背上暴政的惡名。

一九八、在一切合法的政府中，指定誰掌握統治權的任務如同政府本身的形式一樣，它自然就是政府工作的一部分，而且是必要的、不可忽略的一項工作。因此，所有確立了政府的國家，都規定了指定統治者的法則，以及授予他們權力的固定辦法。沒有確定固定政府形式的國家或同意政府形式是君主制，但是沒有確定選任擁有統治權的君主的方法，這兩種情況都屬於無政府狀態。不管是誰，只要他不是按照國家法律規定的方法取得其中任何一部分權力，那麼即使國家的形式被繼續保存下來，他也不會擁有強迫人們服從他的權力。因爲他不是按照法律規定選舉出來的合法執行人，因此他就不是人民同意的人選。

在人們可以自由地表示同意，或者是實際上已經表示同意和確認他的篡奪得來的權力之前，他或他的任何繼承人都沒有資格掌握權力。

第十八章　論暴政

一九九、如果說篡奪是行使另一個人有權行使的權力，那麼暴政就是行使任何人都無權行使的權力。因此，暴政就是指，任何人利用自己掌握的權力爲自己謀私利，而不是爲處在這個權力之下的人們謀福利。然而，無論統治者擁有如何正當的資格，如果他不是根據法律意志行事，而是根據自己的意志，肆意妄爲，同時當他發布的命令和採取的行動不是爲了保護人民的財產而是爲了滿足他們自己的野心、私憤、貪欲或是其他不正當欲望，這就是暴政的具體表現。

二〇〇、如果有人因爲這一點是出於地位低微的貧民之口，就懷疑它的眞實性和合理性，那麼我希望國王的權威能夠使他接受這一點。一六〇三年，詹姆士一世（James the first）在對議會的演講中告訴議員們：「我將制定完善的法律和憲法，永遠致力於爲公眾和整個國家謀福利，而不考慮任何特殊或者是個人的目的。我始終認爲國家的富足和人民的安康是我最大的幸福和最大的安慰。這就是一名合法的國王與暴君的最大區別。因爲我確認，合法的國王和暴君最明顯和最大的區別是：自大狂妄和野心勃勃的暴君認爲，他的王國和王國內的人民都是用來滿足自己私欲的；與此相反，公正的國王認爲，自己的使命就是爲人民謀福利。」此外，在一六〇九年的議會演說中，詹姆士一世還提到：「雙重誓約約束著國王，以保證他能遵守所在王國的基本法：其中一種誓約是一種默認的、理所應當的責任，即身爲國王就必須保護他的王國的人民和法律；另一種是，國王在加冕時透過誓言明確表明的。因此，在穩定的、確定的王國內，每位公正的國王必須遵守他根據法律與人民訂立的契約，並根據上帝在洪災之後和挪亞訂立的契約，即當地球繼續存在時，播種和收穫，寒暑季節的交替以及黑夜和白晝的輪回永遠不會停息。如果他不根據法律對人民實行統治，他就失去了繼續做國王的資格，也就淪爲一個暴君。」稍後又說：「因此，所有既不是暴君也不只是表面上承諾遵守法律的國王，都會欣然接受法律的約束，把自己的行爲限制在法律允許的範圍內。因此，凡是教唆他們背離這一原則的人都是國家的敵人，他們既不忠於自己的國王也不忠於自己的國家。」由此可見，博學、明理的國王認爲，明君和暴君之間的區別在於：國王在法律允許的範圍內行事，認爲政府的目的是爲公眾謀福利，而暴君的一切行爲以自己的意志和欲望爲目的。

二〇一、如果認爲這種缺陷只是君主專制制度所特有的，那就錯了。其他的政府形式同樣會出現暴政現象。因爲之所以把權力授予給某些人，就是爲了讓他們更好地管理人民以及保護人民的財產。一旦他們利用手中掌握的權力，達到他們不可告人的目的，剝削、壓榨人民，使人民過著貧困的生活，屈服於他們的淫威之下。在這種情況下，不管實行這種統治的是一人還是多人，他們都會成為施行暴政的罪魁禍首。因此，歷史上出現了眾多的暴君，在雅典有三十個暴君，在錫拉庫斯也出現了一個，羅馬的十大執政官施行的統治是人民無法忍受的，並不比暴君的統治仁慈。

二〇二、如果統治者利用法律做有害於另外一個人的事，法律就失去了存在的價值，同時暴政統治也就開始了。不管是誰掌權，只要他的權力超出了法律規定的範圍，並利用掌握的武力強迫人民屈從於他的統治，此時，他就不再是合法的行政長官，因為人民有權反抗未經合法授權的行為，就如同人們有權利以武力反抗侵犯他的權利的人一樣。這一點已經得到了下級官員的一致認同。如果一個有權在街上逮捕我的人，企圖闖進我家執行逮捕令，即使我知道他有權在住所外逮捕我，但是我仍然可以把他視為竊賊或者是劫匪，並進行反抗。為什麼下級官員出現了這類錯誤可以受到應有的懲罰，而最高的掌權者卻可以逍遙法外呢？我希望有人能回答這個問題。長兄占有父親的絕大部分財產，他能因為這一點就去剝奪弟弟的財產，這合理嗎？或者是，擁有整個地區的富人有權隨意侵占貧困的鄰家的小屋和菜園嗎？即使一個人擁有無上的權力和大量的財富（遠遠超過亞當的絕大多數子民具有的財富之和），這也不能成為其進行搶奪和壓迫的藉口，更不能成為其正當理由，這只能是使用自己本不具有的權利侵害他人，是嚴重的違法行為。無論對於地位卑微的官員還是對於擁有國內大權的國王或者執行法律的員警，只要他們的行爲超出了職權範圍，他們就不再具有任何權力。此外，人們對他委以重任，他因而享有更多的權力，同時因爲他所受的教育，所擔當的職務以及配備的顧問，因此他應該更具備明辨是非的能力。正因爲如此，他的行爲才更令人憤怒。

二〇三、那麼，可以抵制君主的命令嗎？一個人是否可以在感覺自己受到了傷害，並且認爲君主無權那樣對待自己時，可以隨時進行反抗呢？如果他們可以隨時反抗君主的統治，這將擾亂和推翻所有的政府制度，只會把國家帶向混亂，無法維持政府現狀，更無法維持有序的社會秩序。

二〇四、對此，我的回答是：武力只能用來反抗非法的、不正當的武力。除此之外，任何不正當的反抗都會遭到上帝和人民的譴責，因此這不會引起人們擔心的那種混亂、無序的社會狀態。因爲：

二〇五、第一，在一些國家裡，根據法律規定，君主的人身是神聖的，所以無論他下達了什麼命令或者是做了什麼事，他的人身都不會受到質疑和侵犯，也不會受到武力或者任何司法部門的制裁或責難。但是人民仍然可以質疑，甚至是反抗任何下級官員或者他委任的其他人的不法行爲，除非他解散政府，使自己和他們的人民處於戰爭狀態，讓人們採取在自然狀態中屬於每個人的防衛手段。對於這種情況，誰能知道最終將發生什麼呢？鄰國已經向全世界展示了一個不同尋常的例子。只要政府存在，那麼不管是在什麼情況下，君主的人身具有的神聖性就能使他避開一切威脅，可以使他免受暴力的侵襲和傷害，世間再找不到比這更完善、考慮更周詳的制度了。

二〇六、第二，但是這種特權只屬於國王的人身，它並不能阻止人們提出疑問，拒絕接受或者是抵制那些自稱受國王委託，但實際上未經法律授權的情況下使用武力的人。我們舉個例子，便能清楚地說明這一點。一個人持有國王的令狀，奉命去逮捕某人，雖然國王全權委託他處理此事，但是他不能闖入此人家中去實施逮捕，也不能在某些時間、某些地方逮捕他，雖然國王授權時，並沒規定這些例外，但是這些都是法律本身提出的限制，如果有人違反，即使是國王的委託也不能使他免受懲罰。因為君主的權威是法律賦予的，他不能授予任何人採取違法行為的權力，即使是他委任別人這樣做了，那也不能證明這是正當的行為，他依然需要接受法律的制裁。任何行政長官對於自己權力之外的事情是無權發號施令的，如果他這樣做了，那麼他的命令或者是委任與私人的委任和命令是一樣無效的。這兩者之間的區別是，行政長官擁有為實現某些目標而被授予的職權，但是私人不具有任何職權。因為委任並不能使某人具有採取某項行動的權力，只有職權可以使之具有一定的權力。如果違反了法律規定，也就失去了職權。人民雖然可以反抗不公正的事情，但是國王的人身和權威仍然是可以得到保障的，因此政府和統治者就不會面臨危險。

二〇七、第三，假如存在這樣一種政府，政府的最高長官的人身並不是神聖不可侵犯的，即使是這樣，這種人民可以合法地反抗一切非法行使權力的行爲的學說，也不會輕易對他造成威脅，更不會使政府陷入混亂。因爲當受害方能夠得到社會救濟，他的損失能夠透過訴諸法律得到賠償時，他就沒有理由使用武力。只有當一個人受到傷害而無處求助時才會轉而使用武力。只有那種妨礙人民訴諸法律，得到相應賠償的武力才是敵對的武力。只有這種武力才能使運用它的人進入戰爭狀態，才能使他的反抗成爲合法的反抗，從而使他成爲正義的一方。例如，一個人手持利刃，在公路上企圖搶我的錢包，即使我的錢包裡只有少量的錢，不到十二個便士，但是我卻可以合法地把他殺死。又比如，我把一百英鎊交給一個人，讓他在我下車的這段時間裡幫我拿著，當我再次回到車上，向他索要時，他拒絕歸還，並以利器相逼。與前者相比，這個人對我造成的危害要嚴重得多，因爲我可以合法地在前者對我造成危害前把他處死，但是我卻不能傷害後者。原因很簡單，因爲前者使用武力，威脅到了我的生命安全，在確保我的人身安全之前，我沒有時間訴諸法律，當我失去了生命時，也就談不上再訴諸法律，爲了防止這種情況的出現，我利用自然法賦予我的權力消滅了使我處於戰爭狀態，並對我的生命造成了嚴重威脅的人。但是，在後一種情況中，我並沒有生命危險，我有時間訴諸法律，尋求法律的幫助，並可以透過這種方法重新要回屬於我的那一百英鎊。

二〇八、第四，但是如果行政長官利用自己掌握的權力堅持實行不法行爲，並利用這種權力阻礙人們得到法律規定的救濟，人們就會進行反抗，但是即使是這種反抗也不會在一時之間就擾亂政府的正常工作，也不會動搖政府的根基。因爲如果這只涉及個別私人案件，即使他們有權力進行自衛並透過武力奪回自己應得的東西，他們也不會爲此以命相拼。此外，如果廣大人民認爲此事與自己無關，那麼僅憑一個人或者是幾個受壓迫者的力量是無法推翻政府的，正如一個狂暴的瘋子或者是一個急躁的、打抱不平的人是不可能推翻一個固若金湯的國家一樣，再者，人民也不會追隨他們中的任何一方。

二〇九、但是，如果長官們的行爲已經對國內的絕大多數人造成了危害，或只是少數人的利益受到了損害，人身受到了壓迫，在此類情況中，前車之鑑以及別人的不幸遭遇會使其他所有人感到不安，以致於產生這樣一種想法，即自己的法律、產業，享有的一系列權利和自己的生命，甚至是宗教信仰自由都受到了威脅。如果事情眞的發展到了這樣的地步，我也不知道應該採取什麼措施阻止人民去反抗那個使他們如此不幸的非法強力。我相信，當統治者的統治使所有人都對政府失去了信心，使人民感到自己隨時都有可能被政府毀滅，當事情演變到這種程度時，所有的政府都束手無策。對於統治者而言，這是最危險的一種情況。他們面臨這種危險，是不値得人們同情的，因爲這是很容易避免的一種情況。因爲如果一個統治者眞正爲人民謀福利，保護他們的人身、財產安全，人們不會感覺不到這一點，正如慈愛的父親對子女的關愛，子女們總會感覺到父親的關懷。如果感覺到了，人民不會無動於衷，必定擁護他們的統治者。

二一〇、但是，如果人民能夠感覺到，他們的君主口是心非，說一套，做一套；明一套，暗一套，君主只是運用自己的特權來逃避法律對自己的限制，委任別人權力（這是君主享有的一種處理某些事的專斷權力），允許他們肆意妄爲，魚肉鄉里，這就違背了人民授予君主這項權力的目的；如果人民發現，國內大大小小的官吏都是爲了實現這一目的上任的，也是按照這一目的的實現程度決定官吏的升遷與貶職的；如果人民看到，官吏已經多次運用專斷權力，在宗教方面雖公開表明反對，卻暗地裡表示支持，當這種做法行不通時，最後還是選擇支持；如果接連的行動表明政府官員都存在這種傾向，那麼怎麼能讓人民內心被說服，相信事情非朝著對他們最不利的情形發展呢？在這種情況下，人們怎麼會不思考如何保護自己，就如同他如果相信他所乘坐的船隻的船長，將會把他與其他人都載往阿爾及爾去遭受奴役，即便船長在途中因逆風、船漏雨、船員與糧食的缺乏而暫時被迫改道，但若一旦風向天氣與其他狀況許可時又立即堅決轉回原路線。

第十九章　論政府的解體

二一一、如果一個人想對政府解體的問題有一個明確的認識，他必須明白政府解體和社會解體的區別。人們相互之間達成契約，組成了一個整體，並以整體展開行動，這樣人們就脫離了散漫的自然狀態，進入了政治社會，從而成爲了一個獨特的社會。通常來說，解散這種聯盟的唯一方法就是對他們發動戰爭的外國武力入侵。在這種情況下（由於他們不能作爲一個完整、獨立的整體保存自己或者進行自衛），屬於那個整體的聯盟就無法繼續存在下去，因此每個人又都回到了以前所處的那種狀態，他們可以自由地在某些國家裡選擇自己認爲能夠保障他們的安全和能夠維持生計的方式。當社會解體時，這個社會的政府也就不復存在，這是必然的。因此，征服者的刀劍往往把政府的根基連根拔起，使社會四分五裂，使被征服的或被遣散的人民失去政府的保護以及依靠，因爲社會本應該是保護他們免受暴力的侵害的。人們對於這種政府解散是非常熟悉，並且是他們絕不允許發生的，因此，對於這一點，我不再贅述。社會一旦解體，政府也就隨之解體，這也很容易理解，不必多加證明。這就好比是被龍捲風襲擊過的房子，七零八落，或者是剛剛經歷了地震的房子，已經成了一堆瓦礫，這樣，房子的主體框架也就不復存在了。

二一二、除了這種外部顛覆，政府還會從內部開始解體。

首先，當立法機關發生變動時，政府就有解體的危險。在公民社會中，人們之間的相互關係是和平共處的。在這種社會中，立法機關能夠對人們之間發生的糾紛做出裁斷，因此也就排除了發生戰爭的可能。國家的成員透過立法機關相互聯合起來，結合成了一個協調一致的整體。這就是賦予國家形式、生命和統一的靈魂。透過這種方式，國家成員之間才產生了相互影響、同情和聯繫。因此，當立法機關遭到破壞或解散時，隨後而至的就是政府的解體和滅亡。因爲社會的本質和統一就在於只存在一個統一的意志，立法機關一旦被大多數人建立起來，這個意志就得到了具體的表達，而且這個機關也是這一意志的保管者。立法機關的組織法是社會的首要和基本的法案，規定了人們需要在一些人的指導下和法律的約束下，繼續這種聯合形式。約束人們的法律是根據人民的同意和委派而授權一些人制定的。如果得不到人民的同意或委派，這些人中的任何個人都沒有權利制定能夠約束其他人的法律。當任何一個人或者多人在未經人民授權的情況下擅自制定法律，他們制定的法律是不具有法律效力的，因此人民有充分理由拒絕遵守或執行。這樣一來，人民反而獲得了擺脫他們統治的正當理由，人民可以再重新建立一個立法機關。當那些由人民選出的能夠表達公共意志的代表被排擠出立法機關時，另外一些沒有得到人民的授權的人卻篡奪了他們的位置，在這種情況下，人們可以按照自己意志的指引，各行其是。

二一三、這種情況通常是由國家內部濫用職權的人造成的。如果我們不知道發生這種情況的政府形式，我們就無法正確理解這個問題，就找不出責任人。我們假設立法權同時屬於下列三種不同的人：其中一種是世襲的人，他擁有長期、穩定、最高的執行權，並且透過這個權力，他有權在一定時間內召集其他兩個人開會或者解散會議；另一種是一個世襲貴族會議；最後一種是，由人民選舉的，有一定任期的代表參加的會議。假如政府形式是這樣的，那麼很明顯：

二一四、第一，當這個個人或者君主用自己的專斷意志來代替代表社會意志的法律時，這就改變了立法機關的本質。只要它還是有效的立法機關，相關部門就要實施它制定的法律和規章制度，同時人們也必須服從這些規定。但是如果立法機關又制定了其他法律並付諸實施，立法機關就發生了變化。不管是誰，只要他未經社會的基本授權就推行新的法律，或者推翻已有的法律，他的這種行爲就是否認和顚覆了制定法律的權力，因此也就是說，他建立了一個新的立法機關。

二一五、第二，當君主阻礙立法機關如期召開會議，或者根據組建立法機關的目的自由行使權利時，立法機關就發生了變化。立法機關是否能夠完成當初組建時的目的，不在於人數的多少、召開會議次數的多少，而在於他們是否還擁有辯論的自由，以及能夠從容地完成爲社會謀福利的任務。如果他們喪失了這些權利，立法機關的性質就發生了變化。因爲構成政府的並不是名字，而是伴隨著名字的那些權力的運用和行使。因此，剝奪了這種自由或者阻礙立法機關在適當的時候行使立法權的人實際上就是取消立法機關，結束政府的人。

二一六、第三，當君主運用專斷權力，在未取得人民同意的前提下，而且是背離了人民的利益的情況下，改變參加選舉的成員或者是選舉方式，這實際上也改變了立法機關。因爲，如果不是授權的那些人去選舉，或者是不透過社會規定的方法進行選舉，當選的人就不是人民任命的立法者。

二一七、第四，如果君主或者立法機關使人民屈服於國外勢力，這就改變了立法機關，因此就導致了政府的解體，因爲人民加入社會的目的是要保持一個完整的、自由的、獨立的國家，同時人們希望在加入社會後，一切社會事務都遵照法律進行，這也是他們加入社會的目的之一。不管什麼時候，只要別人使他們處於另一種勢力的統治之下，加入社會的目的就落空了。

二一八、爲什麼在這種政府形式中，通常把政府的解體歸罪於君主呢？很明顯，因爲他掌握著國家的武力、財富，並且可以運用政府機構達到自己的目的。此外，由於他在社會上擁有至高無上的地位，因此很容易自滿，或者是被別人的奉承沖昏了頭腦，認爲自己作為最高的行政長官是不受任何限制和控制的，只有他才可以以合法的權威為幌子，大幅度地推進那種改革，同時利用掌握的權力嚴酷鎮壓反對者，以分裂國家、擾亂社會治安的罪名處置。而且立法機關的其他任何組成部分或者是任何人都不能使立法機關有所變動，除非發動一定規模的、能引起大家關注的叛亂。叛亂一旦成功，它帶來的影響絕對不亞於外國勢力的征服所造成的影響。此外，這種政府形式中的國王，還擁有解散立法機關的任何一個組成部分的權力，從而使他們成為普通的個人，而他們不能違反君主的意志或者是在未獲得君主同意的情況下，就通過一項法律改變立法機關，因為只有經過君主的批准，他們的法令才能生效。但是，只要立法機關的其他部分透過任何其他方式，推波助瀾，企圖顛覆政府，他們就犯下了人際之間最嚴重的罪行。

二一九、另一種方式同樣會使這樣的政府解體，那就是當掌握著最高執行權的人怠忽職守或者放棄行使職權時，法律就形同虛設，政府也就淪為無政府狀態因而解體。因為法律並不是為他們自己制定的，而是透過他們的執行使法律成為約束公民的準繩，使政治社會的各個組成部分，各盡其能，各司其守，維持社會的正常秩序。當政府的各種職能停止行使時，政府就不復存在，人民也就回復為雜眾。在這些地方就毫無法律可言，法律得不到有效的執行，人民的權利得不到法律的保護，社會內部也沒有指揮武力的權力或者是為大眾提供社會必需品的能力。在法律得不到實施的國家，相當於沒有法律，我認為在一個政治社會中，不存在法律，這是不可思議的事，有悖於人類社會的特點。

二二〇、在這些和其他類似情況下，當政府解體時，人民可以自由地建立一個有別於其他立法機關的一種新的立法機關，這個機關能最大限度保護他們的安全和財富。他們可以透過改變組成人員或者是組成形式，使他們建立的立法機關與其他的不同。社會不能因為一個人的過失，而失去保護自己最初、固有的權利，只有透過確定的立法機關以及公正、無私的執行法律。但是人類的處境還沒有到達如此悲慘的境地，他們有能力在事情發展到無法補救的時候才使用這一辦法。如果當舊的立法機關因為受到壓迫，或者是詭計暗算或者是被移交給了外國勢力時，才告訴人民，他們可以自己建立一個新的立法機關，拯救自己，這無異於在病人病入膏肓、無藥可救時，再對他們說，希望有機會得到醫治。這實際上是先把人民捆綁為奴隸，然後再考慮照顧他們的自由。當他們被強制戴上了手銬腳鐐時，再告訴他們，他們可以像自由人一樣行事。如果事情果真如此，這種舉動與其說是救助，不如說是對人民的愚弄。因為在暴政的統治下，人們是不可能具備保全自己生命、財產安全的。因此，人民不僅有權擺脫暴政的統治，也有權防止暴政發生。

二二一、由此可見，還有另一種方式可能導致政府解體，那就是，當立法機關和國王或者是其中任何一方與人民對他們的委託相悖而馳時。

首先，當立法機關挖空心思侵占人民的財產，使他們自己或者社會的任何部分成為凌駕於人民之上，任意損害人民的生命、財產時，他們就違背了人民對立法機關的委託。

二二二、人們加入社會的目的是保護自己的財產，同時他們選擇成立一個立法機關並且授予這個機關一定的權力，目的是透過這個機關制定法律，確立規則，保護社會全體成員的財產安全，同時限制社會的每一組成部分和每位社會成員掌握的權力，把他們的支配權限制在一個合理的範圍內。因爲這種情況是任何人都無法想像的，即社會的意志就是允許立法機關有權破壞每個人希望透過加入社會獲得的安全和保障，同時破壞人民服從於自己選任的立法者得到的合理利益。因此，不管什麼時候，當立法者試圖搶占、破壞人民的財產或者是把人民置於絕對獨占權力之下，他們處於被奴役的狀態時，人民就有權拒絕服從統治者的命令，並有權尋求上帝的庇護來逃脫暴力的壓迫。不管他們是在野心、恐懼和貪婪的支配下，還是因爲自己的無知，只要立法機關違背了這個社會的基本原則，透過自己或者是指定其他人利用絕對權力占有和支配人民的生命、財產，他們就喪失了人們最初授予他們的權力。人民有權透過建立一個新的立法機關（比如他們認爲合適的一種立法機關）來收回權力，恢復自己的自由，不再聽命於他。透過這個新成立的機關來保證自己的財產安全和生命安全，這就是他們加入社會的目的。我在這講到的有關立法機關的各種情況同樣適用於最高執行者，因爲人民授予了他們雙重權力，既能參與立法機關的事務，同時也是法律的最高執行者。因此當他以自己的專斷權力代替社會意志時，他就違背了人民對他的雙重委託。當他利用掌握的武力、擁有的財富和管理的社會機關來賄賂代表，利用他們達到自己的個人目的，或者是公然提前限定選民範圍，在答應他們投誰的票和制定什麼法律的人之間選舉，他的行爲就違背了人民對他的委託。這種操縱候選人和選舉人的行爲以及建立新的選舉制度的做法，不正是動搖了政府建立的根基並摧毀了公共安全的基礎嗎？因爲人民保留了選舉自己的代表的權利，以保障自己的財產。他們保留這一權利的目的是可以自由地選舉代表，同時當選的代表在透過人民的審查後可以自由地履行職責。那些在聽到候選人的辯論和權衡各方面的理由之前就進行投票的人是做不到這一點的。準備這樣的會議，並以他個人的意志來取代人民的眞正代表和社會的立法者，這肯定就是最嚴重的違背人民委託的行爲以及試圖顚覆政府的行爲。如果有人爲了實現這一目的使用獎勵和懲罰手段，並利用各種陰謀詭計歪曲法律本質，以達到清除和毀滅一切妨礙他達到自己的目的的人以及那些不同意出賣國家特權的人，他那不可告人的目的就昭然若揭。社會上就存在這樣一群人，他們以這種方式利用自己的權力，他們也就違反了人民當初對他的委託。凡是這樣做的人就不會再得到人民的委託。

二二三、對於這一點，可能有人會說，人民愚昧無知，欲壑難塡，總是對現存的政府感到不滿，滿腹牢騷，因此把政府的根基建立在人民基礎之上，將會使政府隨時面臨解體的危險。如果當人民對目前政府感到不滿時可以隨時重建一個新政府，那麼在這種情況下，任何政府都不可能長久地存在下去。對於這一點，我的回答是：情況正好相反。情況並不是像一些人所描述的那樣，人民是不會輕易脫離原有的組織形式。很難說服他們改變機構裡存在的痼疾，因爲他們已經對此習以爲常。如果有一些最初成立時就存在的缺陷，或者是隨著時間的發展出現的腐敗引起的缺陷，即使是人民都注意到了這些問題，有機會進行改正，但是這也不是輕易就能改變的。古往今來，在英國發生的多次革命中，人民總是拖延著不願放棄舊有的制度，仍然保留著由國王、上議院和下議院組成的舊的立法機關，或者是經過幾次反覆之後，人民又重新建立了這種舊制度。君主的暴行激起了人民的奮起反抗，使得一些君主不得不退位，但是掌權的人民並沒有建立起一種全新的制度，最終又把這種權力交給了君主。

二二四、但是，有人會說，這種假設會引起頻繁的叛亂。對於這個問題，我的回答是：

第一，與其他可能存在的假設相比，這種假設造成的後果並不會比其他的假設帶來的後果嚴重。因爲當人們處於悲慘的境地並且發現自己任由專斷權力擺布時，無論你如何鼓吹、讚美他們的統治者；無論你如何稱呼他們或者是把他們稱爲什麼人，人民的反抗終究會發生。人民得不到公正的待遇，享受不到正當的權利，生活在壓迫之下，他們一有機會就會反抗，擺脫這種受欺凌、受迫害的狀態。如果他在自己生活的時代，沒看到過此類情況的發生，他肯定是在世上活的時間太短了；如果他不能在政府的各種形式中找出相關例子，他肯定是書讀得太少了。

二二五、第二，統治者在公共事務管理中難免會出現差錯，但是並不是一些微小的差錯就能引起人們的反抗。對於統治者在統治過程中出現的一些重大失誤，法律規則中存在的不當之處以及人性的弱點造成的一切損失，人們都會予以容忍，不會做任何追究。但是如果統治者爲了達到自己不可告人的目的，濫用職權，怠忽職守，把人民玩弄於股掌之中，人民就會很快發現他的不軌以及他的狼子野心，此時人民已經明白自己處於什麼樣的統治之中。人民必定會挺身而出，進行頑強的反抗，直到把統治權交給他們認爲能保障他們的生命、財產安全的人。如果不能達到保護人民的目的，即使是古老的名稱、華美的外表，也無濟於事，此時人民所處的狀態甚至無法與當初的自然狀態或者是純粹的無政府狀態相比。那些弊端對社會造成的影響異常惡劣，而且關係到人民的切身生活，但是對此的補救措施卻遠遠還沒有制定出來。

二二六、第三，當立法者侵犯人民的財產，違背了人民對他們的委託時，人民就有權利重新建立一個立法機關，以保障他們的人身安全和財產安全。對於統治者而言，這是人民擁有的最有效的防止出現叛亂的手段。因爲叛亂並不是針對個人的，而是針對以政府的憲法和法律爲依據的權威。不管是誰，只要他透過使用武力破壞法律，並且以武力證明他們的非法行爲是正當的，這樣的人就是眞正的叛亂者。人們透過加入社會來保護自己的生命、財產，同時這也排除了使用武力的可能。只要他們加入了社會，他們就可以透過法律，以和平的手段來保護他們的財產。那些掌握實權的人最容易陷入這個誤區，這完全是因爲他們具有的權威、別人的奉承以及權力的誘惑。因此防止這種弊端最適當的方法就是讓統治者意識到出現這種錯誤的嚴重後果。

二二七、在上面提到的這兩種情況中，不論是立法機關發生了變化還是立法者的行爲與人民的委託相違背，他們的行爲都是犯罪行爲，他們都犯了叛亂罪。如果任何人透過武力廢除了任何社會已經確立的立法機關，廢除了立法機關依照社會的委託制定的法律，他也就廢除了人們爲和平解決爭端而一致同意設立的仲裁者，同時也就廢除了避免人民之間發生戰爭的手段。取消或改變了立法機關的人就取消了這種決定性權力，這種決定權是在未經人民授權的情況下，任何人都不能獲得的權力。這樣，他們破壞了只有人民才能樹立的權威，其他人是沒有權力這樣做的。他們在未經人民授權的情況下，使用了只有經過人民授權才能使用的權力，實際上也就使自己和人民處於戰爭狀態。人民根據立法機關的決定，聯合起來成爲一個整體，並且把那些決定作爲人民意志的體現，但是那些人在取消立法機關的同時，也取消了聯繫社會的紐帶，從而使人民再次陷入戰爭狀態。如上所述，那些透過武力廢除立法機關的人屬於叛亂者，但是那些使用武力侵犯人民的權力和霸占人民財產的人同樣屬於叛亂者。因此，既然他們使自己和那些社會和平的維護者陷入了戰爭狀態，他們就成了眞正的、罪大惡極的叛亂者。

二二八、但是有些人認爲這種學說爲叛亂奠定了基礎。他們想要表達的意思是，如果告訴人民，當有人侵占他們的財產或者是冒犯他們的權力時，他們就可以不再聽從統治者的指令；當他們的行政長官違反了當初人民的委託，不再爲保護人民的生命、財產而殫精竭慮時，人民就可以合法地反抗那些人的暴行，這就會使人民陷入內戰或者是引起內部衝突，因此這一學說會破壞世界和平，引起紛爭。如果果眞如此，那麼根據同樣道理，忠誠的人不能反抗強盜或海盜，因爲這同樣會引起戰爭，引發流血事件。但是，如果在這些情況下，出現了任何意外或者是傷害，那麼責任不在於保護自己權力的人，而應該由侵犯別人利益的人負責。如果誠實、忠厚的人爲了維持和平而放棄自己應有的權利，任由別人肆意妄爲，大家想想，這將會是什麼樣的社會，世界上的和平靠暴力和掠奪維持，世界上的和平只是保障強盜和入侵者的非法利益。在這種情況下，世界上的和平將是什麼樣的和平呢？當可憐的羔羊放棄抵抗，任由凶狠的惡狼咬斷自己的喉嚨，誰會認爲這是強者和弱者之間存在的值得人們歌頌的和平呢？波呂裴謨斯（Polyphemus）的洞穴爲我們提供了和平統治的範例。在那裡，尤利西斯（Ulysses）和他的同伴除了被乖乖消滅外，別無他法。毋庸置疑，尤利西斯是一位明智謹愼的人，他宣傳消極服從，並且向同伴們宣傳和平對於人類具有的舉足輕重的作用。此外，他還指出，如果他們反抗波呂裴謨斯，可能會對世界造成嚴重損害，因此極力勸說他們應該忍耐這種殘酷的統治。

二二九、政府的目的是維護全社會人民的利益，爲全體人民謀福利。下面兩種情況中，哪一種情況對人民最有益？是人民應該永遠受制於暴君的統治，受制於他的絕對意志的控制；還是當統治者濫用職權，損害人民的生命、財產時，人民應該奮起反抗呢？

二三〇、任何人都不能這樣說：只要世界上有一個人希望能隨意變更政府，就隨時有可能給世界帶來災禍。毋庸置疑，這類人可能會隨時隨地地煽動人民，但是等待他們的只能是嚴厲的懲罰，最終毀滅自己。這是因爲，除非禍亂蔓延到全社會，或者是統治者的不軌意圖昭然若揭，人民生活在水深火熱之中，否則人民就不會挺身而出，奮起反抗。因爲人民已經習慣了逆來順受，不會主動爲爭取自己的利益進行反抗。但是如果只是某個地方的某些人或者是某個人遭受了不公正的待遇，這並不會引起全社會人的反抗。但是，如果這種不公正的現象在全國內是一種普遍現象，以致於人人自危，感到自己的生命、財產可能隨時都會被別人侵占，這時殘酷的現實使人民不得不懷疑統治者的權威，不得不思考是誰造成了這一切，誰應該負責？如果他們本可以避免被別人懷疑，但是卻陷入了這個漩渦，那麼又有誰能夠幫助他們擺脫這種境況呢？如果人們是有理性的動物，能夠就自己看得到的事情或者是感覺到的東西自由地進行思考，如果是這樣，還能怪罪於他們嗎？那些人使事情發展到這個地步，但是又不想讓人們知道事情眞相，這難道不是他們的責任嗎？我承認，在國家中，個人的傲慢、野心和狂暴曾經引起過暴亂，由此可見，派別之爭會給國家帶來致命的打擊。但是是什麼原因引起了暴亂，是人民的過分舉動和渴望擺脫合法的統治者的權威引起的，還是由於統治者的暴政統治和妄想以專斷權力控制人民，激起了人民的反抗所致呢？究竟是壓迫還是反抗最先引起的混亂，我想還是把這個問題留給公正的歷史去決斷吧。我相信，無論是統治者還是普通公民，只要他透過武力侵犯了公民的權利，就爲推翻任何合法政府的組織和結構埋下了禍根，他就犯下了最嚴重的罪行，就應該對因爲政府瓦解導致的流血、搶奪和損害等一切災禍負責。誰做了如此惡劣的事，誰就是人民的共同敵人，就是危害人民的害群之馬，就應該受到應有的懲罰。

二三一、如果人民或者是外國人試圖透過武力侵占任何人的財產，那麼這個受到傷害的人就可以以武力還擊，這一點是大家公認的。但是如果行政長官同樣做了有損於人民利益的事，人民同樣有權利透過武力還擊，保護自己的權利。但是近來這一點遭到了人們的否認：因爲這一點容易引起人們的歧義，好像是那些擁有最大特權，根據法律規定能夠享受到盡可能多的優惠待遇的人們就有權違反法律規定，事實上，正是基於這些法律規定，他們才擁有優於自己的弟兄們的地位和權力。此外，他們的罪過也因此更大，受到的懲罰更嚴重，因爲他們辜負了法律授予他們的較大的權力，也違背了兄弟們對他們的委託和信任。

二三二、無論是誰，只要他透過不正當的權力運用武力，正如每一個在社會中不依法行事的人一樣，他就使自己和自己針對的人處於戰爭狀態。在這種狀態中，以前存在的約束人民行爲的規定都被廢除，同時其他的權力也都作廢，每個人都有權保護自己，抵抗侵略者。這一點是顯而易見的，以致於巴克利（William Baeclay），就是那位主張君權神授和君主神聖不可侵犯學說的著名人物，也不得不承認，在一些情況中，人民反抗他們的君主的統治是合法的，但是具有諷刺意義的是，這些話竟然出現在他試圖證明上帝的法律禁止人民進行任何形式的叛亂的一章中。因此，顯而易見，即使是根據他的學說，人民也可以在一些情況下反抗君主的統治，而且這種反抗不能被看作是叛亂。

二三三、他是這樣說的：「但是如果有人問，人們就必須一直忍受暴君的殘酷統治嗎？人民就必須眼睜睜地看著自己的城市遭受燒殺搶掠，自己的妻子兒女遭受暴君的蹂躪和欺虐，自己的家庭被他們的國王毀滅，忍受人世間的一切苦難而坐視不管嗎？自然允許其他一切生物擁有保護自己，免受外界侵害的權力，難道只有人類應該被剝奪這種權利嗎？對此，我的回答是：自衛是自然法的一部分，任何人都不得妨礙社會實行自衛，甚至不能妨礙針對君主的這種自衛權的行使，但是絕不能就此允許人民趁機報復君主，這與自然法的本質是格格不入的。如果國王並不只是憎恨某些人，而是憎恨他領導的整個國家，並且透過殘酷的統治，鎮壓國內人民，那麼在這種情況下，人們就有進行抵抗的權利，以保護自己免受傷害。但是，人們在進行自衛時，必須注意一點，那就是他們只能保護自己，不能攻擊他們的君主。他們可以補救他們所遭受的損害，但是絕對不能因爲憤怒而超出一定的限度。他們可以使用武力擊敗受到的攻擊，但是絕對不能對君主過去的暴行進行惡意報復。因爲，對於我們而言，保護自己的生命和肢體，是很正常的事情。但是如果一個下屬懲罰自己的上級，這就違反了自然法則。對於有意的傷害，人民可以在其得逞之前就制止，但是在其得逞之後，即使給他們造成傷害的是國王，也不能報復國王。因此，這就是人民作爲一個整體，擁有的超出任何個人所能夠享有的權利。即使是我們的敵對者都認爲〔布肯南（Buchanan）除外〕，除了忍耐之外，別無他法，但是人民作爲一個整體可以在尊重統治者的同時，反抗一些無法忍受的殘暴統治。」

二三四、這就是著名的君權神授鼓吹者所能容忍的抵抗程度。

二三五、他給反抗規定了兩條限制，很明顯這種做法是徒勞無益的。

第一，他說，反抗時必須心懷敬意。

第二，反抗時，人民不能帶有報復性和懲罰性。對此他的理由是下屬不能懲罰上級。

對於第一點限制，如何做到既能反抗武力，又能不還手，或者是如何尊敬地進行還擊。要理解這一點，必須掌握一些技巧。一個人在抵抗攻擊時，只是用盾牌阻擋攻擊，或者是以一種更尊敬的姿勢，放下利劍，以此削弱攻擊者的自信和武力。但是，他很快就會停止抵抗，認爲這種抵抗只能是使自己處於更悲慘的境地。這是一種非常荒謬的抵抗方式，正如古羅馬諷刺詩人朱溫拿爾（Juvenal）所想的作戰方式一樣可笑、荒謬：當你動手打人時，我就任你打（ubl tu pulsas, ego vapulo tantum）。在這種情況下，戰爭結果只能是和他描述的一樣：

> 「這就是窮人的自由：
> 人們毆打他——他請求，
> 用拳頭毆打他——他哀求，
> 如果人家讓他離開，到時他還能保留幾顆牙齒。」

這種人們只能坐以待斃的反抗只能產生一種結果。因此，有能力進行反抗的人，就必須有權利進行反擊。

對於第二條限制，也就是下級不能懲罰上級。一般而言，這種說法是正確的。但是，既然以武力反抗武力，也就是戰爭狀態，這已經使雙方達到平等狀態，這同樣也就取消了以前存在的尊敬、敬重和上下等級關係。剩下的差別則是，反抗非正義侵略的人就享有更優越的地位。如果他在戰爭中取得了勝利，他就有權懲罰對方，讓他爲自己的行爲付出代價。因此，巴克利在另外一個地方就更加堅持自己的觀點，否認了自己曾經說過的在一些情況下可以合法的反抗國王。但是，他指出，有兩種情況可以使一個國王喪失資格，不再是一國之君。

二三六、"Alter casus est, Si rex in alicujus clientelam se contulit; ac regnum quod liberum à majoribus & populo traditum accepit, aliena ditioni mancipavit. Nam tunc quamvis forte non eâ mente id agit populo plane ut incommodet: tamen quia quod pracipuum est regia dignitatis amisit, ut summus scilicent in regno secundum Deum sit, & solo Deo inferior, atque populum etiam totum ignorantem vel invitum, cujus libertatem sartam & tectam conservare debuit, in alterius gentis ditionem & potestatem de-didit; hâc velut quadam regni ab alienatione effect, ut nec quod ipse in regno imperium habuit retineat, nec in eum cui collaturm voluit, juris quicquam transferat; atque ita eo facto liberum jam & sua potestatis populum relinquit, cujus rei exemplum unum annales Scotici supped-tant." ——Barclay, eontra Monarchomachos, l.iii, c.16.

我們把他的這段話翻譯過來就是：

二三七、那麼難道人民就不可能有權利依據自己的權威，拿起武器，反抗暴君的統治，進行自救嗎？當他還是國王的時候，絕對不會發生這樣的事。人們應該尊敬國王，

「誰反抗國王的統治，誰就是反抗上帝的命令」，這就是絕不允許人們反抗國王的神的聖諭。在國王未做出使自己不再是國王的事情之前，人民絕不能擁有凌駕於國王之上的權力。因爲，當他不再是國王時，他就不再擁有自己的王冠和至高無上的地位，這時，他就回到了私人狀態，人們重新恢復了自由，重新享有了優越的地位。在空位期間，權力歸人民所有。但是只有極少數的統治失誤會使事情發展到這個地步。在我分析了各個方面，進行了全盤考慮後，我發現只有兩種情況能夠導致這種局面的發生。溫澤魯斯（Winzerus）同樣注意到了這種情況。

第一種情況是，如果國王試圖推翻政府，也就是說，如果他圖謀已久，想要毀滅王國和國家，正如歷史上記載的尼祿（Nero），他決心剷除羅馬的元老院和人民，透過火與劍把城市夷爲平地，然後另覓他處。又如加利古拉（Caligula），他公開宣布，他不再是人民或元老院的首領，他的意圖是藉機消滅這兩個領域內的優秀領軍人物，然後隱退亞歷山大城。他是多麼地希望，全體人民只有一個脖子，他就可以一刀永逸。當君主懷有這種想法，並採取了相應行動時，他就放棄了對人民的關愛，因此也就喪失了他擁有的統治人民的權力，他也就失去了繼續成爲國王的資格，正如一個宣布遺棄全體奴隸的奴隸主，就喪失了對其的統治權。

二三八、另外一種情況是，當一個國王依附於另一個國王，把祖先傳給他的王國以及這個王國的人民置於另一個國王的統治之下。雖然他可能並不是有意傷害自己的臣民，但是因爲他由此失去了構成他的國王尊嚴的最主要部分，也就是他擁有的僅次於上帝的對人民的最高統治權，同時也因爲他背叛了自己的人民或者是強迫他們屈服於一個外國政府的統治，而人民的自由恰恰是國王應該傾心保護的。透過這種做法，他轉讓了自己的王國，而不是把它交給本應該繼承的人，同時也失去了自己對人民曾經擁有的權力。因此，他的這種行爲使人民獲得了自由。在蘇格蘭的歷史上可以找到一個此類例子。

二三九、在這些情況中，巴克利這位君主專制的忠實擁護者，也不得不承認，人民可以反抗君主，君主失去權力不再是君主。總之，只要君主失去了權力，他就不再是君主，人們完全可以反抗他的統治，因爲在權威消失的地方，國王不復存在，國王也就和其他沒有權威的人一樣。他指出的這兩種情況與前面提到的破壞政府的情況類似，它們之間存在的差異不大，只有一點顯著的區別，即他省略了他的學說的起源根據，也就是政府沒有遵守人們的委託，沒有保護人民同意的政府形式，沒有採取措施去實現爲人民謀福利和保護人民財產的政府目的。當一個國王使自己喪失了繼續成爲國王的資格時，使自己與人民處於戰爭狀態，這時還有什麼能阻礙他們控訴這個已經不是國王的人呢？巴克利以及那些擁護他的觀點的那些人最好能回答我們這個問題。我希望人們能夠注意到巴克利的那席話中包含的這一點，也就是他說的：「對於針對他們的傷害，人們完全可能在這些傷害變成現實之前把它們消滅在萌芽之中。」由此我們得知，他允許人民當暴政統治政策尙在醞釀之中時就進行反抗。（他說）當國王精心策劃並且認眞、嚴肅地實施時，他即刻就放棄了保護國家安全和爲社會謀福利的權力。因此，根據他的觀點，忽視公眾利益的做法就可以被看作是此類企圖的證據，或者至少是進行反抗的充分理由。他用這些話總結了他給出的全部理由：因爲他背叛了他的人民或者是強迫了他的人民，而人民的自由是需要他悉心呵護的。他後來補充的「強制人民服從外國勢力的權力和統治」，並不具有實際意義，因爲過錯和喪權的主要原因在於人民自由的喪失，而不在於人民歸誰統治，而人民的這種自由正是需要國王悉心呵護的。不管國王把人民變成他的奴隸，還是把人民置於外國勢力的統治，這都改變不了這樣一個事實，即人民的權利受到侵犯，自由被剝奪。在這方面，人民的權利受到了侵犯，也正因爲這一點，人民享有了進行反抗的權利。不管是在哪個國家，我們都能找到能夠證明造成傷害的，並不是誰掌握著國家統治權力，而是政府變化的事例。如果我沒有弄錯的話，湯瑪斯・比爾遜（Thomas Bilson），我們教會的主教和君主權力及特權的堅定擁護者，曾經在他的論文〈基督教徒的服從〉中承認，國王可能放棄他們的權力，喪失他們要求臣民服從他們的統治的資格。

二四〇、人們可能會提出這樣一個常見的問題：誰有資格判斷君主或立法機關的行爲是否違背了人民對他們的委託？當君主只行使他享有的特權時，那些心懷鬼胎和熱衷派系之爭的人，可能會在人民之間散播這個疑問。對於這個問題，我的回答是，人民有資格判斷君主或立法機關的行爲是否違背了他們的委託。這是因爲，他們的受託人和代表是否根據他們的委託採取了相應的行動，除了委託人之外，誰能比他們更適合做這個事情的裁判者呢？但是當受託人或代表沒有履行委託時，人民同樣有權解除這些人的權力。如果在私人的特定情況下，這是合理的，那麼在事關千萬人的福利的一些重大場合下，不是更應該如此嗎？因爲一旦不加以阻止，後果將不堪設想。

二四一、但是，進一步而言，這個問題（誰是裁判者？）的提出並不意味著根本不存在裁判者。因爲在人世間不存在裁判者來解決人世間糾紛的地方，上帝就是他們的裁判者。的確，只有他自己才是正義的裁判者。如同在其他所有情況中，是否是另一個人使他和自己處於戰爭狀態，以及他是否應該像耶弗他那樣訴諸於最高裁判者，這完全依靠他自己的判斷。

二四二、如果在君主和一些人民之間發生了爭執，但是在這些方面，法律又沒有進行明確的規定，或者是進行了規定，但存在歧義，同時這些爭執內容涉及重大問題，我認爲在這些情況下，適當的裁判者應該是作爲一個集體的人民。在君主得到人民的委託而且不受一般法律規則約束的情況下，如果有人發現他們受到了傷害，同時認爲君主的行爲違背了人民的委託或者是超出了他們的委託範圍，在這種情況下，誰能作爲人民集體（最初是人民委託他的）判斷當初人民對他的授權是否違反了法律規定呢？但是，如果君主或者是處於統治地位的人拒絕這種解決方法，那麼就只能訴諸於上天了。如果產生爭執的雙方，在世間找不到公認的上級，或者是實際情況不容許人們訴諸於人世間的裁判者，因爲他們之間的暴力狀態是一種戰爭狀態，只能訴諸於上天。在這種狀態之中，受到傷害的一方必須自己判斷應該在什麼時候訴諸上天？

二四三、最後的結論是：對於每個人在加入政治社會時交給社會的權力，只要社會繼續存在，這個權力就繼續由社會掌握，這是因爲，失去了這種權力，社會也就無法繼續存在了，國家也就無從談起，同時這也是違背最初協議規定的。因此，當社會把權力交給由一些人組成的議會，規定由他們以及他們的後繼者掌握，並且規定了產生此類後繼者的指導方法和權力，那麼只要政府繼續存在，立法機關就不能再次把權力交給人民。因爲他們已經賦予了立法機關永遠繼續存在權力，這樣也就說明，他們自己放棄了政治權力，把這個權力交給了立法機關，因此就不能再次收回。但是，如果他們規定了立法機關的存在期限，並且規定任何個人或者是議會只能暫時掌握最高權力，或者是當掌權者因爲失誤而喪失了應有的權利時，那麼在統治者喪失權力後或者是在規定的期限到期後，這種最高權力重新由社會掌握，此時人民有權利行使最高權力，能夠繼續行使立法權，或者是建立一種新的政府形式，又或者是在不改變政府形式的情況下把立法權交給他們認爲合適的新人。

約翰・洛克年表

年代	生平記事
一六三二年	• 出生於薩默塞特郡的威靈頓村。
一六四七年至一六五六年	• 被送至倫敦就讀西敏公學（Westminster School）。 • 就讀牛津大學基督堂學院，在一六五六年獲得學士學位。 • 成為皇家學會院士。
一六五八年	• 獲得碩士學位。
一六六四年	• 獲得醫學學士的學位。
一六六七年	• 搬進了沙夫堡伯里伯爵於倫敦的住所，兼任他的個人醫師。
一六七一年	• 開始撰寫《人類理解論》（*An Essay Concerning Human Understanding*）一書。
一六七九年	• 開始撰寫《政府論》（*Two Treatises of Government*）一書。
一六八三年至一六八八年	• 由於被懷疑涉嫌一件刺殺查理二世國王的陰謀，逃亡至荷蘭。 • 在荷蘭期間，重新校對《人類理解論》以及《論寬容》（*A Letter Concerning Toleration*）的草稿。 • 一六八八年返回英格蘭。
一六八九年	• 出版《論寬容》、《政府論》。

一六九〇年	‧出版《人類理解論》。
一六九三年	‧出版《教育漫話》（*Some Thoughts Concerning Education*）。
一七〇四年	‧逝世，被葬在艾賽克斯郡東部 High Laver 小鎮的一個教堂墓區。

中英名詞對照表

二劃

人民權力 the power of people

三劃

大梵天 Brama

大衛 David

四劃

不受限制的意志 unlimited will

公共福利 common good

巴克利 William Baeclay

巴蘭杜斯 Palantus

支配 domination

以東 Edom

以掃 Esau

以實瑪利 Ishmael

以撒 Isaac

五劃

加利古拉 Caligula

加爾基拉梭・德・拉・維加 Garcilasso de la Vega

尼祿 Nero

布肯南 Buchanan

布萊克伍德 Blackwood

白敏 Bellarmine

示拿 Shinar

六劃

丟卡利翁 Ducalion

共同同意 Dw π rn Tal

共善 public good

同意 consent

她瑪 Thamar

朱庇特 Jupiter

朱溫拿爾 Juvenal
西珥山 Seir

七劃

臣民 subjects
伽圖 Cato
克倫威爾 Cromwel
利百加 Rebeka
利維坦 Leviathan
君主管轄權 sovereign jurisdiction
含 Cham
希索普 Sibthorp
社群 community

八劃

亞比米勒 王Abimelech
亞他利雅 Athaliah
亞多尼伯錫克 Adonibeseck
亞伯 Abel
亞伯拉罕 Abraham
亞美利加 America
亞倫 Aaron
帖木兒 Tamberlain
所羅門 Salomon
法拉蒙 Pharamond
阿布薩隆 Absalon
阿科斯塔 Acosta
阿蒙 Ammon

九劃

便哈達 Benhadad
便雅憫 Benjamin
查士丁 Justin
流便 Ruben
約拿單 Jonathan
約瑟 Joseph

耶弗他 Jephtha
耶西 Jesse
耶羅波安 Jeroboam
胡克爾 Hooker
迦南 Canaan
神聖權威 divine authority

十劃

唐・吉訶德 Don Quixote
恩斯沃斯 Ainsworth
挪亞 Noah
挪得 Nod
格老秀斯 Grotius
海沃德 Heyward
特洛伊城 Troy
閃 Shem
馬桑尼祿 Massanello

十一劃

國家 Common-wealth
國家 commonwealth
基拉耳 Gerar
掃羅 Sauls
曼威靈 Manwering
統治權 government
荷馬 Homer

十二劃

傑佛瑞斯 Jefferies
凱德 Cade
博丹 Bodins
普羅庫斯特斯 Procrustes
最高法律 Salus populi suprema lexs
菲迪南多・索托 Ferdinando Soto
雅弗 Japhet

雅各　Jacob

十三劃

塞克西斯　Xerxes
塞特　Seth
塞爾登　Selden
奧列弗　Oliver
溫澤魯斯　Winzerus
該隱　Cain
詹姆士一世　James the first
資格　title

十四劃

寧錄　Nimrod
赫人　Heth
赫拉克勒斯　Hercules
赫頓　Hunton

十五劃

德文郡　Devonshire
撒拉　Sarab
歐吉斯　Ogygis

十八劃

薩圖努斯　Saturn
薩爾曼納塞爾　Salmansser
雜眾　multitude

十九劃

羅伯特・費爾默爵士　Sir Robert Filmer
羅得　Lot
闡明　vindicated

二十二劃

權威　authority

經典名著文庫 137

政府論

Two Treatises of Government

作　　者 —— 約翰・洛克（John Locke）
譯　　者 —— 勞英富
審　　定 —— 周家瑜
發 行 人 —— 楊榮川
總 經 理 —— 楊士清
總 編 輯 —— 楊秀麗
文庫策劃 —— 楊榮川
副總編輯 —— 劉靜芬
責任編輯 —— 林佳瑩、黃麗玟
封面設計 —— 姚孝慈
著者繪像 —— 莊河源
出 版 者 —— 五南圖書出版股份有限公司

地　　址 —— 台北市大安區 106 和平東路二段 339 號 4 樓
電　　話 —— 02-27055066（代表號）
傳　　眞 —— 02-27066100
劃撥帳號 —— 01068953
戶　　名 —— 五南圖書出版股份有限公司
網　　址 —— https://www.wunan.com.tw
電子郵件 —— wunan@wunan.com.tw

法律顧問 —— 林勝安律師事務所　林勝安律師
出版日期 —— 2021 年 11 月初版一刷
定　　價 —— 460 元

國家圖書館出版品預行編目資料

政府論 / 約翰・洛克 (John Locke) 著 ; 勞英富譯 . -- 初版 --
臺北市 : 五南圖書出版股份有限公司 , 2021.11
面 ; 公分 . -- (經典名著文庫 ; 137)
譯自 : Two treatises of government
ISBN 978-626-317-226-5(平裝)

1. 政治學　2. 文集

570.7　　110015535